CERTA HERANÇA MARXISTA

JOSÉ ARTHUR GIANNOTTI

Certa herança marxista

2ª edição

COMPANHIA DAS LETRAS

Copyright © 2000 by José Arthur Giannotti

Grafia atualizada segundo o Acordo Ortográfico da Língua Portuguesa de 1990, que entrou em vigor no Brasil em 2009.

Capa
Marco Giannotti e Rodrigo Andrade

Preparação
Carlos Alberto Inada

Revisão
Paula B. P. Mendes
Marília Bueno

Atualização ortográfica
Página Viva

Dados Internacionais de Catalogação na Publicação (CIP)
(Câmara Brasileira do Livro, SP, Brasil)

Giannotti, José Arthur, 1930-
  Certa herança marxista / José Arthur Giannotti. — São Paulo : Companhia das Letras, 2000.

  ISBN 978-85-359-0035-4

  1 Dialética 2. Filosofia marxista I. Título

00-2601	CDD-335.401

Índice para catálogo sistemático:
1. Marxismo : Filosofia 335.401

[2014]
Todos os direitos desta edição reservados à
EDITORA SCHWARCZ S.A.
Rua Bandeira Paulista 702 cj. 32
04532-002 — São Paulo — SP
Telefone (11) 3707-3500
Fax (11) 3707-3501
www.companhiadasletras.com.br
www.blogdacompanhia.com.br

Sumário

Notas à segunda edição 7
Apresentação 15

1. Desafios recorrentes 47

1.1. Problemas centrífugos 47
1.2. Ideias-forças 54
1.3. As duas faces da história 62

2. Identidade pela contradição 79

2.1. Crítica da positividade 79
2.2. Contradição existente 84
2.3. Trabalho abstrato 96
2.4. O fetiche 104
2.5. A contradição fetiche 114

3. Novos conceitos, velhos rumos 125

3.1. O concreto pensado 125
3.2. A ponderação weberiana 135
3.3. Crítica da racionalidade instrumental 142
3.4. Mercadorias situadas 152
3.5. Contra os frankfurtianos 160

4. A contradição travada 172

4.1. Relações sociais com sentidos contraditórios 172
4.2. Vicissitudes da contradição 176
4.3. Trindade dos objetos-signos 184
4.4. Espelhamento da base técnica na expressão valor ... 187
4.5. Sentidos roubados 191
4.6. Constituição das individualidades sociais 195
4.7. Obstáculos ao método de projeção 203
4.8. Inversão do sentido tradicional do trabalho 207
4.9. Dialética constrangida 219
4.10. Uma obra feita por vários caminhos 225
4.11. Contra os ricardianos 228
4.12. Outros problemas com a taxa de lucro 239
4.13. Contradição travada 242
4.14. Categorias fibriladas 246

5. Atalhos para uma conclusão 253

Nota à segunda edição

No ano 2000, nada poderia ser mais extemporâneo do que publicar, por estas bandas, um livro sobre Marx. A *débâcle* da União Soviética mostrara, entre outras coisas, a inviabilidade de uma economia totalmente regida pelo Comitê Central, sem as informações advindas do mercado. Por outro lado, a paulatina conversão da China numa economia de mercado, embora controlada pelo estado, punha em xeque as esperanças de uma nova forma de produção social livre dos incômodos e dos fetiches de economia capitalista. Até mesmo os ideólogos da CIA pregavam a todos os ventos o fim da história, já que a democracia "burguesa" passara a ser o horizonte visado pelos modernos sistemas políticos.

Não é de se estranhar que, nessas condições, *Certa herança marxista* tenha tido repercussão modesta. Salvo alguns raros colegas, o livro passou ignorado. Os marxistas de carteirinha fizeram pacto de silêncio, os marxólogos se agarraram a um pormenor de interpretação e desprezaram as teses mais gerais do livro, por fim os sabidos pouco lidos se escandalizaram com a hipótese de que *O capital* pudesse ser uma obra aberta. Dos três livros que o compõem, Marx só termina o primeiro, os outros tendo sido editados por Engels. Mas a leitura cuidadosa do III livro já me mostrara que, mais do que um trabalho inacabado, o texto abria demasiadamente o foco sem que lograsse uma formulação convincente da lei da tendência da queda da taxa de lucro, que, como se esperava, haveria de corroer o sistema por dentro levando-o ao impasse e à crise. Não estamos hoje em dia mais próximos da barbárie que da revolução? Não seria importante voltar aos manuscritos do próprio Marx?

No mesmo ano de 2000, publiquei, na coleção L&PM Pocket, *Marx, vida e obra*, em que tentava apresentar as teses mais fortes de *Certa herança marxista*. Na segunda edição, já que o livrinho não mais estava ligado à coleção, substituí o subtítulo para deixar mais evidente minha intenção polêmica: *Marx além do marxismo*. A reação se limitou a um insulto, publicado num jornal de resenhas, acusando-me de confundir as categorias mais elementares do pensamento de Marx.

Metido em outros afazeres, não me dei conta de que minha suspeita, qual seja, Engels interviera pesadamente nos textos de Marx, já podia ser comprovada. Em 1993 os manuscritos de 1864--65, que serviram de base para o trabalho do editor, tinham sido publicados pela *Marx-Engels Gesamtausgabe* (MEGA), possibilitando a comparação do texto original com o texto publicado, o que a partir daí se tem feito cuidadosamente. No inverno de 1996-97, a revista *Science & Society*, v. 60, n. 4, publica um artigo de Michael Heinrich, um dos estudiosos que cuidaram da nova edição, comparando os dois textos. Lendo-o agora percebo que as diferenças eram maiores do que eu poderia ter cogitado, mas caminham na direção que intuíra.

Em particular, as alterações dizem respeito à teoria da crise. O argumento central, de que o próprio desenvolvimento da produtividade do trabalho abstrato social cria uma tendência à queda da taxa de lucro, Marx o desenvolve explorando várias direções, sem concluir que as forças divergentes deveriam ser compensadas por um movimento caminhando para a crise final do sistema. Estava ainda sempre esperando novos dados e novas formas das crises que se sucediam e passou a ficar atento ao movimento do capital nos Estados Unidos da América. Michael Heinrich ainda aponta outras alterações no manuscrito, seja a respeito da teoria do crédito, seja a diferença lógica entre a análise dos conceitos e o modo de sua implantação. Toma como exemplo a análise do conceito de mercadoria, cuja estrutura se arma a partir da constituição do equivalente geral de todos os produtos que venham ao mercado. Por isso mesmo, o valor ainda não se transformou em capital, porquanto não se valoriza por si mesmo. O marxismo discutiu abundantemente se essa análise do modo de produção simples de mercadoria teria ou não alguma correspondência histórica. Michael Heinrich simplesmente lembra que a análise da mercadoria é feita para explicitar a forma elementar da produção capitalista, de sorte que uma mesma noção, no caso a de mercadoria, tem sentidos diferentes ao funcionar no modo de produção capitalista ou em outros modos de produção. Explorou essa tese principalmente no seu livro de 2004 — *Kritik der politische Ökonomie: Eine Einführung* [Crítica da economia política: uma introdução], traduzido para o inglês com um título significativo: *An Introduction to the three volumes of Karl Marx's Capital* [Uma introdução aos três volumes de *O capital*, de Karl Marx] (Monthly Review Press, Nova York). Engels, muito próximo do pensamento linear darwinista, ignora a diferença crucial entre história categorial e história do vir a ser, que me tem consumido anos de reflexão, e que me levou a procurar, na filosofia contemporânea, outras concepções de história que não aquela simplesmente pregada pelo marxismo oficial.

Hoje em dia a discussão se ampliou. Num artigo muito interessante, *Engels' Kapitalismus-Bild und seine Zusätze zum dritten Band* [A visão de Engels do capitalismo e suas adições ao III Livro]

(Vortrag Werftpfuhl, outubro 2005), Carl-Erich Vollgraf assume um ponto de vista radical: "É minha tese que Engels, na sua lida com os projetos dos livros II e III, percebeu que a busca de Marx por uma estrutura adequada ao material e uma forma de apresentação d'*O capital* não tinham terminado nem em 1864-65, com o projeto básico do livro III, nem em 1881 com o último manuscrito. Por isso, mas também se apoiando no tratamento de Marx dos fenômenos da moderna vida econômica além dos manuscritos, Engels foi levado a justificar certas adições 'no sentido de Marx'" (Idem, 4-5).

Ao arredondar o III livro d'*O capital* Engels não só o integrava na sua visão mais geral do método dialético-materialista que ele mesmo pretendia articular, como ainda o transformava no livro de base para a escrita de manuais a serviço dos movimentos políticos revolucionários. Por certo o próprio Marx nunca pensou seus escritos como teses acadêmicas que, quando muito, tratariam de compreender fenômenos no mundo. A última tese sobre Feuerbach sublinha a intenção transformadora de seu trabalho, mas não deriva daí que o método tivesse de ser entendido como uma teoria do conhecimento, cujo paradigma seria aquele das ciências. O marxismo, simplificando as teses de Marx para que pudessem inspirar palavras de ordem, e retirando delas todo o seu peso ontológico, isto é, a denúncia do próprio caráter mistificado dos fenômenos capitalistas, terminou se tornando uma ideologia a serviço das Internacionais socialistas e dos movimentos de transformação do Terceiro Mundo.

Convém frisar que *O capital* não é uma teoria do conhecimento que ensine como devem ser conhecidos os fenômenos ou as estruturas do capitalismo, muito menos ainda um livro de ciência econômica. Se assim o fosse, ele nos ofereceria leis dos movimentos dos capitais e descrições de como essas leis foram sendo instaladas na Europa e às vezes nos Estados Unidos. Não há dúvida de que um economista de hoje assim lerá o livro, como lê qualquer livro de ciência, separando o que é morto do que é vivo no pensamento de um grande cientista.

Não há, porém, nos textos filosóficos, essa separação entre pensamento morto e pensamento vivo, entre as teses abandonadas e aquelas que se integraram no corpo de uma ciência. *O capital* é um livro onde se cruzam partes filosóficas, outras científicas, outras históricas e até mesmo algumas tiradas retóricas. Seus erros mais palpáveis estão vivos como testemunhos de uma forma de pensar que, por ter tentado abrir novos caminhos, precisam estar presentes no curso de nosso questionar. Por isso *O capital* é um clássico, obra que faz parte do patrimônio da humanidade a ser preservado como fonte de ideias novas.

Não é por isso que se deve deixar na sombra sua dimensão crítica, diretamente expressa no subtítulo da obra. Crítica que se inicia desmontando e refazendo o conceito mais simples da economia política, aquele de mercadoria. A tese de que seu valor é determinado pelo trabalho abstrato socialmente necessário que a produz se encontra plenamente desenvolvida nas primeiras páginas do livro de David Ricardo. Marx a aceita, com uma única e simples objeção: Ricardo vê apenas as relações onde se arma uma substância. Um valor de uso é projetado em seus valores de troca, que passam a formar um igual, um equivalente geral que se cunha como dinheiro.

Obviamente essa substância não pode ser a quididade aristotélica, a base de qualquer determinação, porquanto nasce do cruzamento dos valores. Nem mesmo pode ser a substância no sentido hegeliano, por mais que Marx invoque a dialética hegeliana como inspiradora de seu pensamento. Grosso modo, podemos dizer que a substância hegeliana é a totalidade de seus acidentes de tal modo que cada um manifeste sua negatividade. Nas diversas projeções de um valor de uso em seus vários valores de troca, Marx pretende encontrar uma igualação que, por sua vez, faz com que o valor de troca, principalmente quando igualado a todos os outros vigentes no mercado, se mostre como fazendo germinar o valor de uso em questão. Constrói-se uma medida, uma regra que parece gerar seus casos. Aqui se dá o primeiro passo para que se compreenda o famoso fetichismo da mercadoria, que marca, de uma maneira muito particular, as relações sociais capitalistas. Fetichismo que somente se completará quando o capital, plenamente desenvolvido, cria as ilusões necessárias de que o dinheiro por si só gera juros; a terra, renda; e o trabalho, salário. Não é a partir daqui que se pode pensar ainda hoje a autonomia do capital financeiro contemporâneo, cujas peripécias acenderam a fagulha da crise atual?

Minha crítica pretende ir mais além do que o próprio Marx alcançara nos últimos tempos de sua vida. Numa carta a Daniel'son de 10 de abril de 1879 (MEGA, II, v. 14, 463 KB) ele informa que está procurando um modelo matemático para a crise. Não nego que isso seja possível, mas unicamente lidando com preços, não com valores. Porquanto o monopólio da invenção tecnocientífica termina impedindo que se forme uma produtividade social média para um determinado setor da economia: quando a nova tecnologia se torna acessível na ponta, a matriz inovadora já começa a produzir com novos instrumentos. E se não há produtividade média do trabalho social, é a matriz do fetichismo da mercadoria que fibrila. Mas como pensar uma economia de mercado sem a ilusão de que suas regras configuram o valor dos produtos? Em contrapartida, como pensar a sociedade capitalista contemporânea sem que o valor apareça como fonte de valor? A não ser que se deem vários passos para trás e se saia à procura desta ou daquela razão estropiada, imagem invertida de uma razão angelical emancipadora.

Retomar essas dificuldades no corpo do livro implicaria repensar toda a noção de crise, vale dizer, escrever outro texto. É uma tarefa para outros escritos. Aqui cabe deixar bem clara minha tese básica: em virtude do enorme avanço da tecnociência no século XX, cujos progressos dependem de grandes investimentos do capital privado que passa a monopolizar a invenção científica, torna-se impossível a estabilização de uma medida única da produtividade do trabalho social e abstrato. Isso inviabiliza a criação de um capital social total que, se posto em xeque, poderia provocar a derrocada terminal do sistema. De meu ponto de vista, são as categorias do modo de produção capitalista que deixam de ter medidas homogêneas em termos de valor. A crise se dá ao nível dos preços porquanto os valores se tornam, por assim dizer, regionais. Não é por isso, todavia, que deixam de ser significativas para a compreensão da sociabilidade de uma sociedade capitalista em crise permanente.

Seja como for, a sociabilidade moderna fibrila como um coração que perde seu ritmo. Não é por isso que Marx precisa ser pensado sobretudo como um clássico? Mas de imediato nos defrontamos com uma dificuldade: em que plano se move seu discurso, em particular, como ele lida com o desdobramento das categorias do capital, que paulatinamente se afastam do estatuto normal dos conceitos científicos? Não há dúvida de que é influenciado pela dialética hegeliana e pelo jogo da negação da negação. Mas como pode haver esse jogo quando Marx recusa o idealismo de Hegel, para quem o ser se identifica ao Espírito Absoluto? Como se liberar de um Espírito que no plano da representação religiosa se configura como a unidade do Deus Pai, do Filho e do Espírito Santo?

Convenhamos, não é voltando a uma lógica das categorias predicativas que podemos refletir sobre essas questões. E assim somos obrigados a nos afastar dos cacoetes da esquerda contemporânea que teima em voltar a Kant ou a Hegel. Por certo a substância hegeliana quebra a predicação (S é P), embora ainda parta dela para armar o jogo do conceito. Sabemos que somente duas correntes do pensamento atual terminam escapando das peias da predicação, a fenomenologia e a filosofia analítica. Hoje fica bem claro que não se pode confundir condições de verdade de uma proposição com suas condições de sentido. É preciso, então, abandonar o preconceito clássico de que a verdade está no juízo bipolar e nos atos ponentes que eles provocam. E assim se recupera o projeto de uma teoria da significação, uma gramática filosófica, que se originou na crise do nominalismo medieval, precisamente quando a tábua das categorias universais foi questionada — lembremos que a substância é a primeira delas. Esboça-se uma teoria da significação que, antes de se apoiar no jogo do verdadeiro e do falso, se assenta nos modos do significar. O livro de Tomás de Erfurt, *De modis significandi* — até o início do século passado atribuído a Duns Scot —, foi o primeiro breve tratado dessa gramática. Que não se confunda, porém, essa gramática com aquela de uma língua culta, que ensina a falar bem. Uma gramática filosófica repensa o sentido originário do lógos e não se peja em tentar descobrir as regras mais íntimas das instituições do horror. Basta ler uma boa descrição do funcionamento de um campo de concentração para perceber como todas as condutas eram regradas.

Porque essas questões estão começando a voltar à cena filosófica é que acredito na validade de uma nova edição de *Certa herança marxista*. Espero que o livro seja lido como estímulo para repensar a obra de Marx, mas, quem sabe, sem os vícios que travam o pensamento universitário atual, quando um professor se casa com um filósofo ou se filia a uma tradição estabelecida, lendo os clássicos em função de pontos de vista e projetos e militâncias já bem firmados.

Devo agradecer a Luciano Codato sua ajuda na busca da nova bibliografia sobre o III livro d'*O capital*, assim como a revisão deste texto. A Marcio Sattin devo a cuidadosa revisão dos textos em geral.

JOSÉ ARTHUR GIANNOTTI, julho de 2013

Apresentação

Para muitos, em particular para aqueles que se comprazem A.1.
com as modas parisienses, o marxismo parece ter sido inteiramente derrotado pelos fatos. Não foi preciso uma batalha intelectual para liquidá-lo. É como se de novo assistíssemos ao desaparecimento do paganismo, que, como nos lembra Comte, foi esquecido sem que para isso precisasse ter sido refutado. O cerne da proposta marxista a tornava vulnerável a essas mudanças de clima intelectual. Não pretendeu combinar teoria e prática de tal modo que o vetor revolucionário haveria de determinar a direção da pesquisa? Não foi o próprio Marx quem escreveu: "Não é a crítica mas a revolução a força motriz da história — da religião, da filosofia e de todas as outras teorias" (*DI*, 3, 38)? Quem ousou ir tão longe ao subordinar toda superestrutura, essa atmosfera que abrange crenças e pensamentos, às vicissitudes da prática humana mais elementar? No entanto, esse Fausto extremado, que pretendeu ter desvendado as leis da história com a mesma precisão com que os biólogos teriam revelado as leis do desenvolvimento das espécies, cujo nome está associado às experiências mais radicais de reestruturação social e

ao messianismo mais renitente do século XX, de um momento para outro poderia ter assistido ao colapso de tudo aquilo que foi construído em seu nome. Mais do que à descrição dos espectros que rondaram a Europa nos meados do século XIX, o nome de Marx está associado ao projeto de uma engenharia social capaz de reconstruir a sociedade por inteiro. O século das revoluções e sua ideia têm seus limites, mas a sociedade não foi pensada de certo modo para que pudesse abrigar transformações de tal monta? A pergunta vai além: se o capitalismo é contraditório, pois se apresenta como o sistema mais racional de produção de riquezas ao mesmo tempo que produz a maior pobreza associada a ela, o que pode levar à sua superação? Note-se a dupla face do problema. De um lado, demanda uma explicação científica do capitalismo existente — nesse ponto a proposta política de Marx e Engels pretende avançar em relação àquela dos socialistas utópicos, que não cuidam de examinar no pormenor os movimentos do capital. De outro, requer que se avalie a racionalidade do próprio sistema, tanto seu caráter histórico, sua extraordinária capacidade de produzir a riqueza social e transformar antigas sociedades agrárias numa economia global empurrada para o crescimento contínuo e desmesurado, como sua perversidade endógena, pois recria o trabalhador isolado de suas condições de existência, colocando-o sob a ameaça de ficar de fora do metabolismo que o homem mantém com a natureza. Obviamente a crítica marxista pretende superar as ciências positivas, que se imaginam isentas de juízos de valores; pelo contrário, rejeita a mera justaposição da moral à ciência, procurando descobrir no âmago da racionalidade capitalista aquele empuxo capaz de transformá-la por dentro e por inteiro e, desse modo, pavimentar o caminho para emancipar o gênero humano desse vale de lágrimas. Nesse sentido, é herdeira direta do Iluminismo e da filosofia idealista alemã, pois tanto descreve o progresso que, a despeito de suas descontinuidades, há de elevar a humanidade a outro patamar da história como pretende transformar essas ciências positivas numa *Wissenschaft*, ao mesmo tempo ciência e doutrina, representação da realidade e reflexão crítica, armada com os instrumentos capazes de colocar em xeque os enganos da positividade. Por isso *O capital*, a obra máxima de todo esse movimento científico, histórico e ideológico, combina a análise positiva da produção capitalista com a denúncia do fetiche da mercadoria, visto que a forma elementar da riqueza criada por esse modo de produção está travejada pelo fantasma de uma finalidade posta em função de si mesma. Mais ainda, ao pôr em xeque a facticidade da sociabilidade capitalista, que opera como se fosse trama de coisas interagindo entre si, Marx pretende assinalar, na igualdade dos contratos de venda e compra da força de trabalho, o encobrimento da exploração sistemática do proletariado. Sob esse aspecto, sua crítica termina conferindo às relações sociais de produção em geral estatuto ontológico muito diferente daquele atribuído aos fenômenos com que lidam as ciências positivas. Ao cruzar descrição histórica e gênese das categorias que pautam relações sociais, com o intuito de apontar seu caráter reificado, as análises de Marx navegam no elemento de uma nova ontologia do social.

Esse vetor revolucionário, fundindo teoria e prática, enuncia-se lapidarmente na décima primeira tese sobre Feuerbach: "Os filósofos se limitaram a interpretar o mundo diferentemente, cabe transformá-lo". Cumpre não esquecer que o marxismo como movimento teórico-prático se inicia com um manifesto, responsabiliza a luta de classes pelo devir da história e interpreta esse conflito, a partir do século XVIII, como a contradição entre capital e trabalho que haveria de se resolver conforme os polos, acirrados pelo combate contínuo, se tornassem tão simples e puros que o lado negativo, o proletariado, nada tendo a perder a não ser suas próprias cadeias, terminasse sabendo exercer o positivo inscrito em sua negatividade. A contradição se resolveria inaugurando, de certo modo necessário, novo estágio da humanidade, graças a "uma luta que cada vez termina com a transformação de toda a sociedade ou a derrubada de todas as classes em luta" (*MKP*, 4, 462). Em suma, o comunismo anunciaria a verdade da luta de classes, processo de superar os conflitos passados a fim de desenhar aquela totalidade que configura uma história universal a englobar na sua presença a arquitetura do passado.

Nesse contexto, se, como insistia Lenin, a verdade do pudim é comê-lo, a queda do muro de Berlim, símbolo da falência de todo projeto de sociabilidade fundada na abolição da luta de classes e no planejamento centralizado em substituição ao mercado, poderia ser vista como o marco da refutação prática da teoria marxista. Em consequência, a pretensão de Marx de superar dialeticamente a Filosofia não ficaria igualmente ameaçada? Se os sistemas filosóficos se resolvem na generalização indevida de interesses particulares e de uma visão parcial dos processos de reprodução da sociedade, aquela doutrina que se mostrasse capaz de revelar o circuito da totalidade terminaria por refutar todos eles. O marxismo assume que a revolução social haveria de reduzir a pó esse propósito teórico das filosofias sistemáticas, mas ao projetá-lo para o nível da práxis passa a admitir que também poderia ser refutado praticamente. Não é à toa que, para Adorno, a Filosofia sobrevive porque descuidou de seu momento de realização. Mas a cada um caberia eleger a seu arbítrio o momento do juízo final, a Revolução de 1848 ou o crepúsculo do imperialismo soviético.

Não duvido que o fracasso do socialismo levante muitas questões para todos aqueles que apostaram na completa abolição de uma economia de mercado, na denúncia dos engodos da economia e da política, ambas havendo de ser substituídas pela administração racional das coisas. Antes, porém, de abandonar de vez a matriz que orientou esses projetos e tratar de pensar de acordo com novos paradigmas, não vale a pena aceitar o desafio de pensá-

-los examinando a lógica que os inspirou? A ideia de uma contradição real está profundamente vinculada à lógica especulativa hegeliana. Ao afirmar que o capital é uma contradição existente em processo de resolução, até que ponto Marx não se compromete com esta *Ciência da Lógica* que, para poder separar o princípio da identidade e o princípio da contradição, necessita fundir num único cadinho determinações de pensamento e determinações do ser? Mas, assumindo o ponto de vista da finitude, denunciando o misticismo de um lógos capaz de absorver integralmente as peripécias do real, que reviravoltas Marx necessitou praticar para ver no capital um sistema de antagonismos irredutíveis caminhando para sua autossuperação? Seria um cientista ou um visionário que teria apenas namorado com o linguajar hegeliano? Mesmo que se mostre uma ligação profunda entre as duas formas de pensar, não é por isso que a problemática geral desenhada por Marx teria hoje em dia perdido completamente seu sentido. Se Hegel e Marx cuidaram de contestar a maneira positiva de pensar as instituições econômicas e sociais, tudo me leva a crer que as questões relativas às formas contemporâneas de sociabilidade continuam de pé. No confronto Hegel-Marx avulta o problema da razão na história, o que obviamente obriga a que se reconsiderem os conceitos de razão e de história. Mas agora sem receio de tratá-los de um ponto de vista que se pretende filosófico, pois já se começa a desconfiar de que as ideias passam a articular-se por meio de teias mais finas do que aquelas que resultam da projeção do material na cabeça dos homens. O fantasma da Filosofia retoma a ronda que não deixou de percorrer no curso dos séculos.

A.2. Reconheço que considerar o pensamento de Marx um clássico — posição que tomei desde meus primeiros trabalhos dedicados a ele — empresta a seus textos sentido diferente daquele que o próprio autor lhes conferiu. Isso não significa que os estou falsificando, mas tão só que passo a iluminá-los a partir de outro aspecto, nem mais falso nem mais verdadeiro do que o original. Se para entender Marx fosse mister vestir sua pele, tomar a ideia antes de tudo como ideia-força social, estaria supondo que uma significação pudesse ser constituída por um núcleo duro, independente dos aspectos pelos quais ela é empregada. Noutras palavras, não acredito que o pensamento de um autor, articulação de significados, possa existir em si, independentemente dos pensamentos que o pensam, pairando além das considerações que se debruçam sobre ele. Ao contrário do que Sócrates imaginava, os livros persistem porque continuam a responder a perguntas que continuamos a propor-lhes. Se há, porém, continuidade entre o pensar e a prática do repensar, não é por isso que se deve postular que formam um círculo fechado, de sorte que o pensamento de Marx (suas teses), seu objeto (o capital) e seus intérpretes (o marxismo teórico e prático) devessem ser examinados ao longo de um fio capaz de alinhavar todos esses aspectos numa sinfonia acabada. Contra um historicismo de tendências imperialistas, contra a convicção de que tudo está ligado a uma história que se desdobraria a nossos olhos, convém tomar certa obra de pensamento na sua relativa autonomia e submetê-la a nosso questionamento. Se tivermos sucesso, se formos capazes de escrever um bom livro, fica para os historiadores a tarefa de revelar nossos condicionamentos e, conforme eles também se situam no mundo, a acuidade de nossa leitura. Mas logo desconfio daqueles que usurpam um ponto de vista privilegiado, a partir do qual se comprazem a julgar a boa ou má-fé de nossos princípios ocultos. Não creio que à Filosofia estaria facultada a possibilidade de sua realização, muito menos que possa ser submetida ao divã do psicanalista da história. Escrevo este livro para aqueles que, a despeito de assumirem perspectivas muito diferentes das minhas, se disponham a dialogar ao rés do chão.

Recuso a identidade teórica do marxismo. Alguns ainda acreditaram que possui um núcleo de conceitos formando uma teoria geral da sociedade, da história e da filosofia, o materialismo histórico e dialético, em volta do qual estariam disputando diversas alternativas até que fossem integradas ao sistema. Tudo se passaria como se desenhasse uma ciência normal, como a Física por exemplo, cujo centro teórico, expresso nos bons manuais, estaria cercado por subteorias em disputa, à espera de serem aceitas como verdadeiras. No entanto, basta examinar com cuidado os conceitos mais elementares desse pretenso *corpus* para perceber nele profundas divergências de interpretação, até mesmo entre autores que são tomados como os pais dessa ideologia cientificista. Ao comparar as várias leituras do conceito marxiano de valor, por exemplo, no máximo se percebe nelas alguma semelhança de família, embora uma seja a cara do pai, enquanto a outra, filha adotiva, se parece com a mãe por ter adquirido suas principais técnicas de corpo. Talvez seja maior a distância entre Lukács e Althusser do que aquela, guardadas as proporções, entre Kant e Fichte, a despeito de cada par, à sua maneira, ruminar os "mesmos" problemas. Mas de onde provém essa mesmidade a não ser da direção que anima as diversas leituras? Sem ela o texto é letra morta. Hoje em dia costumam-se distinguir os conceitos elaborados pelo próprio Marx, ditos "marxianos", de suas interpretações posteriores, responsáveis pelo tecido do marxismo. Convém, todavia, evitar que, graças a essa distinção verbal, alguém possa reivindicar o monopólio de uma interpretação. Prefiro abandonar de vez a pretensão de ter atingido o coração do pensamento do autor. Além do mais, como uma obra só pode tomar corpo em virtude das perguntas que levanta e encaminha, é bom preparar-se para encontrar alguma continuidade entre o que é dito "marxiano" e "marxista". Desse modo, empregarei essas palavras com uma pitada de sal e conforme às conveniências.

Ao assumir, porém, essa distância em relação ao pensamento de Marx, para poder repensá-lo a partir de minhas preocupações, não estaria retirando do marxismo precisamente seu lado mais atrativo, seu comprometimento com a práxis? No entanto, se muitas vezes age-se antes de pensar e se tal anterioridade marca a perspectiva a partir da qual uma significação significa, não é por isso que o fazer gera o pensar, como se existisse entre eles relação de causa e efeito. Substituir o círculo reflexionante do fazer e do pensar pela reta ligando o primeiro ao segundo implica isolar o fazer sem que este precise dar conta de suas razões. Seria este o tipo de fazer que em geral subjaz à sociabilidade humana? O que me parece importante é descobrir, na superfície das categorias, dessas determinações de pensamento que demarcam as estruturas de nosso comportamento de reprodução social — daí a importância das noções de trabalho e de relações sociais de produção —, as razões que elas mesmas se dão profundamente. Por isso trato de explorar ao máximo a indicação do próprio Marx de que as categorias por ele analisadas constituem "formas de pensamento" (*Gedankenformen*), vale dizer, tanto modos pelos quais um analista pensa o real como os modos pelos quais os agentes pensam e se pensam para poder agir. Depois dos trabalhos de Durkheim e Lévi-Strauss não mais se estranha considerar relações sociais como formas de pensamento dotadas de gramática própria.

A.3. Essa, porém, é uma gramática especialíssima, pois lida com significações contraditórias. Todo meu esforço subsequente se concentrará na análise dessa questão. Para traçar o seu perfil sou obrigado a demarcar rapidamente, já nesta introdução, o terreno em que será discutida. Dada, porém, a dificuldade desse procedimento, convém que o leitor desacostumado aos meandros da reflexão filosófica, mas interessado no desdobramento do pensamento do próprio Marx, deixe para ler esta terceira parte e a quarta juntamente com a conclusão. Que tente, contudo, ao menos ter bem clara a diferença entre contrariedade e contradição, de um ponto de vista estritamente formal.

É sabido que Hegel e Marx admitem a existência de contradições reais, mas nem todos têm consciência das dificuldades dessa tese e dos pressupostos requeridos por ela. Costuma-se dizer que toda mudança é contraditória, mas em geral se confundem antagonismo e contrariedade com a contradição no seu sentido estrito. A proposição contrária de "Todo homem é bípede" é "Nenhum homem é bípede", mas sua contraditória é "Algum homem não é bípede". Duas proposições contrárias podem ser falsas, mantêm o falso em comum, mas duas proposições contraditórias perdem esse terreno, uma devendo ser verdadeira e a outra falsa. Depois do célebre ensaio de Kant sobre a introdução das grandezas negativas na Metafísica, sabe-se que a distância que um navio percorre da Europa para o Brasil pode ser tomada como grandeza positiva, enquanto a volta, como grandeza negativa. A ida, tomada como distância positiva, é negada pela volta, distância negativa, de sorte que o resultado da oposição se anula. Mas se essa reflexão é exterior, feita por nós, nada nos impede de atribuir a essas viagens sentido contrário. Desse modo, a contradição, encontrada no plano dos conceitos, no máximo pode se apresentar, no plano das coisas, como antagonismo de forças.

Como Hegel haverá de interiorizar a reflexão e afirmar o caráter contraditório de certos objetos e de certas situações? Remontam a Aristóteles os argumentos que nos dificultam admitir uma contradição real. O filósofo mostra que a identidade de algo é condição para que se possa falar dele, pois não se pode falar de algo que está sempre mudando. Daí a necessidade de tomar o princípio de identidade, a afirmação de que algo é igual a si mesmo, como outra versão do princípio de contradição, a afirmação de que os predicados P e Não-P não podem ser ditos do sujeito simultaneamente. Foi longo o percurso que o idealismo alemão precisou percorrer para separar os dois princípios. Convém apenas lembrar que Hegel o completa quando assume explicitamente a tese de que todo racional é efetivamente real e todo real é racional, de sorte que ser e pensar se identificam num único movimento, voltando pois a Parmênides para retirar de sua filosofia qualquer ponto de equilíbrio estável, porquanto toda estase é completa externação no outro. A oposição entre o representar e o representado reduz-se a um fantasma do entendimento quando o pensamento racional se mostra de tal forma potente que se vê capaz de pensar o mundo sem deixar resíduo, a despeito de continuar dando lugar para a contingência e o fluxo dos fenômenos naturais.

Para realizar essa tarefa Hegel radicaliza a ideia de verdade como autenticidade e sistema, de tal modo que enunciado e fato encontram sua verdade num movimento em que cada parada, cada estase, cada identidade logo é dissolvida pelo movimento de sua individuação. Por isso a oposição entre sujeito e objeto, entre representação e representado, se resolve numa relação pensada, no movimento de exteriorização e interiorização do próprio pensamento. Kant já não mostrara que a forma de qualquer objeto é imposta pelas formas do "eu penso", preparando o caminho para que outros considerassem inconveniente o pressuposto da coisa em si? Todo pressuposto há então de ser reposto, de sorte que o conhecido e o conhecer, que também é saber de si, se conformam num círculo de círculos, desenhando um sistema enciclopédico completo.

Para que se possa dizer o contraditório sem que o discurso se desfibre numa algaravia sem sentido é preciso mostrar que o enunciado, em particular a proposição predicativa, se constitui nesse processo reflexivo como estase exteriorizada de um processo reflexionante contraditório que o sustenta na sua exterioridade. Se digo: "Esta rosa é vermelha", este meu enunciado pode ser verdadeiro ou falso, vindo a ser verdadeiro quando de fato a rosa é vermelha. Mas essa verdade como adequação exprime apenas a *correção* da frase, deixando na sombra seu processo interno de parada e movimentação (Hegel, *System ad*, § 172). O próprio enunciado, contudo, diz mais do que o fato de a rosa ser vermelha e a negação das outras cores, mais do que uma *determinação* de qualidade, pois tanto a unidade do enunciado como aquela do fato são constituídas pelo pensamento. Ao dizer que a rosa é vermelha também estou dizendo que a algo, posto como algo, convém o predicado "vermelho", diferente de todas as outras cores cujos nomes integram minha linguagem. Desse modo, ao relacionar algo a algo, mostro que o algo do predicado é a negação das outras cores do espectro, assim como o algo do sujeito se resolve na linha que costura suas aparências. No entanto, algo se apresenta tanto no sujeito como no predicado, sendo porém cada algo posto a partir da mesma perspectiva, o algo como rosa sendo igualado ao algo como vermelho, de tal modo que não é a própria algoidade desses algos que está sendo posta em questão? Não se afirma o mesmo por meio da posição de serem diferentes? Além do mais, o algo do sujeito é um singular, enquanto o algo do predicado é um universal que pode ser dito de várias coisas. Segue-se que o mero enunciado representativo, ao ser pensado da óptica de sua formação racional, também exprime à sua maneira a forma de um juízo especulativo, a saber: "O singular é o universal", a contradição que, apesar de estar oculta na identidade linguística, está sendo empurrada para o nível da reflexão do pensamento. Por que então pressupor algo além da aparência, a coisa em si, quando a própria algoidade se apresenta como momento de um processo determinante mais amplo? Manter a identidade do algo não conserva a ilusão representativa, que se dissolve quando se reconhece que o próprio pensamento organiza a percepção da coisa e a compreensão de suas relações, pois de ambos os lados opera a força do negativo? Não cabe ressaltar o positivo inscrito nessa negatividade? Por isso não há diferença fundamental entre a essência e a aparência, ambos constituindo momentos passageiros do processo que nega suas estases, os momentos dinâmicos de fixação (cf. Longuenesse, *Critique de la faculté de juger*, Paris, PUF, 1981, 9). No círculo contínuo da reflexão o ser fica reduzido ao que ele é, a saber, passagem para o nada, momento da própria reflexão que se recupera na dispersão de suas diferenças. Por isso a reflexão é a verdade do ser, mas de tal modo que essência e aparência, ou melhor, a essencialidade e o puro caráter de ser da aparência, ficam superados (*aufgehoben*) conforme se determinam um pelo outro, mas nesse processo guardam uma identidade relativa, que confere a cada momento o caráter de positivo em si e de negativo em si. Este é um ponto capital na dialética hegeliana, pois só por esse meio a oposição se converte em contradição.

Percebe-se que Hegel não está negando o princípio da contradição, apenas recomenda aos idólatras da identidade da essência que não se apressem ao retirar qualquer conteúdo do enunciado contraditório (Lebrun, *La patience du concept*, Gallimard, 1972, cap. VI). Por certo não cabe dizer que a rosa é e não é vermelha ao mesmo tempo, mas é preciso ter o cuidado de atentar para o novo tipo de conteúdo que se postula quando se diz, por exemplo, que todo movimento é contraditório. Algo se move não enquanto está aqui e agora e ali em outro agora, mas enquanto neste único e mesmo agora está aqui e ali, enquanto neste agora é e não é. Hegel não está afirmando que o corpo A, em movimento, possui a *propriedade* de estar neste agora aqui e ali, pelo contrário, o corpo perde sua algoidade ao ser *determinado* por uma determinidade de reflexão, por uma relação que põe, como seu fundamento, uma nova forma de identidade, de tal modo que o movimento sensível exterior é o ser-aí (*Dasein*) da contradição (*WL*, II, 59). No fundo é a contradição que é contraditória, o movimento sensível vindo a exprimi-la ao ser pensado pela dialética da consciência, que a situa no seu percurso de vir a ser consciência de si.

Isso se confirma nos outros exemplos examinados na terceira nota ao capítulo da *Grande Lógica* sobre a contradição. Assim é que "o pai é outro do filho, e o filho, outro do pai, e cada termo é somente como este outro do outro, e ao mesmo tempo uma determinação é somente em relação a outra; seu ser é Um subsistir. O pai, fora da relação com o filho, é também algo para si; no entanto, ele não é pai, mas um homem em geral" (*WL*, II, 80). Note-se, em primeiro lugar, que a propriedade se resolve numa relação e, em segundo lugar, que, nessa relação, a contradição, ao ir ao fundo (*zu Grunde gehen*), conforme ressalta a positividade do negativo, encontra seu fundamento (*in seinen Grund gehen*). Para que pai e filho ostentem a nova forma de alteridade adquirida nesse relacionamento ainda é necessário que se mostrem *realizando* aquela universalidade que faz deles seres humanos, cuja humanidade se exerce pela *diferença* entre o pai e o filho, a diferença efetivando-se na oposição. O antagonismo, porém, passa a encarnar as terminações da contradição desde que se explicite o caráter *infinito* dos entes relacionados, pois no nível dos entes a contradição se expressa como infinito, forma entificada do Absoluto. Sem a passagem para o Espírito a contradição é muda, somente nesse plano ela se mostra padrão de toda atividade, pois, ao revelar o fundamento, prepara o aparecimento do Conceito, da totalidade que coloca sua particularidade no nível peculiar de sua existência.

Nada mais surpreendente, portanto, do que ler trechos de A.4. Marx e de Engels em que a contradição parece ser dita dos entes, como se fosse possível, ao mesmo tempo, afirmar de certas *coisas* um predicado e seu contraditório. "É uma contradição, por exemplo, que um corpo caia constantemente em outro e, com a mesma constância, fuja dele. A elipse é uma das formas de movimento em que essa contradição tanto se realiza como se resolve" (*K*, I, 23, 118-9; trad., 93). O corpo está sendo submetido a duas forças contrárias e por isso seu movimento descreve uma elipse. Este seria para Kant um exemplo típico de antagonismo de forças, em que não haveria nem contradição nem negação da negação, a não ser que se confunda o plano dos conceitos com o plano do real. Nada há nessas forças em conflito, nessa contrariedade, que conduza a uma contradição, menos ainda à posição de uma identidade superior, diferente ontologicamente das forças iniciais. Como nos lembra Kant, o que resulta da soma das forças é outra força com o mesmo caráter de ser.

O que Marx e Engels pretendem, contudo, ao mudar o registro no qual os físicos trabalham normalmente? Reduzem as determinações reflexionantes da essência a meras relações, mas recusam o processo de afundamento que descobre o fundamento espiritual (*DN*, 20, 483). O princípio de identidade é, contudo, simplesmente refutado por uma leitura arrevesada das ciências da natureza. O infinito se resolve numa questão de progresso do particular ao universal; este por sua vez não passa da abreviação capaz de capturar propriedades comuns nas diferentes coisas percebidas pelos sentidos. O movimento assintótico do mau infinito é preenchido pelo curso da natureza e pela história da humanidade. O limite extremo de nossa ciência da natureza é até agora *nosso* universo, e, para conhecer a natureza, não carecemos de universos infinitamente numerosos que estejam fora do nosso; enfim, o progresso infinito se resolve na infinidade da presença (*DN*, 20, 503). Exatamente o contrário do que pretende Hegel, pois, em vez de a dialética especulativa descobrir na diferença a passagem, por exemplo, da quantidade para a qualidade, para Engels é o movimento da história, conhecido empiricamente, que passa a confirmar a lei dialética: "Depois de ter demonstrado pela história como, de fato, o processo em parte se realizou, em parte ainda deve realizar-se, é que Marx o designa, além do mais, como um processo que se cumpre segundo uma lei dialética determinada" (*AD*, 20, 124). A dialética se define, então, como "a ciência das leis gerais do movimento e do desenvolvimento da natureza, da sociedade humana e do pensamento" (*AD*, 20, 131-2). Que sentido, porém, possui essa formulação do que é, associada à do que deve ser? Trata-se apenas da previsão normal que busca qualquer ciência positiva?

Para examinar o estatuto da contradição, vale a pena nos determos na nova leitura do processo da negação da negação. Note-se que não se trata de perceber nele um procedimento meramente formal, de tal modo que a segunda negação simplesmente reporia o sentido invertido pela primeira. Importa seu lado transcendental, isto é, vinculado à expressão ou até mesmo à posição do objeto. Tornou-se moeda corrente exemplificar essa lei da dialética materialista descrevendo o ciclo de uma planta, seguindo de perto, aliás, exemplos do próprio Hegel. Mas enquanto este pretende evidenciar na evolução biológica os primeiros vestígios do Conceito, o salto ontológico da essência para o plano da Ideia, Engels visa mostrar como o fenômeno, corretamente descrito, comprova a validade de uma lei dialética. Lembra que a agricultura trata de produzir milhões de grãos de cevada para serem moídos, cozidos e consumidos, mas, em circunstâncias normais e favoráveis, o grão, plantado em terra fértil, germina, sendo negado e destruído como tal, nascendo em seu lugar a planta que, brotando dele, é sua negação. Por sua vez a planta cresce, frutifica e, como resultado dessa negação da negação, reproduz o grão inicial multiplicado. Ao longo dos anos a espécie cevada se modifica muito pouco, mas não é o que acontece com outras plantas, que, trabalhadas, aumentando sua produtividade, se diversificam em novas variedades. Aqui o aumento da quantidade evidencia ainda mais o salto de qualidade. Nesse processo, "a única coisa que nos interessa é indicar que a negação da negação efetivamente ocorre nos dois reinos do mundo orgânico [o vegetal e o animal]" (*AD*, 20, 127), assim como na ciência e na cultura. No entanto, essa lei dos fenômenos é "extraordinariamente eficaz e importante" em virtude de sua generalidade, que não prejulga, todavia, o "conteúdo concreto" de cada processo. Não é este o que realmente mais interessa? A lei apenas abrevia e indica a direção da análise, que deve buscar o caráter especial de cada caso (*AD*, 20, 132).

O logicismo hegeliano perscruta na generalidade a universalidade, a totalização elaborada pelo Conceito, responsável por iluminar a relação *interna* da regra com seus casos, a partir da própria estruturação da regra. Só ela explica seu fundamento, o núcleo de racionalidade de cada processo vital. Para Engels, ao contrário, é mister examinar a especificidade de cada processo, diríamos hoje, a mudança de estrutura, sendo que sua racionalidade singular se evidencia não por constituir o ser-aí da contradição, mas porque localiza o processo individual no contexto da evolução geral da vida e da produção humana. Ora, nesse plano, a linguagem da negação da negação não traz benefício algum, pelo contrário, só atrapalha a análise estrutural, vale dizer, da nova combinação de elementos simples modificados. Recorre à passagem da quantidade para a qualidade quando importa esmiuçar essa qualidade, reduzindo o fenômeno dado — identidades comumente aceitas, como a planta, a célula — a estruturas profundas capazes de explicar o funcionamento de seus elementos relativamente simples, assim como suas aparências qualitativas. A Biologia Molecular não foi descoberta à medida que cada tipo de célula foi sendo localizado no curso da evolução das espécies; pelo contrário, essa evolução passou a ser mais bem compreendida quando a estrutura da molécula foi reduzida à rica combinação de seus elementos químicos.

Cumpre, porém, ter o cuidado de não cair na tentação de reduzir o alcance das propostas de Engels, como se a dialética marxista, entendida como ciência das ciências, fosse mais uma ciência empírica e positiva. "É precisamente a *transformação da natureza pelo homem*, e não unicamente a natureza enquanto tal, o fundamento mais essencial e mais direto do pensamento humano, e a inteligência do homem cresceu à medida que aprendeu a transformar a natureza" (*DN*, 20, 498). A evolução biológica é vista da perspectiva da evolução humana, demarcada pelo metabolismo do trabalho sobre a natureza. Isso põe em xeque uma visão meramente positiva dos fatos, favorecendo a perspectiva de sua constituição, sendo que a própria objetividade dos fatos se constrói a partir desse paradigma. Uma passagem dos *Manuscritos de 1844* confirma esse ponto de vista: "A sociedade é, pois, a plena unidade essencial do homem com a natureza, a verdadeira ressurreição da natureza, o naturalismo acabado do homem e o humanismo acabado da natureza" (*MÖPh.*, 40, 538; trad., 15).

Nesse texto de juventude, escrito obviamente sob a influência de Hegel e de Feuerbach, a objetividade do objeto resulta da projeção e exteriorização da atividade produtiva humana. Para isso Marx reduz as relações causais a modos de expressão, como se a polaridade entre, por exemplo, o Sol e a Terra se resolvesse num diálogo mudo. Para voltar à sensibilidade como atividade social e humana, Marx precisa reviver uma matéria, um objeto além da objetividade, sempre a escapar da atividade redutora dessa mesma atividade (cf. meu texto *Origens da dialética do trabalho*, São Paulo, Brasiliense, 1983). É como se a ida para o fundamento, a superação da contradição, apontasse para uma história prolongada, que somente não cairia na progressão do mau infinito porque o comunismo restabeleceria, em novo plano, a identidade originária da essência genérica do homem. Mas o Conceito hegeliano, depois de ser expulso no pórtico frontal, não estaria sendo reintroduzido na porta dos fundos? Não há como escapar deste dilema: tomar a dialética como método para compreender a história da natureza e do homem quer reintroduz o Conceito hegeliano, cuja contradição se resolve no fundamento que espiritualiza e racionaliza o ser, quer confunde o fundamento com o mau infinito, como a progressão indefinida que cerca um objeto indo além do cerco.

O que se passa com a negação da negação e com a contradição? Cada determinação é uma negação exclusivamente no nível dos entes, onde se confundem determinação e predicação. O vermelho não é as outras cores, mas essa primeira negação opera no interior do conceito geral de cor, o qual, por sua vez, se resolve, para Engels, numa abreviação construída historicamente. Só assim escapa daquele misticismo hegeliano, segundo o qual essa universalidade teria o empuxo de se diferenciar na diversidade das cores e na oposição posterior entre elas. Mas então é preciso reduzir o vermelho a uma relação, suponhamos: *a* é tão vermelho quanto *b*, o que remete ao padrão de vermelhidão. A passagem, porém, da relação de semelhança para a identidade, do "tão vermelho quanto" para "o vermelho", não carrega em si mesma a passagem para a contradição, como se *a* e *b* naturalmente se transformassem em positivo em si e negativo em si (cf. meu livro *Trabalho e reflexão*, cap. 1). O mesmo se dá com a polaridade entre o pai e o filho: nada implica que o relacionamento dos dois seja forçado pela remissão ao fato de se comportarem como seres humanos, cuja humanidade, a essencialidade de ser homem, se tornaria responsável pela singularização do pai e do filho. Em resumo, Marx e Engels operam com o potencial constituinte da contradição, como se ela funcionasse segundo os parâmetros da lógica especulativa hegeliana, mas a ida ao fundo, o encontro do fundamento, em vez de espiritualizar o ser, pretende desvendar seu peso material, o lastro da atividade produtiva. Nada diz, porém, que esta vá até seu fundo, atravesse seu objeto sem deixar resíduos; pelo contrário, o resto é inevitável, porquanto o processo produtivo nunca pretendeu se identificar com o produto, do mesmo modo que o inteligir se identifica com o inteligível, quando atinge o nível do intelecto ativo, como ensinou Aristóteles. Contra essa última identidade, aliás, Engels já havia assistido, em Berlim, aos ataques de Schelling. Aqui está o nó da questão: sem que o universal apresente o conceito, a matriz espiritual reflexionante do real efetivo, a linguagem da contradição e da negação da negação tende a converter-se num método desabusado, supondo o processo de superação (*Aufhebung*) sem explicar seus fundamentos lógicos, deixando na sombra o resto que não pode pensar. Pode servir para Engels brigar com Newton, questionar a positividade da Física, mas essa forma de dizer termina transformando-se num dialeto que não explica seus procedimentos e, ao contrário do que pretende, está longe da prática das ciências. Mas por certo serve para reforçar a solidariedade de grupos politicamente engajados.

Fixemos as condições sem as quais, segundo Hegel, a contradição torna-se incapaz de cumprir a tarefa de ligar o pensamento ao real, de atravessar a ponte do entendimento que conecta a representação com o representado, sem iluminar todavia sua verdade. Para que isso possa ser feito é preciso que a dedução da forma do objeto, mais do que explorar suas possibilidades de vínculo, seja ainda capaz de situá-lo no nível da realidade que lhe compete. Somente assim vem a ser uma prova ontológica em miniatura. Esse elo é feito pelas determinações de essência. "A reflexão *rica de espírito* [...] consiste, em contrapartida, no apreender e no enunciar a contradição. Embora não exprima o *Conceito* das coisas e suas relações e apenas tenha por material e conteúdo as determinações-de-representação, ela as conduz a uma relação que contém sua contradição e *através* dela *deixa parecer seu Conceito*" (*WL*, II, 61), vale dizer, aponta para o fundamento que dá razão a todo o processo. Ao trabalhar com as oposições, a reflexão exterior se interioriza e se aproxima daquela reflexão interna que encontrará sua razão de ser no pleno funcionamento do Absoluto. Por isso a contrariedade, o movimento do antagonismo, ao mostrar-se como exemplo da *expressão* contraditória, na sua expressão mais pura, passa a efetivar a contradição. Desse modo, não tem cabimento afirmar que o jogo das forças contrárias, tal como existe como fenômeno para o entendimento, já consiste numa contradição. Quando se declara que qualquer movimento *é* uma contradição, é porque está sendo reconhecido nele seu lado discursivo, seu caráter lógico, reafirmando-o então como contradição, na medida em que ela se torna aquela identidade responsável pela individualização dos opostos. Essa reflexão prepara no limite a abolição de qualquer distância com seu objeto. Se o inteligir não tratar de entrelaçar-se inteiramente com o inteligível, como acontecerá, segundo Hegel, no plano do Conceito e da Ideia, a mera percepção da contradição no nível dos fenômenos apenas reforça os fantasmas do entendimento.

No entanto, essa distância não é mantida pelo materialismo de Marx e de Engels? Quando a ideia nada mais for além de um material posto na cabeça dos seres humanos, que sentido poderá adquirir a contradição? Marx e Engels não pretendem interpretar a contradição segundo os cânones da lógica especulativa, mas, para combater o logicismo hegeliano, sabem que não basta constatar a existência de contradições para que a dialética seja possível como mera ciência dos eventos contraditórios. Essa tarefa é impossível pela simples razão de que, fora da linguagem, não há contradição dada, apenas forças contrárias que podem ser lidas como contradições. Mas para conceber a contrariedade como contradição, fazer desta última um fenômeno, no mínimo é preciso questionar a identidade essencial do fundamento.

Aristóteles se livra dos paradoxos dos sofistas separando no corpo que se altera seu lado permanente, a substância, de seu lado mutável. É o mesmo Sócrates que agora está de pé quando antes estava sentado. E assim pode distinguir predicação essencial da predicação acidental. Se Hegel admite que a substância dos entes continua a receber o mesmo tipo de determinação, argumenta que a unidade do próprio ente opondo-se à consciência também se constrói pelo pensamento, de sorte que o objeto pensado pelo sujeito também deve ser tratado como sujeito, a multiplicidade objetiva, como em Fichte, deve brotar do movimento do Eu igual ao Eu que é um Não-Eu. A ideia de matéria, tal como foi pensada pelos gregos em geral, desaparece por completo, pois também ela é uma ideia pensada. O pensar racional deve pensar tanto a unidade unificadora de sua atividade como a diversidade que lhe é aparentemente dada, mas que no fundo, no seu fundamento, nada mais é do que diversidade para uma consciência, cujo destino é vir a ser consciência de si, que sabe o mundo como o seu mundo, enfim, como Saber Absoluto.

Quando Marx e Engels, porém — vale a pena repetir —, pretendem substituir o paradigma do Conceito e da Ideia pelo paradigma da produção material, por conseguinte, quando o objeto fica devendo sua objetidade ao processo de trabalho, de sorte que o pensar e o objeto de pensamento passam a fazer parte do mesmo processo reflexionante, estão de fato, na linhagem de Hegel, pondo em questão a unidade exterior da substância, transformando-a num momento estático da evolução da história. A contrariedade só pode ser lida como contradição porque é histórica a unidade dos elementos em confronto. No entanto, em vez de a ida ao fundamento espiritualizar o conflito numa identidade superior, a contradição tende a se resolver tanto numa identidade mais complexa como no expressar sua dependência dos processos materiais. Se, na natureza, o grão de cevada se reproduz numa diversidade produzida de grãos, se a leitura dialética desse processo é garantida pelo reconhecimento de que o grão e o monte deles são unificados pelo pensamento, permanece inteiramente fora da reflexão o fundamento material onde incide o processo de produção e do trabalho. A não ser que o próprio objeto do trabalho seja constituído, como momento expulso dela, pela reflexão do próprio trabalho, assim como, para Hegel, a natureza advém da exteriorização do Espírito. A dialética como método, a despeito de se assentar em pressupostos inquestionavelmente ontológicos, retoma a oposição entre o representar e o representado, abre uma cesura entre o pensar e o pensado, recusa ver neste último mero sujeito, de sorte que uma coisa em si está sempre escapando da reflexão da produção material e do trabalho. Mas para que a dialética marxista recupere a noção antiga de matéria, receptáculo, não mais de pensamentos, mas de processos produtivos, precisa encontrar seus limites; se ainda pode ser tomada como ciência das generalizações, abreviações conceituais das demais ciências, é porque outra esfera do ser não há de ser pensada dialeticamente.

Os escritos de Engels visavam legitimar, generalizando, os procedimentos empregados por Marx na sua crítica da Economia Política. O fracasso do projeto de elaborar uma lógica dialética mais abrangente e mais rente à realidade do que a lógica formal põe em xeque contudo os procedimentos da crítica de Marx. Note-se de passagem que Engels trabalha com uma concepção da lógica formal — daquela teoria cujo acabamento Kant elogia — que já não era verdadeira mesmo nos tempos do idealismo alemão, pois sabemos hoje em dia que no decorrer da história houve várias formalizações no pensamento. Por certo não se há de esperar que Engels pudesse trabalhar com os instrumentos contemporâneos, os quais mostraram que, dada uma dedução feita na linguagem corrente, é possível encontrar diversos sistemas formais capazes de traduzi-la. Mas tudo isso reduz ainda mais a dualidade entre lógica formal e lógica dialética, que serviu de moeda corrente ao marxismo vulgar.

Na sua generalidade o materialismo dialético está fadado ao fracasso. É incorreto supor que, ao lado da lógica formal, tramada a partir de identidades estáveis, existiria outra forma de pensar concebendo tais identidades em processo. De um lado, porque, hoje em dia, existem várias lógicas formais, todas elas ontologicamente comprometidas; de outro, porque postular a existência da contradição fora do discurso, sem elucidar de que ponto de vista isso é feito, confunde contradição com contrariedade. Se no plano do discurso é possível encontrar um sentido para a contradição, ela deve ser descartada quando se quer formar uma cadeia de deduções. Desde os tempos antigos se sabe que, a partir da contradição (p e $\sim p$), é possível deduzir qualquer proposição, invalidando assim a própria ideia de dedução, por conseguinte o pensamento racional. Ainda que se construam modelos formais em que esse princípio fique delimitado, continua a dificuldade de simplesmente transportar o que vale para o nível das fórmulas e dos conceitos para o nível do real. Assim sendo, uma contradição só pode adquirir algum sentido operando no nível da realidade se associar-se a alguma forma de contrariedade. Isso pode ocorrer enriquecendo de sentido os termos contrapostos, como pretende Granger (*Formes, opérations, objets*, Vrin, 1994), ou, na direção oposta, questionando a identidade dos entes referidos. Em suma, de um ponto de vista transcendental. Mas o que isso quer dizer?

    Hegel radicaliza a lógica transcendental kantiana transformando-a no saber do Absoluto. Obviamente Marx não poderia seguir nessa direção. Vimos que Engels fracassa na sua tentativa de fazer da dialética uma ciência das ciências, pois é inviável pensar como contraditórios a mudança e o movimento no nível dos fenômenos. Ficariam assim cobertos de razão todos aqueles autores ditos marxistas que tentam separar o joio do trigo, de um lado, os barbarismos que Marx tomou emprestado a Hegel no seu namoro com a lógica especulativa, de outro, suas contribuições para a Economia como ciência positiva? Mas com isso também não estaríamos deixando na sombra o nervo de seu projeto crítico? *O Capital* pretende elaborar tanto a análise explicativa dos fenômenos econômicos como a crítica da Economia Política de seu tempo. A palavra *crítica*, inscrita no subtítulo da obra, deve ser entendida no seu sentido forte: análise das várias teorias de seu tempo associada à análise do movimento efetivo do próprio capital. Mais ainda, esta última pretende indicar os enganos em que caíram os economistas, na medida em que focalizam apenas aspectos aparentes e fragmentários de um processo de totalização que somente a desarticulação da positividade dos fenômenos é capaz de evidenciar. Assim sendo, a crítica ou é dialética ou não é crítica.

A.5.   Para compreender o alcance desse projeto crítico não seria mister manter essa associação entre o pensamento e seu objeto e proceder à análise dos textos de Marx a partir do estudo do próprio capital, da realidade do capitalismo contemporâneo? Por que não seguir seu exemplo? Por que se ocupar com as sutilezas da Lógica, com minúcias da diferença entre contradição e contrariedade, em vez de seguir passo a passo a boa apresentação do capital? Se a Lógica, como pretenderam Hegel e Marx, não é mais do que "o dinheiro do espírito", não é melhor considerar apenas o movimento dos objetos, atender ao apelo tradicional de ir às próprias coisas e deixar essas ninharias resolverem-se por si mesmas? Mais ainda, essa ênfase dada a questões formais não bloqueia o estudo do que mais importa, as vicissitudes do capital contemporâneo?

No entanto, qual será o objeto a ser apresentado? Para estudar a história do capitalismo, Fernand Braudel, pelo que me consta, não recorre à dialética e à contradição real. Muito menos a Economia contemporânea, quando constrói modelos dos fenômenos. Ao pretender elaborar a crítica do capital, Marx refunde a própria categoria de capital, empresta-lhe, como veremos, um sentido de tal modo peculiar que a crítica e o objeto capital passam a constituir processos imbricados entre si. É porque a crítica possui o sentido hegeliano de pôr em xeque a positividade do ser que o capital poderá ser entendido como sujeito-substância que requer a desmistificação das estruturações aparentes. Mas se esse procedimento imita o movimento das determinações de reflexão da lógica da essência, tal como Hegel o descreve, seu fundamento, em vez da Ideia, será o desenvolvimento das forças produtivas. Não somos então obrigados a esmiuçar o texto de Marx, a nos demorar nas conexões de suas formas lógicas para então compreender o próprio objeto a que ele visa?

Além do mais, a exigência de que o estudo da doutrina de Marx e suas variantes teóricas e práticas seja feito a partir da análise do movimento do capital como um todo, tomado como matriz dessas mudanças do agir e do pensar, noutras palavras, o projeto de entender Marx a partir da história do capital que ele mesmo estudou, pressupõe, a meu ver, uma ideia totalizante de racionalidade que ignora os limites de uma dialética que, ao recuperar uma distância entre o pensar e seu objeto, somente se confirmará se for regional, se tomar consciência de seus próprios limites. Examinaremos como a dialética marxista se torna possível porque o objeto de sua análise consiste em formas de pensamento (*Gedankenformen*) (*K*, I, 23, 90) que o pesquisador pensa a fim de revelar as formas pelas quais os atores pensam ao se engajarem em relações sociais de produção. Mas essas relações exprimem o desenvolvimento das forças produtivas, o que desde já levanta a dificuldade de desenhar as fronteiras em que a dialética das formas esbarra, aquelas fronteiras que não se resolvem no processo *formal* da história humana. Não é o próprio Marx quem lembra a necessidade de corrigir a apresentação dos resultados de sua investigação, expostos como se brotassem de determinações conceituais e da dialética dos próprios conceitos? Não é ele quem sublinha que o valor da mercadoria, além do trabalho, comporta ainda uma dimensão natural? Mas, ao enveredar por esse caminho, devo reconhecer que estou torcendo o sentido que Marx empresta à sua crítica, pois a desloco para o lado do kantismo, visto que passo a indagar pela possibilidade da dialética materialista.

Se insisto, porém, no desdobramento formal e genético dos conceitos, é para ligá-lo às práticas que tecem suas referências e permitem que suas visadas sejam postas e repostas. No fundo, espero que por elas, que transformam o juízo numa práxis, aquilo que não pode ser pensado, em vez de se apresentar como um além místico, se apresente ao alcance do esforço de um pensamento em processo. Desse modo, procuro chegar pela tangente a discutir questões sobre a racionalidade do próprio capital e da sociabilidade capitalista, dando assim continuidade a preocupações antigas. Em outras ocasiões já tive a oportunidade de lembrar que toda linguagem pressupõe uma intersubjetividade precária. Não se fala a autômatos e o simples gesto de se fazer entender dirigido a alguém desconhecido tem como pressuposto que ele venha a compreender esses sinais, em suma, que pertence a um universo de entendimento possível. Toda comunicação, até mesmo a mais corriqueira, está entremeada de zonas cinzentas e obscuras, de mal-entendidos assim como das mais surpreendentes ocultações do outro. Isso não acontece apenas porque um olhar alheio cai sobre nós, desvendando nossas ambiguidades e abalando nossas certezas; se o inferno é o outro, é sobretudo porque sua voz, seu ver e seu corpo se expõem por meio de determinações indeterminantes, abrindo uma fissura neste mundo constituído por fluxos de fenômenos estabilizados e por instituições estabilizantes. O outro também é fonte de novas e futuras significações. Dada essa precariedade das relações intersubjetivas, percebe-se que o comportamento significativo mais elementar coloca ao menos dois desafios: de um lado, os indivíduos necessitam lidar com suas respectivas indeterminações e angústias; de outro, tratam de precaver essa precariedade, contornando-as e elaborando-as. O primeiro desafio orienta minha reflexão sobre a ética da intimidade; o segundo, o estudo das instituições, a começar pela própria linguagem, enfim, desses comportamentos regulados, previsíveis, inscritos nas próprias ações e nas obras humanas. Não é só a linguagem que se objetiva num sistema de regras, toda sorte de instituições condiciona nossos comportamentos, que se fazem então casos de regras. O modo capitalista de produção não é uma delas?

Minha tarefa neste livro consiste em examinar como aquela trama social, fundada na troca de mercadorias, trata de congelar a intersubjetividade que ela pressupõe e repõe por intermédio do produto do trabalho. Os textos do velho Marx desenham o mapa dessa minha reflexão. Interessa-me como ele vê essa sociabilidade tecendo-se por significados contraditórios e confirmando-se por instituições que parecem ser responsáveis pelas práticas que as alimentam. Essas instituições, porém, encarnam ordenamentos, normas a serviço das relações que as partes da riqueza social mantêm entre si. É de notar que desde o início de seu estudo sobre o capital Marx relaciona objetos de uso a objetos de troca, mostrando como um se *expressa* pelo outro. Desse modo, ao contrário de Louis Althusser e de seus discípulos, não vou distinguir na equação de troca a relação de forma da relação de expressão. Esse expediente tem a enorme vantagem de empurrar o problema da contradição para o campo tradicional da Lógica Formal clássica, de sorte que, em vez de colocar o desafio da superação (*Aufhebung*) hegeliana dos contraditórios, contenta-se com a mera supressão de seus efeitos perversos. Se uma contradição só pode ocorrer entre enunciados, se os participantes de um modo de produção não agem necessariamente por meio de seus juízos práticos, essa contradição passa a ganhar sentido unicamente se for sobredeterminada com traços do mundo. Nesse plano, a tarefa é evitá-la. Este não é o procedimento que a suprime como suprime qualquer paradoxo? É interessante notar que essa tese é igualmente defendida por Althusser e, de forma mais elaborada, por Granger em seus últimos escritos. Não convém menosprezar o visgo da tradição filosófica francesa. Mas caminhar nesse sentido retira da contradição qualquer força objetiva, por conseguinte qualquer negatividade interna do objeto, que fica assim impedido de criticar-se a si mesmo. Se Marx, como veremos, não dá conta de todos os problemas criados por esse empréstimo da tese central da lógica especulativa, não é por isso que se pode desconhecer que ele se esforça para adaptar às suas análises a capacidade das próprias coisas de se porem em questão. Não seria o caso de levar a sério suas indicações de que essas coisas, ao mesmo tempo sensíveis e suprassensíveis, vale dizer, as categorias do capital, são determinações de pensamento e tentar examinar desde logo como a forma se ajusta aos meandros da expressão?

Tomo, pois, como ponto de partida de minhas investigações a transformação de um objeto de uso em expressão de valor, isto é, em signo. Sabemos que a teoria econômica contemporânea opera em geral relacionando objetos de uso a seus preços, considerando assim como um *dado* o que Marx desde logo coloca como problema. Se quisermos reconsiderar essa questão, não vejo como deixar de estudar as condições dessa gênese, pois só assim se pode entender o que ele entende por gênese. Como se constitui o preço na sua qualidade de signo? Mas para isso é preciso retroceder à equação simples da troca mercantil e considerar o dinheiro como forma peculiar de mercadoria, forma que o objeto ganha no curso de seu próprio funcionamento na relação de troca. A questão não possui apenas dimensão histórica, visto que grande parte das moedas conhecidas foram mercadorias convertidas em padrão de medida das trocas. Cabe ainda notar sua dimensão lógica, pois na moeda reside o pressuposto de que ela seja capaz de corresponder aos objetos mais diversos, não apenas como bens desejáveis, mas ainda como bens reprodutíveis no metabolismo social entre o homem e a natureza. Se as mercadorias se exprimem em preços de mercado, se ao economista neoclássico basta associar um bem a um preço, não é por isso que desaparece a pergunta pela *racionalidade* do mercado como forma de alocar recursos, os quais em última instância são produtos trabalhados.

Desde que se abandona o ponto de vista positivo, que naturalmente toma o preço como um dado, como pensar essas racionalidades, a do mercado e a do trabalho, sem tomar desde logo os objetos trocáveis como *formas expressivas* da produtividade do trabalho? Em resumo, quando se pergunta pela racionalidade do capital não é necessário repor a velha questão daquele elemento comum que confere homogeneidade aos vários produtos trazidos para o mercado? Mas que tipo de racionalidade isso implica?

É sabido que a Economia Política clássica elegeu a teoria do valor-trabalho como o fio condutor para associar a racionalidade das trocas à racionalidade do processo social do trabalho. Mas para o economista contemporâneo esse instrumento de análise está morto, pois ninguém até hoje conseguiu transformar valores em preços, de modo a obter relativo consenso e criando modelos capazes de capturar o funcionamento de fenômenos da economia contemporânea. Além do mais, a teoria econômica marxista foi vencida pela teoria neoclássica, não tanto porque a economia socialista entrou em crise, mas sobretudo porque nem mesmo os economistas soviéticos operavam efetivamente com instrumentos baseados na teoria do valor-trabalho. Depois do ritual da celebração ideológica, suas análises se baseavam nos preços de mercado, interno ou internacional. É possível um dia ser ressuscitada? Abstenho-me de um prognóstico, pois em ciências as surpresas surgem do lado daqueles que ousam enfrentar as correntes hegemônicas. Mas até agora não se conhece, salvo engano meu, bom exemplo de análise da economia contemporânea em que a noção de valor-trabalho desempenhe papel importante. Se esse panorama vai mudar no futuro, não é possível prever. No entanto, se não me proponho a estudar os procedimentos do capitalismo contemporâneo para deles depurar sua lógica, se, pelo contrário, examino textos de um autor que tentou levar a cabo esse projeto, no fundo mantenho a esperança de, por esse desvio, poder chegar a uma crítica das formas de racionalidade que se imputam ao *Homo economicus*.

A.6. Como sempre, meu trabalho deve muito a meus interlocutores. Durante a longa redação deste livro mantive diálogo estreito com Marcos Nobre, a quem passei as diversas versões, a fim de receber críticas e com o intuito teimoso de solapar suas convicções frankfurtianas. O primeiro esboço foi testado num curso de pós-graduação, ministrado na Universidade de São Paulo, em 1997, contando por conseguinte com a colaboração de alunos e de colegas; no Cebrap os primeiros capítulos foram discutidos com Álvaro Comin, Miriam Dolhnikoff e Ronaldo de Almeida; uma das primeiras versões foi lida cuidadosamente por Alberto Alonzo Muñoz; na etapa final Luciano Nervo Codato e Vinicius de Figueiredo cuidaram do texto com denodo e olhos de lupa, e Carlos Alberto Inada o releu com muito empenho; Heloisa Jahn cuidou carinhosamente da edição do livro — a todos agradeço do fundo do coração. Devo finalmente agradecer à FINEP o financiamento que, através do Cebrap, tem dado às investigações de meu grupo. Mas antes de tudo o agradecimento mais criterioso deve ser dirigido a Oneida Maria Borges, minha secretária, que sofre com minhas idas e vindas e com minha dislexia.

A.7. As citações de Marx e de Engels se reportam a *Marx Engels Werke*, Berlim, Dietz Verlag, 1961-, indicando as iniciais da obra, o volume e a página: *Anti-Dühring* (*AD*), *Dialektik der Natur* (*DN*), *Manifest der Kommunistische Partei* (*MKP*), *Aus der Kritik des Hegelschen Rechts* (*Kr.HR*) e *Die Heilige Familie* (*HF*). São exceções *Theorien über den Mehwert* (*TMW*), da mesma editora, mas segundo a edição de 1956; *Grundrisse der Kritik der politischen Ökonomie*, também da Dietz Verlag, Berlim, 1953; e *Misère de la philosophie*, Paris, Éditions Sociales, 1947, preservando o texto francês. Sempre que possível, há referências às traduções brasileiras, às vezes citadas com alterações menores:

(*DI*) *A ideologia alemã* (parte relativa a *Feuerbach*), São Paulo, Hucitec, 1996.

(*K*) *O capital*, Marx, coleção Os Economistas, São Paulo, Abril Cultural, 1983.

(*MÖPh.*) *Manuscritos econômico-filosóficos*, Marx, coleção Os Pensadores, xxxv, São Paulo, Abril Cultural, 1974.

(*Zur Kr.*) *Para a crítica da Economia Política*, Marx, coleção Os Pensadores, xxxv, São Paulo, Abril Cultural, 1974.

(*TMW*, iii) Parte relativa a "O rendimento e suas fontes", Marx, coleção Os Pensadores, São Paulo, Abril Cultural, 1974.

(*G*) Partes relativas a "Contradição entre o fundamento da produção burguesa (medida valor) e seu desenvolvimento" e a "Formas que precedem a produção capitalista", *Marx, teoria e prática revolucionária*, Porto Alegre, l&pm, 2000.

As obras de Hegel, excluindo a primeira edição da *Enciclopédia*, que se refere a *System der Philosophie*, Hegel, Sämtliche Werke, vol. viii, Ed. Glockner, são citadas, com as iniciais correspondentes, pela *Philosophische Bibliothek*, Hamburgo, Felix Meiner Verlag, c. 1990, *Wissenschaft der Logik* (*WL*) e *Grundlinien der Philosophie des Rechts* (*RPh.*).

Março de 2000 — Cebrap/usp

1. Desafios recorrentes

PROBLEMAS CENTRÍFUGOS   1.1.

    Nem sempre Marx escreve de pontos de vista convergentes, embora tenha sempre no horizonte a perspectiva da revolução que, assim me parece, lhe permite captar, de forma inovadora, as relações sociais do sistema capitalista e as contradições que as atravessam. Mas isso só lhe é possível porque, em contrapartida, recorre a uma lógica que, pretendendo inverter a lógica hegeliana, sem entretanto tratar das principais questões levantadas por essa inversão, faz com que possa ir além dos limites postos por uma ciência positiva, a despeito de estar a todo momento reiterando profissão de fé nessa ciência. De que perspectiva, contudo, pensa a Ciência de seu tempo? Não está sua crítica eivada de pressupostos filosóficos? Convém lembrar que ele pretende substituir as formas autônomas do pensamento, notadamente aquelas da Filosofia, por uma "apresentação da realidade", em suma, propõe a negação das formas de pensar por meio de uma práxis pensante. Qual é a articulação dessa práxis? Também ela não obedece a uma gramática, cuja análise escapa aos cânones do conhecimento propriamente científico? Além do mais, ao opor pensamento, ideologia, de uma parte, e práxis, de outra, ao atribuir a esse pensamento ativo a tarefa de *apresentar* essa realidade prática, não está implicitamente submetendo os conceitos de apresentação e de real a um enfoque muito particular que necessita ser pensado? Se vincula pensar a fazer, não ressuscita questões filosóficas a respeito de como os agentes se individualizam e *decidem*, pensando em seguida no que acabaram de fazer? A conhecida fórmula — "Só se pode superar a Filosofia realizando-a" — supõe, além do mais, uma concepção muito singular dessa Filosofia. Ela está muito mais próxima da Religião, entendida como resolução ideal dos conflitos do mundo cotidiano, do que de uma análise crítica dos limites das formas do julgar o que acontece e o que deve acontecer.

Basta enunciar esses tópicos para que se perceba que a relação de Marx com a Filosofia é problemática, ou melhor, que sua problemática filosófica precisa ser redesenhada no espaço onde se movem tanto sua crítica a Hegel e a outros filósofos neo-hegelianos como suas análises do capital e da política. Defrontamos, pois, com duas séries de questões que, a despeito de estarem entrelaçadas, requerem tratamento diferenciado. De um lado, cabe examinar os pressupostos e as propostas em que se assenta o projeto marxiano de negar e superar a Filosofia; de outro, acompanhar as soluções de continuidade de seu pensamento, que, como todos sabem, não persegue evolução linear.

É difícil, por exemplo, ler atentamente as anotações críticas que o jovem Marx apõe aos parágrafos nos quais Hegel desenvolve sua teoria do estado sem notar linhas divergentes de pensamento, que não poderiam conviver num mesmo espaço lógico. Marx investe contra Hegel, acusando-o de retirar dos fatos empíricos sua vida interna, ao pretender deduzi-los misticamente de esquemas lógicos. Parece-lhe esdrúxulo encaixar toda a diversidade da realidade empírica temporal e espacial no esquema do desenvolvimento do Conceito (universal, particular, singular), de sorte que o próprio espírito interno do real seria substituído pelo formalismo da lógica especulativa. Mas sua avaliação de Hegel é surpreendente. Considera essa projeção dos fenômenos aos esquemas lógicos como forma de legitimar a aparência de tais fenômenos e deixar de lado a contradição interna que os anima, de sorte que as contradições aparentes da realidade social contemporânea passariam a ser tomadas como momentos necessários do desenvolvimento do Espírito Absoluto. Mas essa crítica não interpreta a contradição de um modo muito próximo daquela proposta por Hegel? Não pede que a contradição se converta em revolução a partir dos antagonismos da sociedade civil? Tal uso da contradição lhe serve, contudo, para indicar que, do ponto de vista do sistema hegeliano, a revolução social se resolveria no nível do pensamento sem ter consequências na própria história:

> A efetividade empírica é tomada como ela é, e expressa como racional; não é todavia racional por causa de sua própria razão, mas porque o fato empírico, em sua existência empírica, possui outro significado além dele mesmo. O fato de que se parte não é concebido como tal, mas como resultado místico. O efetivo vem a ser fenômeno, mas a Ideia não tem outro conteúdo do que esse fenômeno. Além do mais, a Ideia não tem fim diferente daquele, lógico, "vir a ser o espírito efetivo infinito e para si". Neste parágrafo se assenta todo o mistério da filosofia do direito e da filosofia hegeliana em geral. [*Kr. HR*, 1, 207-8]

Essa recusa do misticismo lógico hegeliano se baseia, numa primeira instância, na crítica ao núcleo do processo de abstração, o qual resulta no Conceito especulativo. Maçãs, peras, amêndoas efetivas etc. serviriam de base para constituir a "representação geral" "fruto". Hegel, porém, as transforma em instâncias do universal assim constituído. "O essencial de tais coisas não é sua existência efetiva, intuitivamente sensível [*wirkliches, sinnlich anschaubares Dasein*], mas a essência que abstraí delas e das quais fiz o seu substituto, a essência de minha representação, 'o fruto'. Explico assim a maçã, a pera, a amêndoa etc. como simples modos de existência, *modi*, do 'fruto'" (*HF*, 2, 60).

Estreita, porém, é essa crítica, na medida em que reduz o Conceito a uma representação. Mais ainda, ela dissolve a unidade especialíssima que Hegel estabelece entre universal e substância, a capacidade do universal de pôr seu caso, sem levar em conta que essa tese resulta da maneira de pensar algo como contradição. Não é possível, contudo, manter essa última tese sem assumir a primeira. Marx nega explicitamente que se possa assumir o ponto de vista da substância e fazer da fruta individual a aparência (*Schein*) da essência fruto, da essência viva dotada de automovimento. Mas se, num primeiro momento, retorna ao real segundo os cânones estabelecidos pela dialética de Feuerbach, que, contra o Conceito, insiste na riqueza da sensibilidade, logo tenta outro caminho, pois vê o objeto (*Gegenstand*), a efetividade, a sensibilidade — que até então foram concebidos pelo materialismo, inclusive o de Feuerbach, do ponto de vista do objeto (*Objekt*) ou da intuição — como atividade sensível do homem, como práxis, muito distante de qualquer óptica subjetiva (cf. Primeira Tese sobre Feuerbach). Como é possível, entretanto, sem cair no "misticismo hegeliano", recusar essa oposição entre objetivo e subjetivo, mas continuar empregando a linguagem da contradição, quando a oposição que se faz contraditória só adquire sentido se a universalidade, a regra que a engloba, for dotada da capacidade de pôr seu caso? Marx continua a pensar que a atividade sensível e material é atravessada por uma dinâmica que conduz os opostos a se porem para si, entrando em contradição e superando-se sem deixar restos. Isso não implica, contudo, prestar homenagem a Hegel pela porta dos fundos?

Segundo Marx, Feuerbach teria o mérito de: 1) ter demonstrado que a Filosofia nada mais é do que a transposição, para o plano do pensamento, da religião pensada e explicitada, por conseguinte mera alienação da essência humana; 2) ter fundado o verdadeiro materialismo no relacionamento social do homem para com o homem; 3) ter anteposto à negação da negação o positivo que se afirma absolutamente em si mesmo (*MÖPh.*, 40, 569). Mas o grande desafio é compreender como esse positivo pode ser assumido por inteiro, já que ele vive no interior de um processo interno de autoposição, movimento percorrido pela contradição e pela negação da negação, vale dizer, travado por processos dotados de uma lógica peculiar. Feuerbach pensa em termos de "objeto sensível" (*sinnlicher Gegenstand*), quando a tarefa é pensar em termos da "atividade sensível" (*sinnliche Tätigkeit*) (*DI*, 3, 44-5). Mas essa atividade não possui também uma lógica interna, que somente aparecerá com sua noção de capital?

Hegel, Feuerbach e Marx, entretanto, não recusam qualquer autonomia aos procedimentos lógico-formais? Estes se resolveriam no lado representativo e abstrato de um processo real que, efetuando-se basicamente na subjetividade de cada indivíduo, necessita da linguagem, notadamente da sintaxe, unicamente como instrumento de comunicação, sem intervir no conteúdo do positivo. Lembrando-se de uma frase famosa de Hegel e repetida por Marx, a Lógica nada mais seria do que o dinheiro do espírito. Essa concepção vai ao limite quando Feuerbach propõe que a *posição* hegeliana, vale dizer, a constituição do efetivo pela travação conceitual, seja simplesmente substituída pela *exposição* (*Darstellung*), mero artifício de expor conteúdos já constituídos para o pensamento (cf. meu livro *Origens da dialética do trabalho*, I, 2). Mas como se dá a constituição desse positivo? Marx, por sua vez, não pode se contentar com a mera exposição do positivo autoponente. Ao aceitar a tese hegeliana de que o desenvolvimento da história se autoconstitui graças ao trabalho e à sua alienação, está abrindo as portas para analisar a *sintaxe* dessa alienação:

A grandeza da *Fenomenologia* hegeliana e de seu resultado final — a dialética da negatividade na qualidade de princípio motor e gerador — consiste, de uma parte, em que Hegel compreenda a autogeração do homem como processo, a objetivação como desobjetivação, alienação e superação dessa alienação; em que compreenda então a essência do *trabalho* e conceba o homem objetivado, verdadeiro, pois esse é o homem efetivo como resultado de seu *próprio trabalho*. O comportamento *efetivo* e *ativo* do homem para consigo mesmo, na qualidade de ser-genérico [*Gattungswesen*], ou a efetuação de si como aquela de um ser-genérico, ou a manifestação de si mesmo como ser-genérico, isto é, como ser [*Wesen*] humano, somente é possível porque ele efetivamente exterioriza todas as suas *forças genéricas* — o que por sua vez só se torna possível em virtude da ação conjunta dos homens enquanto resultado da história —, e se comporta diante delas como diante de objetos, o que, por sua vez, de início só é possível na forma da alienação. [*MÖPh.*, 40, 574]

Ampliando aquele procedimento utilizado por Feuerbach para explicar o nascimento da religião — esta se resumiria na projeção das contradições da vida cotidiana no plano do imaginário —, Marx, nos seus primeiros escritos, concebe todo o mundo das ideias como projeção do desenvolvimento da história do trabalho. Mas com isso retoma a linguagem hegeliana do gênero, vale dizer, do objeto como forma capaz de diferenciar-se, de negar-se a si mesma e de elevar-se a uma figura superior do Espírito. Como explicar todavia essa capacidade do gênero humano de alienar-se em virtude da divisão do trabalho e, na sua diferenciação, encontrar em seguida sua própria efetividade singular nessa objetividade projetada? Como explicar a capacidade de retomar a universalidade perdida, cuja alienação passa a mover-se no plano da liberdade, sem supor a imbricação entre universal e substância, que configura o núcleo do idealismo hegeliano?

O jovem Marx se enfia, portanto, numa camisa de onze varas. Se pretende substituir a Filosofia pela "apresentação da realidade", se relega todo o pensamento abstrato para o nível subjetivo dos fenômenos, os quais valem por seus conteúdos históricos e autoprodutivos, não precisa assim, em contrapartida, examinar como esse trabalho de autoprodução se *mede* para se pôr como social? Mais tarde ele mesmo descobrirá que essa medida consiste numa forma de julgar, impossível de ser resumida a um procedimento de autoposição. Mas somente vai mudar de óptica depois de refletir sobre o enorme alcance do conceito de valor-trabalho, elaborado por Ricardo. Antes disso, quando ainda ensaia seus primeiros contatos com a Economia Política, se já logra desenhar o esboço de uma crítica da sociedade civil e burguesa antes de ter desenvolvido seu próprio conceito crítico de capital, precisa pagar o preço de reeditar, *mutatis mutandis*, o drama da dialética hegeliana: a autoposição da história deve ocorrer segundo um processo de diferenciação de certas identidades substantivas, gêneros diferenciando-se em espécies, num movimento que recusa qualquer sintaxe própria. O espaço de combinações possíveis e impossíveis entre elementos relativamente simples é reduzido a momento de uma linguagem que, no fundo, só fala de si mesma. Para restaurar a dualidade entre a forma de expressão e o conteúdo expresso, sem cair na simplificação da dualidade entre representação mental e representado real, Marx deverá reencontrar a linguagem da mercadoria e do capital. Mas, enquanto isso não ocorrer, sua recusa do misticismo do Conceito move-se ainda no interior do hegelianismo, sempre propondo uma universalidade substantiva capaz de se diferenciar por si mesma. Desse ponto de vista, não há como não ceder à tese de que todo real é racional (cf. meu livro *Karl Marx, teoria e prática revolucionária*, Porto Alegre, L&PM, 2000). No núcleo do materialismo de Marx, essa tentativa de explicar outras *formas* de sociabilidade pelas *formas* da sociabilidade do trabalho, medram, pois, dificuldades que dizem respeito ao modo como estruturas práticas são projetadas e elaboradas por outras formas da produção do espírito. Se, na sua maturidade, Marx continua afirmando que "o ideal" (*das Ideelle*) nada mais é do que o "material" (*Materielle*) invertido e traduzido na cabeça do homem (*K*, I, 23, 27), não é porque uma nova concepção de real, uma nova ontologia, começou a ser esboçada? Não é o caso de acompanhar os passos dessa aventura?

1.2. IDEIAS-FORÇAS

O modo como Marx pretende entrelaçar teoria e prática já se mostra na forma de conceber os próprios conceitos. O primeiro exame sistemático desse problema é feito n'*A ideologia alemã*, texto para o qual confluem todos os manuscritos anteriores a 1845. Revisitemos essas páginas tantas vezes compulsadas. Tanto os velhos como os jovens hegelianos, objetam Marx e Engels, acreditam sem mais na prevalência da religião, dos conceitos, enfim, dos universais, na determinação do mundo; isso porque para os primeiros a razão vence a dispersão dos fenômenos empíricos, enquanto para os segundos os princípios lógicos usurpam os direitos da vida prática. Mas ambos se esquecem de datar as ideias em relação às duras realidades da Alemanha da época. Para cumprir essa tarefa é preciso partir do inventário daqueles *pressupostos* que determinam as condições materiais de vida dos indivíduos, isto é, ligar os pensamentos aos passos do movimento geral da história. Contra uma filosofia que recusa qualquer pressuposto, que localiza a verdade no movimento geral do sistema, os autores sublinham a necessidade do começo postulado, aceito por todos. Para que haja uma história da humanidade cabe, em primeiro lugar, pressupor a existência de indivíduos vivos, corporal e socialmente organizados, diferenciando-se dos animais à medida que produzem seus próprios meios de vida. E o modo como produzem tais meios depende do arranjo e da constituição de outros meios preexistentes. Mas somente asseguram sua existência quando conseguem *exteriorizar* a própria vida: eles *vêm a ser* segundo a maneira como se externalizam. O aumento da população produz a divisão do trabalho, sendo que diferentes graus do desenvolvimento dessa divisão também determinam a mútua relação dos indivíduos entre si, tendo em vista os materiais, os instrumentos e os produtos mobilizados pela atividade produtiva.

Deixemos de lado a breve história, esboçada por Marx e Engels, dessa divisão do trabalho para sublinhar um fato (*Tatsache*) peculiar aos diversos sistemas de produção (*DI*, 3, 2; trad., 22): determinados indivíduos se tornam ativamente produtivos segundo formas determinadas, necessitando para isso travar relações sociais e políticas. À observação empírica cabe, então, mostrar como cada superestrutura social e política depende de sua infraestrutura produtiva. Desse modo, até mesmo a articulação da sociedade e do estado provém do processo de vida dos indivíduos, processo de determinação que atinge a produção de ideias, de representações e da própria consciência: "O representar, o pensar, o intercâmbio [*Verkehr*] espiritual entre os homens aparecem aqui como emanação direta de seu comportamento material [...] A consciência jamais pode ser outra coisa além do ser consciente, e o ser dos homens é o seu processo de vida efetivo" (*DI*, 3, 26; trad., 36-7).

O que se entende, porém, por esse "processo de vida efetivo" (*wirklicher Lebensprozess*)? Para participar da natureza um ser precisa encontrar nela esse seu ser, estabelecer com ela certo intercâmbio, metabolismo (*Stoffwechsel*) pelo qual sua identidade se forma graças à determinação recíproca dele mesmo com seu outro, ser humano ou natural. Mas ele e os outros não estão apenas justapostos, não são indiferentes entre si, como a pedra ao lado de outra. Até mesmo os astros dialogam entre si, um solicitando do outro o padrão de sua identidade, de sorte que a comunidade do sistema solar já prenuncia um tipo de totalidade, o *gênero*, pela qual os seres vivos se individualizam e se projetam uns nos outros. Em suma, dos astros aos seres humanos, todos nós estamos permeados por relações *expressivas*. Mas, ao contrário do animal, o caráter genérico do homem, sua essência genérica (*Gattungswesen*), se mostra *pura atividade*. A essência humana, frisa a sexta tese sobre Feuerbach, não consiste numa abstração que reside num único indivíduo, mas sua efetividade é conformada pelo conjunto das relações sociais. Essa atividade, de uma parte, confronta-se com a natureza, tomada sobretudo como corpo inorgânico do homem, vale dizer, exterioridade a ser domada pelo trabalho e interiorizada pelo consumo; de outra parte, dirige-se a outros homens, na medida em que uns e outros carecem de trabalhos alheios, travam relações comerciais negando a dispersão provocada pela divisão do trabalho. Aqui começa a delinear-se uma dialética entre forças produtivas, atuação prática do homem orientada pelo trabalho, e relações de produção, atividade propriamente social unificando o que a divisão do trabalho e a propriedade dispersaram. O fato da história tem como condições de sua existência a finitude dos homens e o enraizamento deles na natureza. Mas é preciso não esquecer que as relações sociais de produção são constituídas pelo intercâmbio (*Verkehr*) de produtos e trabalhos, muito diferente daquela síntese que fará o capital, cujo conceito só aparece depois da redação de *Miséria da filosofia*, conformando a sociedade civil burguesa numa totalidade *sui generis*. Em outras palavras, a mesma expressão, "relações sociais de produção", designa n'*A ideologia alemã* e n'*O capital* estruturações diferentes, pois só na obra madura a forma capital adquire desenvolvimento próprio. Desse modo, os conceitos d'*A ideologia alemã* ainda operam segundo a oposição entre o ser e o ser consciente, pois o primeiro, embora já concebido como travação social, ainda não possui gramática autônoma.

Aos alemães, tomados pela ilusão de poder caminhar sem pressupostos, Marx e Engels lembram a necessidade de reconhecer o primeiro pressuposto de toda existência, enfim, de toda evolução humana: os homens precisam viver a fim de "fazer história". Assim sendo, cada passo da história surge como um dado, terreno sobre o qual se constrói a existência dos indivíduos, por conseguinte implicando constrangimentos a serem avaliados conforme se procura examinar como este ou aquele fato social se efetivou.

Esmiucemos as condições de existência dessa história. Ela requer: 1) a produção de meios para a satisfação dos carecimentos humanos; 2) a satisfação dos carecimentos, embora os atos de satisfazer e de empregar instrumentos produzam novos carecimentos — note-se que esta é a primeira ação (*Tat*) propriamente histórica; 3) a produção de outros homens, por conseguinte, constituição de uma família e início da relação especificamente social; 4) a produção pelo trabalho e a geração pelo sexo, que se dão simultaneamente, quer como relações naturais, quer como relações sociais, no sentido de ações conjugadas de vários indivíduos convergindo para certos fins. Esses são *momentos*, aspectos relevantes de um processo, que somente a imaginação pode separar. Mas importa aos autores, nessa época, ressaltar que os homens, devendo produzir suas vidas de forma *determinada*, o fazem associando organização física e consciência. Em suma, interessa-lhes a determinação social e epocal das formas de consciência, vale dizer, das ideologias.

Se a consciência equivale a ser consciente é porque esse ser do homem, ao contrário do ser do animal incapaz de se *relacionar* de modo totalmente reflexivo, implica que todo relacionamento também é para nós, vale dizer, produto social, nascendo da necessidade de cada um de apropriar-se da natureza e comunicar-se com os outros. Consciência, pois, da relação e de suas limitações, que se amplia conforme esses obstáculos vão sendo vencidos. Desse modo, uma consciência social genérica, associada a uma divisão de trabalho natural que se inicia no relacionamento sexual (*Geschlechtsakt* — *DI*, 3, 30), se entrelaça com a divisão do trabalho material e espiritual.

> A divisão do trabalho torna-se realmente tal apenas a partir do momento em que surge uma divisão entre o trabalho material e o espiritual. A partir desse momento a consciência *pode* imaginar (*einbilden*) ser algo diferente da consciência da práxis existente, representar *realmente* algo sem representar algo real; desde esse instante, a consciência está em condições de emancipar-se do mundo e entregar-se à criação da teoria, da Teologia, da Filosofia, da Moral etc. "puras".
> [*DI*, 3, 30; trad., 44-5]

Integrando na "atividade sensível" o ser consciente, Marx e Engels tentam uma espécie de gênese da consciência de si. Desde que trabalho e usufruto se separem, também o trabalho espiritual se distancia do trabalho material, permitindo que o pensamento se libere de pensar a prática mais imediata. Os pensadores da classe dominante pensam a *situação* dessa classe, de sorte que o pensamento dominante se converte no pensamento da classe dominante. Inserida na história, reduzida à sequência de gerações que transformam as condições dadas — materiais, capitais, forças produtivas —

em novas condições de dominação, essa classe vai tecendo o panorama de uma história mundial (*Weltgeschichte*), que passa a recolher todas as formas produtivas na única identidade desenhada pelos interesses dominantes. Os pensadores dessa classe podem assim nutrir a *ilusão* de que tais interesses particulares constituem os interesses da sociedade como um todo, deslocando pois o particular para que se transforme em universal. Cada nova classe dominante amplia desse modo suas bases de dominação, operando uma "negação radical das condições sociais" (*Gesellschaftszustände*) válidas até então (*DI*, 3, 48). Da mesma maneira que a história mundial vai se configurando graças à ampliação do processo de dominação, igualmente se ampliam as formas de consciência, até que a radicalização final do processo histórico termina por conformar a ilusão de que a consciência de si tem a capacidade mística de se determinar a si mesma (*DI*, 3, 48-9).

Não nos cabe examinar quanto essa gênese da consciência de si deve à *Fenomenologia do Espírito*. Lembremos apenas que a passagem da consciência sensível à autoconsciência se faz por intermédio do desenvolvimento das forças produtivas e das relações sociais de produção, numa primeira tentativa de transformar o desenvolvimento do Espírito no desenvolvimento da história do trabalho. Mas é evidente que a lógica de todo o processo ainda continua devendo seus principais instrumentos à lógica especulativa. A história do processo material de transformação é atravessada pelo processo pelo qual forças opostas se convertem em forças contraditórias. Ora, isso só é possível se cada oposto é posto como um positivo em si e um negativo em si, o que só se logra por meio do processo de tomar consciência. Se esta for consciência de classe, se a classe caminha do em si na direção do para si, é preciso então elucidar como esse movimento ocorre no nível das próprias relações sociais de produção. Simplesmente aceitar como ponto de partida as "condições sociais", sem esclarecer como operam as contradições que as atravessam, notadamente qual o espaço lógico em que operam, resulta em opor, sem mais, condição e experiência que se tem dela, o que reproduz a dialética hegeliana no plano da caricatura. Toda essa dialética não necessita ser repensada quando o mecanismo da dominação, sob a forma da apropriação da mais-valia relativa, é descoberto? Noutras palavras, quando todos os fatores de produção passam a ser postos em função da apropriação do excedente do trabalho?

Além do mais, porque a essência do homem é tomada como gênero capaz de se repor a si mesmo, ela continua a guardar no interior de si o germe de uma reconciliação entre os vetores centrífugos produzidos pela divisão do trabalho, da guerra intestina gerada por sua própria efetivação. O capitalismo representa o último estágio desse processo na exata medida em que, purificando os termos da contrariedade, acaba por transformá-la em contradição: do conflito entre os capitalistas e os trabalhadores nascerá a reconciliação da sociedade comunista sem classes. Essa forma de superação (*Aufhebung*) não introduz, pela porta dos fundos, a tríada hegeliana que marca o Conceito e o infinito?

A ênfase na positividade ativa, a crítica ao logicismo hegeliano e o valor dado ao papel constitutivo do trabalho configuram, no final das contas, apenas torções de um processo que mantém, a despeito de todo esforço contrário, sua matriz especulativa. Como seria possível lidar com a ideia de alienação sem que a fonte da universalidade humana fosse um *gênero*, precisamente o Conceito que faz a passagem, na *Ciência da Lógica*, da lógica subjetiva do silogismo para a categoria de objeto? E todo o esquema conceitual do jovem Marx depende, como temos insistido (cf. meu texto *Origens da dialética do trabalho*), de uma concepção hegeliana do homem como *Gattungswesen*. Objetividade e essência genérica do homem constituem dois momentos da mesma efetividade, que, para cumprir-se, necessita passar pela particularidade da propriedade privada e do trabalho alienado. Somente a partir da identidade posta pelo gênero, como identidade da identidade e da diferença, é que, em primeiro lugar, a divisão do trabalho instala a luta de classes, leva esse conflito até a contradição que se supera noutro nível de realidade. E, desde logo, essa contrariedade que se transforma em contradição somente se suprime e se supera depois de as forças ativas esgotarem *todas* as possibilidades inscritas na totalidade posta. Os textos não explicitam como o ser-genérico do homem pode ser cindido pela divisão do trabalho, se esse ser-genérico já não se remetesse ao Conceito, que possui em si mesmo a capacidade de diferenciação. O simples fato de ele ser pura atividade não conduz a diferença até a contradição. Tanto é assim que o velho Marx distinguirá a divisão técnica daquela divisão social do trabalho, a primeira dividindo o processo de trabalho mas juntando as partes no final dele, a segunda dividindo os produtos e criando a diáspora do mercado, que somente será resolvida pela conversão dos valores de uso em valor. Mas fica sempre na sombra a passagem da contradição a um novo tipo de objeto, cuja *totalização* só pode ser justificada no contexto do movimento completo do Espírito Absoluto.

Desse modo, a contradição do desenvolvimento das forças produtivas e das relações de produção (n'*A ideologia alemã*, ainda chamadas de *Verkehrsform*), notadamente do capital e do trabalho, e sua superação (*Aufhebung*) noutro patamar são postas e assumidas como se fossem uma obviedade:

> Segundo nossa concepção, portanto, todas as coalizões na história têm origem na contradição entre forças produtivas e forma de intercâmbio [*Verkehrsform*] [...]
> Essa contradição entre as forças produtivas e a forma de intercâmbio, que, como vimos, ocorreu várias vezes na história anterior sem, todavia, ameaçar o fundamento [dessa contradição], teve que irromper numa revolução, na qual ela tomou ao mesmo tempo dife-

rentes formas acessórias, tais como a totalidade de colisões, colisões entre diferentes classes, contradições da consciência, luta de ideias, luta política etc. [...]
A transformação, pela divisão do trabalho, de forças (relações) pessoais em forças objetivas não pode ser superada arrancando-se da cabeça essa representação geral, mas apenas se os indivíduos subsumirem novamente essas forças objetivas em si mesmos e superarem a divisão do trabalho. [*DI*, 3, 73-4; trad., 115-6, modificada]

A tese hegeliana da superação das contradições inerentes à sociedade civil e burguesa por meio da constituição do estado e do direito, entendidos como "comunidade aparentemente autonomizada" (*verselbständigte scheinbare Gemeinschaft*), é substituída pela tese de que esse movimento daria lugar no comunismo à comunidade efetiva dos homens livres, desde que a contradição original posta pela divisão do trabalho fosse finalmente superada. Mas é preciso não perder de vista que as relações sociais capitalistas, entendidas como formas de intercâmbio, por conseguinte ligadas à circulação de mercadorias, estão ainda muito longe de serem pensadas como formas do desenvolvimento do capital, no sentido que Marx posteriormente dará a essa palavra.

1.3. AS DUAS FACES DA HISTÓRIA

A tentativa de introduzir a contradição *no seio da própria finitude* teria ido "para a lata de lixo da história" da Filosofia, para usar uma expressão consagrada, se Marx, em seus textos posteriores, não cruzasse essa proposta com a tese da infinidade ilusória e aparente do capital. E para entendermos essa operação convém sublinhar o caráter histórico e formal que o capital assume no pensamento marxista.

A produção lógica pelo Conceito, pensada por Hegel como movimento do silogismo que particulariza um universal num singular, deve dar lugar à produção real do homem na história. Mas essa produção ganha novo sentido quando passa a ser entendida como exploração do trabalho vivo graças ao fato de ele ser medido pelo trabalho morto nele inscrito, em suma, quando o êmbolo da história real se mostra como exploração do excedente econômico, sendo que esta, no caso do capitalismo, se faz unicamente graças à contradição entre trabalho morto e trabalho vivo. Nessas novas condições, as ideias e as representações de uma época, que resumem o material (*Materielle*) transposto e traduzido na cabeça dos homens, não ganharão novos vínculos e novas dimensões?

Vejamos como isso se dá. Essa matéria se resolve na produção material do homem por si mesmo a partir de condições dadas, mas agora, no modo de produção capitalista, tais condições são travadas pela imbricação das *formas* assumidas pelo valor das mercadorias. Noutras palavras, as relações sociais de produção passam a ser articuladas pelo desenvolvimento formal das categorias de mercadoria e de capital, de sorte que apresentam uma gramática muito peculiar, a que é preciso dar a maior atenção.

Na sua forma abstrata, aquele esforço de inverter a lógica hegeliana, iniciado na crítica à Filosofia do Direito de Hegel, parece manter a mesma estrutura:

> As relações jurídicas, tais como as formas de estado, não podem ser compreendidas nem a partir de si mesmas, nem a partir do assim chamado desenvolvimento do espírito humano, mas, pelo contrário, elas se enraízam nas relações materiais de vida, cuja totalidade foi resumida por Hegel sob o nome de "sociedade civil" [*bürgerliche Gesellschaft*] [...]; na produção social da própria vida, os homens contraem relações determinadas, necessárias e independentes de sua vontade, relações de produção estas que correspondem a uma deter-

minada etapa de desenvolvimento de suas forças produtivas materiais. A totalidade dessas relações de produção forma a estrutura econômica da sociedade, a base real sobre a qual se levanta uma superestrutura jurídica e política, e à qual correspondem formas sociais determinadas de consciência. O modo de produção da vida material condiciona o processo em geral da vida social, política e espiritual. [*Zur Kr.*, 3, 8; trad., 135-6]

Aqui se encontra o núcleo da concepção materialista da história, que tem servido de inspiração para mais de um século de investigações profícuas, obviamente quando escapa da esclerose do materialismo vulgar. Note-se no texto, entretanto, a referência ao conceito de "sociedade civil", sinopse hegeliana da descoberta da Economia Política de que as relações socioeconômicas possuem autonomia em face das estruturas políticas e jurídicas. Mas para Marx essa base material está atravessada pelo movimento contraditório entre as forças produtivas e as relações sociais de produção. Estas últimas, o lado mais profundo das relações de propriedade, determinam as formas pelas quais operam a produção, a distribuição, a troca e o consumo, sendo que os agentes passam a ser movidos pelas categorias que eles representam. As primeiras, as forças produtivas, configuram o conteúdo constituído pelos relacionamentos do homem com a natureza e consigo mesmo e que se torna responsável pelo movimento dessas mesmas forças. Num dado momento de equilíbrio, formas e conteúdos se correspondem. Mas a divisão social do trabalho, depois de quebrado o equilíbrio do comunismo primitivo, abre espaço para a luta pela apropriação do excedente então criado, o que move o desenvolvimento progressivo dessas forças produtivas até chegar ao limite em que a carapaça das relações de produção pressupostas venha a explodir. Graças a esse processo reflexionante, de condição necessária essas relações transformam-se então em empecilho.

Em certa etapa de seu desenvolvimento, as forças produtivas materiais da sociedade entram em contradição com as relações de produção existentes ou, o que nada mais é do que sua expressão jurídica, com as relações de propriedade dentro das quais aquelas até então se tinham movido. De formas de desenvolvimento das forças produtivas essas relações se transformam em seus grilhões. Sobrevém então uma época de revolução social. Com a transformação da base econômica, toda a enorme superestrutura se transforma com maior ou menor rapidez. [*Zur Kr.*, 13, 9; trad., 136]

A história se resolve, pois, nesse processo socionatural, inteiramente travado pela luta de classes, mas cuja reflexão confere a seus termos sentidos muito peculiares.

No entanto, essa formulação do materialismo histórico dá margem a uma dupla leitura, conforme se toma ou não o tempo como parâmetro do processo. Na primeira versão, o homem como ser-genérico é posto no início e no fim da história, seguindo um processo darwiniano de evolução das espécies. É o ponto de vista predominante quando Marx sublinha o aspecto histórico-natural desse movimento. Em virtude de sua própria generalidade reflexionante, como acontece com as espécies animais cindidas pela oposição macho-fêmea, a rede das relações sociais se particulariza segundo o modo de apropriação (propriedade) do excedente econômico. E a história se constitui, assim, graças à sucessão temporal de modos de produção, numa evolução contínua que culmina no modo de produção capitalista. Neste último passo, a oposição entre trabalho morto e trabalho vivo se cristaliza na contradição entre capital e trabalho, a qual, sendo levada a seu limite, cria o movimento de sua própria superação, repondo assim a generalidade do homem numa forma mais perfeita, o comunismo.

São notórias as dificuldades dessa interpretação de cunho eminentemente historicista. Em primeiro lugar, de imediato se pode objetar que o movimento real da história fica subordinado a uma teleologia de cunho religioso. A estrutura do capitalismo constituiria o termo final de um longo processo evolutivo, cuja superação culmina na reposição da universalidade primeira em sua plenitude, salvando assim a humanidade do pecado do trabalho e da luta de classes. Mas como responder às dificuldades e aos impasses que resultam dessa interpretação? O que permitiria a Marx afirmar, como faz reiteradamente, a impossibilidade de passar de um modo de produção a outro, enquanto o desenvolvimento das forças produtivas, o elo temporal que liga a história ao tempo absoluto, não tiver explorado *todas* as possibilidades que lhe oferece determinado modo de produção? No entanto, a dificuldade maior, que reformula a primeira em termos mais gerais, reside na extrapolação da contradição capitalista para outros modos de produção pré-capitalista, pois só assim a evolução histórica teria continuidade. No contexto da produção capitalista, como veremos, o conflito de classes pode ser visto como contraditório porque, suposta a teoria do valor-trabalho — que determina o valor de cada mercadoria-produto, inclusive a força de trabalho, pelo tempo socialmente necessário de sua reprodução —, capitalistas e assalariados somente participam da totalidade do processo produtivo enquanto se determinam como capital constante e capital variável. Os grupos entram em conflito no interior da mesma identidade valor, que se mede pelo trabalho morto no processo de aspirar a trabalho vivo. São momentos da mesma substância, o capital, que se diferencia e se contradiz conforme o exercício do capital variável produz mais-valia, negando assim o pressuposto inicial de igualdade, que se configura na troca e venda da força de trabalho. A igualdade da relação mercantil converte-se na desigualdade, aparentemente negada, da luta pelo excedente econômico. Em suma, a relação social de produção igualitária do assalariamento se nega quando opera como força produtiva e cria excedente em termos de valor: "Vindo a ser, essa troca de equivalentes é apenas a camada superficial de uma produção que se assenta na apropriação de trabalho alheio *sem troca*, mas sob a *aparência da troca*. Esse sistema de troca depende do *capital*, como seu fundamento, e quando é considerado separado dele, tal como se mostra na superfície enquanto sistema autônomo, é mera *aparência* [*Schein*], mas *aparência necessária*" (G, 409).

Seja do ponto de vista historicista, seja da óptica da estruturação do sistema capitalista, a dificuldade continua sendo pensar a luta de classes como processo contraditório, cujo movimento de clausura requer a intervenção de uma *aparência necessária*. Sem esse jogo necessário do aparente e do efetivo, do desenvolvimento de formas categoriais e empuxo das forças produtivas, não haveria contradição real, pois a mera oposição de formas ou de forças não pode, sem mais, ser dita contraditória. Mas disso resultará uma série de problemas relativos a uma lógica do sensível, que, como veremos em seguida, escapa ao âmbito tradicional do marxismo.

No modo de produção simples de mercadorias, seja ele formação social existente, seja apenas esquema abstrato cuja efetividade somente se dá no sistema capitalista — isso pouco importa para o argumento —, não existe conflito de classes, pois todos os atores são produtores independentes trocando seus produtos sem gerar mais-valia. Mas nele já seria possível apontar uma contradição no conflito radical entre valor de uso e valor de troca. Nessa altura, a contradição aparentemente adviria da impossibilidade da efetivação simultânea do valor de uso e do valor de troca. Mas isso não basta. Não se cai em contradição quando se diz que uma fruta é saborosa e foi produzida para ser trocada. A contradição só se arma se a fruta tiver sido produzida para alimentar e não saciar a fome de um determinado indivíduo porque ele não possui objeto reciprocável. Em suma, a relação social vem a ser contraditória somente ao ser projetada no objeto ou, melhor dizendo, porque faz

67

parte do sistema expressivo da troca mercantil, segundo o qual as relações de produção e de troca são projetadas numa relação de objetos transformados em signos, que exprimem então uma equidade negada pelo processo de sua reposição. O mercado estabelece um *limite* entre aqueles que podem e os que não podem participar dele, embora no nível das coisas todas pareçam intercambiáveis. Em suma, sem fetichismo não há contradição, mas, ele posto, só entra no mercado quem tiver dinheiro, ou uma mercadoria que se meça por esse equivalente geral. No entanto, deixemos o exame dessas dificuldades para o próximo capítulo.

Mesmo que haja contradição entre valor de uso e valor de troca, entretanto, nada a empurra *necessariamente* para sua superação. Por que as determinações antagônicas deveriam, de forma irresistível, resolver-se na identidade do equivalente geral? Este aparece como solução dos problemas levantados pelas dificuldades da troca de valores, mas essa solução não está inscrita, pré--formada, na própria contradição. Mas, como *sabemos* que existe o dinheiro, um objeto cujo *uso* principal é a *troca*, passamos a compreender como este pode aparecer como se tivesse sido gerado *categorialmente* pela contradição. Mas agora não seria a finalidade do pensar que iluminaria as passagens do real? Não é, porém, nesses termos que Marx se expressa frequentemente, tudo levando a crer que nesse passo empresta a um fato o caráter de algo histórico e categorialmente necessário.

Voltemos à contradição entre as classes. O *Manifesto do Partido Comunista* se inicia pela enfática declaração de que até agora a história se resolve numa luta de classes. Depois de exemplificar classes em conflito, afirma que essa oposição (*Gegensatz*) não resulta num processo unívoco, pois pode terminar quer na reconfiguração revolucionária de toda a sociedade, quer no declínio coletivo das classes em luta. Não retoma, porém, o logicismo hegeliano quando faz da contradição o êmbolo da história? A difi-

68

culdade precisa ser pensada e de nada adianta recorrer aos textos clássicos do marxismo-leninismo.

Uma leitura mais atenta dessas passagens, entretanto, dificilmente sustenta aquela interpretação, que conserva o pressuposto do tempo absoluto. Em raros momentos Marx chega a distinguir com clareza e precisão pressupostos propriamente históricos daqueles sistemáticos. Dado um modo de produção, certas condições "pertencem a suas *pressuposições históricas*, que como tais são pressuposições históricas passadas, por conseguinte, pertencem à *história de sua formação*, de modo nenhum à sua história *contemporânea*, isto é, não pertencem ao sistema efetivo do modo de produção dominante" (G, 363). A fuga dos servos para as cidades constitui o exemplo clássico de uma condição histórica da formação do capitalismo europeu, embora não seja reposta no sistema como pressuposto de sua continuidade.

Esse jogo de posição e reposição estrutura a temporalidade do capital em dois eixos, aquele da contemporaneidade das figuras do capital continuadamente retomadas, como se um grupo de fiandeiras estivesse por trás duma tapeçaria refazendo, para que seu desenho não se apague, os fios de lã gastos pelo tempo e pelo uso; e aquele da transitoriedade de fatores resultantes de outros modos de produção e que se tornam responsáveis pela instalação do sistema atual, sem todavia serem reproduzidos por ele. Desse ponto de vista, entretanto, cada modo de produção passa a possuir seu próprio passado e sua própria história, numa dispersão interminável, se a temporalidade do capitalismo não vier colocar esses processos numa matriz histórica universal. Em outras palavras, se a historicidade interna do capital não conformasse uma história universal. Nessas condições, a reflexão exterior reconhece uma finalidade inscrita na estrutura do capital se pondo a si mesma, e que recolhe aqueles traços do passado que esse mesmo capital incorpora e distingue no seu bojo.

É possível perceber o cuidado de Marx ao tratar dessa fascinante questão lendo atentamente um texto do *Grundrisse*, impropriamente chamado *Epochen ökonomischer Gesellschaftsformation*, porquanto trata muito menos da sucessão de formações socioeconômicas do que das múltiplas condições necessárias para que se instale a contradição entre capital e trabalho. Desde logo, esta requer dois pressupostos: de um lado, a existência do trabalho livre, sendo trocado por dinheiro a ser valorizado; de outro, a separação do trabalho livre das condições de sua efetivação (*G*, 375). Note-se que o trabalho não precisa apenas ser livre, ainda é necessário que seja obrigado a alienar-se, impedido de se exercer por conta própria. Como essa excepcional condição foi capaz de ser gerada é o problema lógico-histórico a ser discutido.

Naturalmente o homem estabelece, por meio do trabalho, um metabolismo entre ele e a natureza. A generalidade natural do homem e o trabalho coletivo, ambas faces do mesmo processo, constituem a matriz cujo desenvolvimento implica três formas de comunidade (*Gemeinwesen*). O ser-genérico do homem surge quer 1) como substância, onde a individuação é apenas acidente (famílias extensas ou tribos, coletando, caçando ou trabalhando o solo); 2) particularizando-se nas cidades como local de proprietários (disso os impérios e as cidades antigas constituem o exemplo mais evidente); 3) enfim, como conglomerado de individualidades trabalhadoras dispersas num território, reunindo-se para resolver problemas que dizem respeito ao grupo como um todo (o melhor exemplo é a comunidade germânica). Cada uma dessas formas é determinada segundo o modo de propriedade vigente, que neste nível simples significa tão só o relacionamento dos homens com seus meios naturais de produção.

A despeito da acuidade com que Marx observa os modos de funcionamento da propriedade social nas formações agrárias e urbanas da Antiguidade, os dados históricos e antropológicos de hoje não permitem manter o esquema tripartido hegeliano; a visão é muito mais variegada do que se supunha. Mas o que importa para o estudo da dialética marxista é que cada forma de relação social possui seu próprio dinamismo de progresso e decadência, cujo *sentido*, porém, é rasteado pela contradição básica entre capital e trabalho. Se o sistema atual tem como pressuposto, condições de vir a ser, certos resíduos do passado, não é por isso que se pode dizer que esse pressuposto é inteiramente recuperado pelo resultado posto.

O que capacita o potencial em dinheiro [*Geldvermögen*] a tornar-se capital é a disponibilidade, de um lado, dos trabalhadores livres, em segundo lugar, a disponibilidade dos meios de subsistência e materiais etc. como igualmente livres e vendáveis, que antes eram *d'une manière ou d'une autre propriedade* das massas que agora se tornaram desobjetivadas. Mas a outra condição do trabalho — certa presteza na arte, instrumento como meio de trabalho etc. — *é encontrada disponível* pelo capital, nesse período anterior ou nesse seu primeiro período, em parte como resultado da corporação de ofício urbana, em parte da indústria caseira, ou ligada como acessório à atividade agrícola. O processo histórico não é o resultado do capital, mas pressuposição para ele. Pelo processo histórico, então, também o capitalista se infiltra como intermediário (historicamente) entre propriedade fundiária, ou entre propriedade em geral, e o trabalho. [G, 404-5; trad., 166-7]

A confluência de dois processos *temporais* diferentes é condição necessária para a instalação do capital: de um lado, acúmulo de certa quantidade de dinheiro; de outro, disponibilidade do trabalho livre. Somente assim se explica por que Roma ou Bizâncio não conheceram o modo de produção capitalista, pois, se nelas a primeira condição foi cumprida em larga escala, faltou a segunda, na medida em que os sistemas produtivos prévios não liberaram força de trabalho, disponível e desvinculada de qualquer sociabilidade prévia. Desse modo, o valor de troca, circulando nos poros das economias tradicionais, pode apressar o processo de suas dissoluções, mas não basta para criar por si mesmo o capitalismo: "O próprio dinheiro, uma vez coatuante na história, só o é na medida em que interfere ele mesmo nesse processo como um meio de divórcio altamente enérgico, na medida em que coage à instauração dos *trabalhadores extorquidos*, desobjetivados, *livres*; não, seguramente, por *criar* para eles as condições objetivas de sua existência; mas ao ajudar a acelerar sua separação dessas condições — sua ausência de propriedade" (G, 406; trad., 169).

O papel corrosivo da troca mercantil, atuando na periferia de um sistema produtivo, a despeito de sua enorme importância, é insuficiente para criar o modo de produção capitalista como movimento reflexionante integrado. Falta-lhe cruzar com aquele outro processo de individualizar trabalhadores no seio da comunidade primitiva. E, nesse ponto, a viscosidade da escravidão e da servidão impede que se constitua o capital, cujo exercício não depende, como nos outros modos de produção, da *apropriação da vontade alheia*, mas da forma de sociabilidade que se impõe a ela. Conforme o outro se transforma em instrumento de trabalho, essas relações de dominação e servidão "constituem o fermento de desenvolvimento e ocaso necessário a todas as relações de propriedade originárias e às relações de produção; assim como igualmente exprimem seus limites. Com certeza — sob forma mediada —, são reproduzidas no capital e constituem assim o fermento de sua dissolução, assim como armas de sua limitação" (G, 400).

Cada modo de produção instala seu próprio movimento de crescimento e de dissolução, cada um traveja sua própria necessidade. Se os valores de troca penetram mais ou menos no corpo de cada um deles, cresce a velocidade de sua transformação. Mas enquanto não se efetivar o processo paralelo de individuação do trabalhador, de sua separação dos laços sociais que o ligam a uma comunidade originária, enquanto os indivíduos estiverem fundidos aos meios de produção que absorvem sua vontade, não se cria aquela situação *sui generis* em que se encontram lado a lado riqueza monetária e trabalho liberado: de uma parte, os meios de produção sob a forma de dinheiro, tendendo para seu próprio crescimento como se não precisassem do trabalho; de outra, o indivíduo trabalhador se pondo abstratamente como "pau para toda obra", dono de um trabalho abstrato, cuja particularização o capital imagina ser desnecessária. São estes os dois vetores que, se pondo em si mesmos, podem associar-se como capital. Somente assim a riqueza social se vê cindida pela oposição entre o capital para si e o trabalho para si, formando, pois, uma contradição cujo sentido está próximo daquele que Hegel lhe confere.

Não havia, porém, nos modos de produção anteriores nenhuma necessidade inexorável de que um dia o capital neles surgisse. Apenas os atravessa a tendência de converter o homem em instrumento de trabalho, de subjugar o corpo e tanto quanto possível a mente do outro. Essa tendência, na medida em que isola o indivíduo da matriz comunitária original, prepara, sem poder *determiná-la*, outra forma de dominação, aquela do capital sobre o trabalho, quando o trabalhador "se situa subjetiva e puramente desobjetivado, e a coisa diante da qual se *contrapõe*, porém, converteu-se na *comunidade verdadeira* que ele procura consumir e que o consome"(*G*, 396).

Somente a alienação da própria comunidade originária, do gênero que coordena trabalhadores e proprietários, projetando-a numa relação entre coisas, em suma, somente o fetichismo das mercadorias será capaz de transformar a oposição entre trabalhadores e proprietários na contradição do capital e do trabalho. Graças ao mecanismo da reificação, que introduz o tópico da *ilusão necessária*, cujo estudo deveremos ainda retomar, o desenvolvimento (*Entwicklung*) do Conceito é substituído por um processo histórico-categorial, totalizante e contraditório. E se não houver esse processo particular de reificação, quando um gênero produtivo da diferença, tal como o pensava Hegel, é projetado como processo totalizante das relações de produção, não há como fazer da luta pela apropriação do excedente econômico uma contradição capaz de superar a si mesma. Mas com isso está prejudicada a continuidade da história, a não ser que ela seja vista a partir da totalização do capital, como pressuposto dela. Se a troca mercantil corrói de fora os modos de produção pré-capitalistas, não é por isso que se torna capaz de reduzi-los e totalizá-los numa única história. A história universal é uma forma a ser constituída (*G*, 30; trad., 129). Mas, se tiver como princípio a *Aufhebung* do Conceito, esse movimento não continua pagando um tributo muito alto ao logicismo hegeliano?

Sem tudo isso não se pode dizer que todo conflito de classes seja contraditório. Seria apenas legítimo afirmar que, dado um modo de produção articulado em torno da luta pela apropriação do excedente, nele se desenvolve uma oposição que pode ou não se converter numa contradição. Tudo depende de como nele se instalem forças conflitantes capazes de se porem para si, como o negativo em si mesmo e o positivo em si mesmo. No entanto, visto que esse movimento constituinte do aparecer não se resolve nesse aparecimento em si mesmo, porquanto nesse caso a dialética de Marx se identificaria com a dialética hegeliana; visto que esse movimento se dá como *expressão* do processo mais profundo do desenvolvimento das forças produtivas — a oposição só se transforma em contradição se os opostos se tornam simples por meio de *ilusões necessárias* capazes de colocar numa mesma identidade as partes em conflito, atribuindo-lhes o caráter de algo em si mesmo. Marx não pode então tomar esse movimento que vai da oposição à contradição exclusivamente da óptica do Conceito, porquanto agora essa contradição não se desdobra unicamente no interior de si mesma (*bei sich*), na medida em que possui um fundo que dela escapa, o desenvolvimento das forças produtivas, estas só se identificando com as relações de produção nos momentos de equilíbrio. Mas em que sentido se pode falar de ilusões necessárias que ao mesmo tempo se tornam o núcleo efetivo de uma forma de sociabilidade?

Ao atribuir uma dimensão histórica ao processo produtivo como um todo, distinguindo nele *formas* diferentes conforme se combinam diferentes elementos simples que constituem as relações de produção (comunidades rurais e monarcas, servos e senhores, produtores independentes etc.), Marx tende a fechar cada modo de produção como um determinado *espaço lógico*, onde a combinação desses elementos configura uma sintaxe, que explora a possibilidade de cada um deles ocupar vários lugares na matriz como um todo. E cada modo possui nas suas categorias um tempo presente e outro tempo passado marcando a história de sua formação. Mas dessa perspectiva a continuidade da história é regressiva, pensada então na qualidade de explicitação dos elementos capazes de *apresentar* o desenvolvimento sintático, categorial, do capital.

Não estaríamos deixando de lado, entretanto, outro elo de continuidade: o desenvolvimento das forças produtivas? A Marx parece evidente que, em consequência da ruptura do comunismo primitivo operada pela divisão do trabalho, a humanidade, toda ela interessada no aumento contínuo da produtividade do trabalho, como forma de ampliar o tempo de lazer, foi jogada numa luta constante pela apropriação do excedente econômico. Esse processo evolutivo, semelhante à lei darwiniana vigente entre as espécies, recuperaria o parâmetro do tempo absoluto, visto que não pode se socorrer de um Saber Absoluto capaz de dissolver o tempo como parte de seu desenvolvimento de explicitação. Mas por essa via uma contradição capaz de superar-se a si mesma se torna descabida, porquanto, ao residir sempre no tempo, os opostos nunca se configurariam como o negativo para si e o positivo para si. Em suma, a concepção de história de Marx leva a leituras conflitantes, que para serem pensadas recolocam temas tradicionais da Filosofia. Mais do que um resumo dos processos gerais pelos quais a realidade se apresenta, a Filosofia residual, mencionada e aceita pelos autores d'*A ideologia alemã*, torna-se instrumento imprescindível para a leitura dos textos de Marx, assim como para a crítica do objeto que eles propõem.

Dessa óptica, refletir sobre a raiz das teses de Marx não implica o esforço de superá-las? "Marx além de Marx" não designa apenas o título de um livro de Antonio Negri, mas dá sentido a todo legado marxista que pretende pensar a sério as dificuldades levantadas pela leitura dos textos fundadores do marxismo. O pensamento só caminha, portanto, se contraria a ortodoxia marxista e de boa parte do que se costuma chamar "marxismo ocidental". E a lógica da contradição não constitui o foco a partir do qual tudo se ilumina? Mas "a realização da Filosofia" deixa de ser forma de sua superação para transformar-se na liberdade de um exercício meramente intelectual, por certo ajustado, como veremos, por uma prática política.

Estamos tentando mostrar que os deslizamentos por que passam os conceitos hegelianos, ao se aplicarem à crítica da Economia Política, não se fazem sem levantar enormes dificuldades lógicas. Assim sendo, vai por água abaixo o projeto, ao menos do jovem Marx, de superar a Filosofia, quer graças à aliança dos filósofos com os proletários num momento de verdade, quer pela nova apresentação da própria Ciência:

> Onde cessa a especulação, junto à vida efetiva, começa também a ciência positiva, efetiva, a apresentação [*Darstellung*] das atividades

práticas, do processo do desenvolvimento prático do homem. Cessam as frases da consciência, devendo em seu lugar comparecer o saber [*Wissen*] efetivo. A Filosofia autônoma, graças a essa apresentação da realidade, perde seus meios de existência. No seu lugar pode no máximo comparecer uma apreensão dos resultados gerais que se deixam abstrair da consideração do desenvolvimento histórico do homem. [*DI*, 3, 23]

Denunciado o universal hegeliano, que tem em si mesmo o êmbolo de seu desenvolvimento, caberia ao cientista crítico desenhar essa *apresentação da realidade* que se dá no próprio nível do real, e trazer para a consciência revolucionária aquelas articulações deixadas na sombra. No lugar da Filosofia, o saber efetivo da realidade. No que consiste, porém, esse "saber efetivo"? Antes de tudo, na revolução, momento em que o saber e o ser se juntam na práxis inovadora. À Filosofia depurada caberia então o papel de propedêutica, espécie de resumo abstrato dos resultados mais patentes do conhecimento da realidade capitalista. No entanto, a revolução não veio, ao menos tal como Marx a esperava, mas esse momento de verdade se cristalizaria numa caricatura, nos catecismos de *Diamat* (*Dialetischer Materialismus*), que foram lidos durante o século como se fossem um manual de Geometria ou de Física clássica, *corpus* teórico indubitável a partir do qual se pensa o real. Mas o manual não carrega a desvantagem de mascarar o conflito vivo que dá sentido à Ciência?

Se a leitura dos textos de Marx nos empurra para ópticas divergentes, não há como evitar que esse "saber efetivo" também venha a ser saber de si mesmo. E nesse processo reflexionante, tradicional na Filosofia desde a Antiguidade, o problema da contradição assume posição nuclear, porquanto coloca em xeque a possibilidade do próprio saber, do discurso significativo, portanto, do discurso sobre si mesmo. Ainda que se pretenda explicar como o princípio da contradição nasce de um processo histórico qualquer, permanece a questão lógica, por conseguinte, exterior à história do vir a ser da linguagem, perguntando como o resultado de um processo histórico chega a assumir o estatuto de condição de qualquer discurso significativo, inclusive daquele que elucida a origem da recusa da contradição. Mesmo que mova o mundo e deuses, essa contradição deve se congelar ao menos no momento da estase, daquelas identidades que no equilíbrio dinâmico se reportam umas às outras. E isso nem mesmo Hegel negou, pelo contrário, esse passo constitui elemento essencial do pensamento que dá mobilidade à contradição.

2. Identidade pela contradição

CRÍTICA DA POSITIVIDADE 2.1.

Quanto mais se dedica à Economia Política, menos Marx se ocupa do Direito e da Filosofia, objeto de seus primeiros estudos. Numa espécie de divisão de tarefas, a Engels cabe refletir sobre os problemas filosóficos levantados pela nova crítica, mas como seus resultados não são brilhantes, e como o próprio Marx não cumpriu a promessa de escrever um opúsculo sobre a dialética materialista, somos obrigados a caminhar por nossos próprios meios. Convém desde logo assinalar o caráter *sui generis* da empreitada crítica. Assim como Hegel procura demarcar a distância que separa a monarquia constitucional, matriz da racionalidade do estado moderno, do reinado de Frederico Guilherme III, Marx pretende encontrar o núcleo racional, o comunismo, nas vicissitudes do capital. Não aceitando, porém, a tese de que todo real seja racional, deve procurar, no próprio travejamento da sociedade burguesa — sem se comprometer com o percurso circular do Ser ao Espírito —, aquele empuxo negativo que há de reorganizar, num plano mais racional, as forças produtivas desenvolvidas por ele. Se a totalidade do real não é racional, essa racionalidade não podendo ser desenhada pelo sistema completo das categorias, pois uma parte da realidade sempre escapa ao pensamento, o conceito de comunismo só pode ser delineado pelo lado negativo, indicando o movimento de transpor os empecilhos postos ao avanço das forças produtivas, particularmente a nova sociabilidade humana sendo gerada pelo capitalismo. O novo está entranhado no velho, mas não possui aquele rosto delineado que somente o logicismo hegeliano era capaz de traçar. Por isso a crítica, ao questionar a positividade do fato, ao procurar definir os princípios de sua individuação, necessita atravessar as teorias científicas que tentam explicá-lo, embora sempre generalizando o lado do real que capturam. Desse ponto de vista, o sistema é o fato sendo construído pela trituração dos dados e das ideias que a eles se aplicam inacabadamente. O título da obra maior é sugestivo: *O capital — Crítica da Economia Política*.

No conhecido posfácio de sua primeira contribuição a essa crítica, Marx estuda a determinação recíproca dos processos de produção, distribuição, troca e consumo, chegando à conclusão de que cada um deles constitui momento diferenciado de uma mesma totalidade, como diria um idealista, de um mesmo silogismo (*G*, 20; trad., 121). Mas não deixa de salientar uma peculiaridade muito importante do momento produtivo propriamente dito: embora se dando em sociedade, o relacionamento do produtor com seu produto é meramente exterior, pois o produtor o consome deixando na sombra a origem dele. Pouco lhe importa o *modo* como foi produzido. Se satisfaz a carecimentos individuais, por que não determiná-lo como um bem? Essa exterioridade do produto induz a uma visão *estática* da distribuição, atribui-lhe uma autonomia que faz dela intercâmbio de coisas úteis individualmente apropriadas. A troca pode então ser pensada sem levar em conta o modo particular e historicamente datado pelo qual os objetos trocáveis são produzidos. Além do mais, o produto acabado serve ao produtor de mercadorias ou retorna ao sistema como meio de produção, no quadro de uma sociabilidade capaz de excluir todo e qualquer outro vínculo social, a não ser aquele posto por esse tipo de troca (*G*, 119; trad., 118). Por isso, o que resulta de uma história aparece como se valesse para todos os tempos. Não se deve confundir, todavia, o processo de trabalho singular com o processo social de produção, pois aquele se converte em momento deste unicamente depois que se determinam os diversos meios de produção, em vista da peculiaridade da distribuição, da troca e do consumo. Em suma, tanto a exterioridade do produto em relação ao processo de trabalho como a autonomia da distribuição e da troca colaboram para que se comece a pensar a economia a partir de um intercâmbio de bens, deixando para um segundo momento a pergunta por seu modo de produção. Mas dessa perspectiva não se perde o elo entre os bens e os produtos, como se os primeiros pudessem aparecer na instituição do mercado sem os traços dos modos, historicamente datados, como são obtidos? Convém não perder de vista a *gênese* categorial e histórica daquilo que se toma como simples fenômeno dado. Além das ciências, a crítica marxista pretende pôr em xeque a positividade dos fenômenos estudados por elas, ressaltando as peculiaridades e o caráter histórico de uma sociabilidade que se estrutura por meio de produtos dotados de forma muito especial: a riqueza da sociedade burguesa.

Já nessa altura surgem dois problemas interessantes. O primeiro respeita ao movimento reflexionante do processo produtivo como um todo. O processo de trabalho expulsa de si objetos, produtos, na qualidade de coisa exterior, disponíveis para todos se uma forma de propriedade não viesse limitar-lhes a distribuição e o consumo; somente assim alguns deles voltam ao circuito como meios de produção. O produtor individual também precisa ter a cautela e as condições de não comer o grão a ser semeado na próxima colheita. Mas todo processo produtivo requer uma reserva social de produtos, necessária para lhe dar continuidade. Em que condições essa reserva se constitui como capital produtivo? Como se individualiza essa massa da riqueza social, o capital, que no século XIX está perfeitamente delineada como pressuposto do processo de produção como um todo? Fernand Braudel (*La dynamique du capitalisme*, Flammarion, 1985) distingue entre economia de mercado e capitalismo, a primeira dizendo respeito àquele sistema de produção que desemboca na troca de mercadorias, o segundo surgindo quando se rompem as relações entre os produtores e os destinatários dessas mercadorias, sendo que estes estão de posse de dinheiro líquido, o que lhes permite abarcar o sistema produtivo como um todo. No entanto, basta o dinheiro para caracterizar essa nova forma de sociabilidade? Isso já não aconteceria com o modo de produção simples de mercadoria? Por isso é preciso sublinhar aquele traço do capital que o faz agir como se fosse uma substância-sujeito capaz de se particularizar e crescer por si mesma, determinando assim de forma reflexionante a totalidade da produção social. Trata-se de uma reflexão determinante, objetiva e objetivante, que captura todos os elementos de um modo de produção, transformando-os em momentos abstratos de seu próprio movimento. Mas para que esse traço se torne inteligível, cabe ressaltar uma determinação que, se já aparece no dinheiro, só se completa com o advento do capital, a forma-valor (*Wertform*). O segundo problema demarca nessa reflexão um momento, a distribuição, que, em consequência do primeiro, adquire aquela autonomia fenomênica capaz de levar o analista tanto a começar por ela como a desprezar o lado social da produção. Não cabe deduzir, elucidar essa exterioridade, a partir dessa forma-valor? Ora, para que ambas as questões possam ser pensadas conjuntamente é preciso desde logo tomar o processo produtivo por inteiro na qualidade de um silogismo, do movimento do universal (o capital) particularizando-se nesses momentos diversificados da produção social. Em resumo, a crítica tem como seu objeto o capital, a circularidade do sistema produtivo na sua exterioridade.

No movimento da produção, da distribuição, da troca e do consumo, os economistas clássicos já viam, segundo Marx, um *silogismo correto*, no sentido hegeliano dessa expressão: a produção é a generalidade; a distribuição e a troca, a particularidade; o consumo, a individualidade sendo expressa pela conclusão. Marx não nega o encadeamento, mas acusa sua parcialidade abstrata, ao perceber seu movimento apenas na superfície. Esses economistas se enganam ao isolar a produção da história como se ela se resolvesse num processo natural de trabalho, aquele que o homem necessariamente mantém com a natureza, quando na verdade esse trabalho somente se efetiva em determinadas condições de propriedade, vale dizer, segundo determinadas relações sociais de produção.

A análise da riqueza capitalista, mas não da riqueza das nações em geral, toma, pois, como ponto de partida objetos resultantes de um sistema produtivo historicamente datado e que assumem uma forma segundo participam de uma estrutura socioeconômica particular mediada por eles. Toda a dificuldade se concentra na explicação dessa forma, que não é conceito representativo, função de unidade varrendo o campo de indivíduos dados, mas se entranha no objeto mercadoria atribuindo-lhe estatuto muito especial.

De prime abord não parto de "conceitos", nem do "conceito-valor", e não tenho por conseguinte de "subdividi-lo" de alguma maneira. Parto da forma social mais simples na qual o produto do trabalho aparece na sociedade atual, e este o faz como "mercadoria". Eu a analiso primeiramente *na forma em que aparece*. Descubro então que ela é, de um lado, em sua forma natural, *uma coisa útil*, isto é, um *valor de uso*: de outro, que é *suporte de valor de troca*, desse ponto de vista, "valor de troca". A análise posterior deste último mostra-me que o valor de troca é apenas "forma de aparecer" [*Erscheinungsform*], um modo de apresentação [*Darstellungsweise*] do *valor* contido na mercadoria, de sorte que passo para a análise deste último. [*Zu Wagner*, 19, 368-9]

Marx nega-se a lidar com os conceitos no sentido tradicional, evita, por exemplo, o conceito representativo de rosa, para em seguida subdividi-lo em pétalas e pistilo, a fim de encontrar suas marcas características. Constata, ao invés disso, um processo objetivo de expressão pelo qual um valor se exprime por outro, sendo que nessa passagem a forma-valor (*Wertform*) se apresenta como contradição.

2.2. CONTRADIÇÃO EXISTENTE

Para elucidar esse enigma imaginemos a seguinte cena. Encontro-me numa loja de departamentos onde uma quantidade indefinida de mercadorias está disposta nos balcões e nas prateleiras, cada uma carregando a etiqueta de seu preço. As pessoas tomam aquelas que lhes interessam, pagam no caixa em reais e as levam para casa com o intuito de consumi-las. Que tipo de sociabilidade estão desenvolvendo? Não se conhecem e não podem chegar ao consumo sem pagar pelos produtos. Examino uma nota de cinquenta reais e observo que sua validade está garantida pelo Banco Central do Brasil. Lembro-me, porém, de ter visto uma nota muito antiga, onde estava escrito que tantas unidades da moeda nacional poderiam ser trocadas por certa quantidade de ouro estipulada pelo próprio estado. Naqueles tempos, quando valia o padrão-ouro, a nota era, pois, *símbolo* de uma quantidade do metal precioso. Depois de pesquisar o valor do grama de ouro naquela época, formulo então a equação: "1 casaco = 2 g de ouro". Também o ouro é *símbolo* da mercadoria casaco? Estando interessado no comportamento social das pessoas, anônimo mas mediado pelos objetos de que necessitam, devo reconhecer que o ouro também é mercadoria como outra qualquer, pois o obteria tanto trocando a nota antiga no banco como comprando-o no mercado de metais preciosos por uma nota em circulação. Se encontro, porém, dois gramas de ouro num aluvião de Minas Gerais, poderia pagar o casaco sem passar pela mediação das notas. No entanto, visto que outras pessoas estão à procura de ouro, sou obrigado a reconhecer que esses dois gramas são produto de nosso trabalho, assim como qualquer outra mercadoria que se encontra no mercado. Se antes a atividade ocasional me permitia participar da relação de troca, agora ela se integra no sistema produtivo, a produção de ouro configurando um de seus ramos, como qualquer outro. Todas as trocas continuam a ser efetivadas pela mediação desse produto especial, mas então igualmente como uma mercadoria qualquer. Não se deve assim considerar a troca de uma mercadoria por outra mera forma elementar desse processo? Mas, para que essa troca de mercadorias por mercadorias se faça diretamente, um padrão de medida deve gerir o próprio processo de troca. Aquela minha reflexão feita de fora se internaliza no próprio intercâmbio de coisas e pessoas.

Não estaria a constituição da moeda sempre na dependência de um poder político controlador? O curso contínuo da moeda de ouro faz com que ela se gaste, de sorte que o valor cunhado em sua face somente no início corresponde a seu peso. Além disso, até mesmo nos tempos do padrão-ouro houve épocas de inflação, e todos se lembram de que a Europa conheceu uma revolução nos preços depois que a América, recém-descoberta, a inundou de metais preciosos. No entanto, variações desse tipo apenas confirmam que, a despeito do poder político cunhar o valor das mercadorias em preço, existe um mecanismo que foge dele e que trata de estabelecer um equilíbrio das trocas no próprio nível em que operam. Como desde o início cuidamos de estudar mercadorias e não bens quaisquer, cabe a pergunta pela especificidade dessa troca, mercadorias quaisquer sendo trocadas por outras quaisquer, cuja forma elementar, por conseguinte, é a troca de uma mercadoria por outra. Partimos, pois, da equação: "20 m de linho = 1 casaco".

Essa redução traz de imediato várias vantagens. Em primeiro lugar, trocar mercadorias por ouro, objeto repleto de determinações misteriosas, implica pensar o valor da mercadoria no seu relacionamento com outras quaisquer, em vez de tomar esse valor como propriedade de cada uma, revelada por sua equiparação com o metal padrão. Em outros termos, o valor não é predicado da coisa, capturado por uma reflexão exterior a ela, da lavra do analista, mas determinação daquela reflexão com a qual os próprios agentes lidam no interior do processo de troca. Por isso, se a nota é símbolo do dinheiro, na medida em que ela substitui um objeto que já possui sua existência social determinada, o dinheiro não é símbolo (*Zur Kr.*, 13, 34; trad., 157) da coisa trocável, porquanto um não está apenas no lugar do outro. Quando o ouro penetra no circuito de outras mercadorias em geral, sua individualidade social passa a depender de um padrão de medida reflexionante, a determinar-se no próprio movimento da reflexão. Se uma moeda grega simbolizava o poder central de Atenas na sua função de controlar a produção e o mercado que se faziam sob suas asas, se uma libra de ouro pode, de fato, simbolizar o poder da rainha Vitória quando exprime o poder imperial, ambas deixam de ter essa característica quando se determinam no curso do mercado ateniense ou britânico, cujo movimento adquire uma autonomia muito além das ordenações e das instituições políticas. A essa determinação, adquirida pelo objeto ao participar de um processo reflexionante, Marx dá o nome de "forma". Não se confunde com um predicado, afirmado ou negado acerca de coisas, de entes, mas configura uma *Formbestimmtheit*, determinidade de reflexão, assumida pelos objetos no interior de um processo, mobilizando produtos e agentes num movimento circular, nesse caso, no interior de relações de produção, especificamente burguesas, conformando forças produtivas.

A riqueza da sociedade capitalista se dá, portanto, como um enorme acúmulo de mercadorias, no qual a mercadoria constitui sua *forma elementar* (*K*, I, 23, 49; trad., I, 45). Essa mercadoria, incrustada em equações do tipo "20 m de linho = 1 casaco", determina-se como valor de uso e valor de troca. Nos termos da lógica hegeliana, trata-se de determinações de essência, cujos objetos são primariamente *pensados* pelos próprios operadores, um pelo outro, numa *dada proporção*. Por isso não convém estudar a equação, desde logo, como relação simétrica, pois o dono do linho pensa seu objeto de uso sendo comparado com o casaco como valor de troca, e assim por diante. Na verdade, cada um pensa seu objeto por seu outro, mas a simetria, evidente para quem estuda o processo de fora, deverá ser constituída pelas relações assimétricas estabelecidas por avaliações dos agentes. Daí a necessidade de distinguir, de um lado, *forma relativa*, aquela pela qual o valor do linho se reporta ao casaco e que se torna independente das quantidades dos termos em questão, e de outro, *forma equivalente*, aquela do valor de troca do casaco, nessa posição de *exprimir* o valor de troca de seu outro, a qual por sua vez se torna independente das qualidades em jogo.

Destruir a comutatividade da equação de identidade é um dos passos fundamentais da dialética montada por Marx e um dos momentos cruciais que o aproximam de Hegel. Como já examinei esse assunto no primeiro capítulo de meu livro *Trabalho e reflexão*, basta apenas indicar suas linhas mais salientes. A passagem da relação de equivalência (um valor de uso é equivalente a outro valor de uso tomado como valor de troca) para a relação de igualdade (este é igual àquele porque possui o mesmo atributo) é comparada por Marx ao processo de pesar um objeto. Ao dizer que "*a* tem o mesmo peso que *b*" relaciono as duas coisas em vista do parâmetro peso, mas, para dizer que "*a* pesa um quilo", necessito levar a coisa nomeada por *a* até uma balança, que, para simplificar, possui no outro prato um pedaço de ferro que, por convenção, *representa* a unidade de medida. A relação meramente representativa da equivalência entre *a* e *b*, quando alguém menta seu *a* como igual a *b*, dá lugar a uma relação assimétrica do ato efetivo de ponderar. Somente esse ato permite a passagem da quantidade representada num *quantum* verificado. Deve-se ainda notar que os inevitáveis erros mínimos no processo de medida são sistematicamente desprezados. No entanto, só essa passagem pela atividade prática assegura que a relação de equivalência entre as coisas consideradas pesadas possa ser transformada numa igualdade, que atribui a ambas as coisas a qualidade de possuir o atributo pesadume. É sintomático que a igualdade se defina pela variação dos predicados e não pela variação dos argumentos numa função proposicional. Desse modo, esse atributo pesadume se dá, antes de sua determinação quantitativa, como um *quale*, mas unicamente depois de ter comprovado sua possibilidade efetiva de ser mensurável. Sem essa passagem pela prática da medida a identidade representada, pressuposta, não se comprova como efetiva, posta. Além do mais, se essa distância entre o representar e o representado abre espaço para a linguagem, cabe também lembrar que permite toda sorte de fantasia e de fetiche, pelos quais o representado é pensado como representante. Não me cabe voltar a um tema que já foi objeto do primeiro capítulo de meu livro

Trabalho e reflexão, mas, dando prosseguimento à análise, perguntar: quais são porém as diferenças entre medir o peso e medir o trabalho e seu produto sociais?

Não é necessário examinar todo o desdobramento das duas determinações, forma relativa e forma equivalente, que operam alterando suas determinidades no quadro de uma proporção dada. Para nossos propósitos precisamos apenas ressaltar alguns de seus passos. Logo percebemos que se arma um jogo entre a qualidade, sublinhada pela forma relativa, e a quantidade, sublinhada pela forma equivalente. Além disso, vemos que o valor de troca do linho há de ser *expresso* por *qualquer* uma das mercadorias disponíveis no mercado, em diferentes proporções. Visto que essa *diversidade* de objetos, igualados aos valores de uso que servem de suporte para que os valores de troca se expressem, termina por estabelecer certa comensurabilidade entre eles, embora, por enquanto, apenas pensada. Algo de *idêntico*, de comum (*ein Gemeinsames*), transpassa todos eles, de sorte que os valores de troca válidos do linho "exprimem um igual" (*drüken ein Gleiches aus*) (*K*, I, 23, 51; trad., I, 46), chamado *valor*.

Em que sentido se toma esse algo? Já sabemos que não é uma coisa qualquer, pois a coisa, valor de uso, encontra seu valor de troca em seus vários outros. O dono do linho pensa e avalia o valor de troca de sua peça pelo casaco determinado quantitativamente. Em vez de ressaltar o lado qualitativo dessa equiparação, os autores em geral se fixam apenas no seu aspecto proporcional: "Perde-se de vista que as grandezas de coisas diferentes tornam-se quantitativamente comparáveis só depois de reduzidas à mesma unidade. Somente como expressões da mesma unidade elas são homônimas, por conseguinte, grandezas comensuráveis" (*K*, I, 23, 64; trad., I, 55). Observação de máxima importância, pois, ao salientar essa qualidade de ser uno das mercadorias equiparáveis, Marx está abrindo caminho para a distinção entre valor (*Wert*) e forma-valor

(*Wertform*), estabelecendo aquela diferença específica em que se ancora sua crítica à Economia Política.

Voltaremos mais tarde a esse tema, por ora importa apenas mostrar que essa qualidade de ser uno atribui às coisas úteis trocáveis um ser-aí (*Dasein*) formal, diferente de seu mero estatuto de coisa da natureza, permitindo-lhe, contudo, vir a ser expressão do trabalho morto inscrito nela. Mas para chegar a esse fundamento é preciso, antes de tudo, apontar na equação "linho = casaco" aquela mesmidade constituinte de sua base (*Grundlage*). Visto que as duas mercadorias não desempenham o mesmo papel, o valor do linho somente é expresso pelo casaco porque o linho se reporta ao casaco como seu "equivalente", seu "permutável". Desde que se pergunte por suas condições de existência social, vale dizer, desde que seja vista de uma perspectiva transcendental, a equação de troca elementar mostra que a diferença *exprime* o mesmo, assim como o carvão e o diamante são constituídos pelas mesmas substâncias químicas (*K*, I, 23, 64; trad., 55), pelo mesmo fundamento diferentemente articulado. Como se arma essa estrutura diferenciadora do mesmo? No interior do jogo da igualação, o dono do linho abstrai, no ser-aí de seu outro, o *aspecto formal* que o faz igual a ele. Cada visada de um no outro abstrai sua mera entidade para revelar, graças a esse outro, sua individualidade processual. Variações, por conseguinte, meramente de forma, pois a coisa, que está sendo mobilizada para o processo de troca, continua sendo coisa geralmente trabalhada. Mas não é essa forma que conduz à transformação efetiva?

No entanto, na medida em que os tantos possuidores de mercadoria estão procedendo da mesma maneira, a *particularidade da visão do aspecto do mesmo*, limitada a este ou àquele casaco, pouco importa, se generaliza conforme se multiplicam os valores de troca, dando origem a uma espécie de pensamento-visão que percorre, *ponderando*, o circuito das trocas. Se ocorre a totalização das ópticas particulares, que sentido passa a possuir esse todo? Não se trata de um sujeito que ora vê a figura como pato, ora como lebre, mas, inicialmente, o agente social mede seu objeto pelo aspecto de ser o mesmo do outro objeto, que se torna igual ao seu numa determinada proporção. Generalizado o processo, os proprietários alternam suas posições em vista da equação de troca vindo a ser simétrica, e tudo se passa como se cada vetor da forma relativa fosse integralizado pelo vetor, sem determinação do alvo específico, da forma equivalente. Ocorre, pois, uma totalização social das ópticas particulares. Tudo se passa como se algumas peças coloridas, porque se refletem nos espelhos do caleidoscópio, formassem uma figura estruturada por suas simetrias, vale dizer, pelo que elas têm de coloridas. Com uma diferença essencial: a unidade é uma coisa trabalhada; mas com isso foi dado o primeiro passo para a constituição categorial do dinheiro.

É preciso sublinhar as peculiaridades do movimento de constituição desse igual contraditório. Examinemos outro símile. A famosa figura ambígua do pato/lebre é vista por mim ora como pato, ora como lebre. Mas suponhamos que quando a vejo como pato um terceiro a vê como lebre e vice-versa. Imaginemos ainda que, depois de estarmos condicionados a ver no traçado uma figura diferente daquela que o outro está vendo, troquemos desenhos da mesma figura ambígua impressos em papéis diferentes. No ato da troca, quando os dois papéis estão presentes, vemos a mesma figura, embora eu esteja vendo nela um pato e o outro uma lebre. O objeto "ideal" é o mesmo, embora nunca estejamos vendo nele o mesmo aspecto. Como os dois aspectos, porém, constituem determinações diferentes da mesma figura, como eles estão presentes nessa figura enquanto está sendo trocada por nós e para nós, por intermédio do suporte papel, cumpre dizer que se trata de uma figura contraditória. Mas nesse símile não há motivo para a troca dos papéis, ela só aparece com a divisão do trabalho, quando um produz coisas de que só o outro necessita.

Voltemos à equação de troca. O agente *abstrai*, na coisa que lhe serve de parâmetro a fim de determinar seus valores de troca, tudo o que lhe diz respeito como coisa; passa a determiná-la primeira e exclusivamente pela qualidade de permitir a comparação. Generalizada essa comparação que termina na igualdade, a abstração se dá como nervo de um processo social, que busca exteriorizar-se pela posição desse igual. Não é, porém, o eu de cada sujeito que põe o mesmo, como ocorre no Idealismo alemão. O Eu, na diferença, não vê apenas o seu Eu, como quer Fichte, para quem o Eu se torna um narciso mergulhado em sua própria imagem (*K*, I, 23, 67, n. 18). É a associação das atividades perspectivadas que, ao colocar entre parênteses o ser-aí natural da coisa mensurante e atribuir-lhe novas determinações formais, nega sua qualidade de coisa para sublinhar nela seu lado quantitativo, determinante então daquilo comum a todas as mercadorias. Somente assim cada valor de troca se apresenta como parcela desse comum, o valor.

Os agentes praticam essas abstrações ao operar nos processos de troca, fazem-no sem o saber, mas precisam ser educados para isso. No final das contas, os macacos não trocam como os homens. Essas abstrações dependem, pois, de um treinamento que vem do movimento geral da própria história humana. Em suma, cada determinidade formal está na dependência de uma tecnologia histórica e social de abstração, que, se não se mostra nela de imediato, constitui seu meio de apresentação, vale dizer, é condição necessária para seu aparecimento e operacionalização. Além do mais, se o dono do linho mede o valor de troca pela coisa casaco, essa mesma coisa, enquanto polo da forma relativa, é o próprio linho *alienado* (*entfremdet*), *externalizado* (*entäussert*) no casaco, de sorte que sua individualidade está sendo medida pela algoidade do casaco. Por isso é que a generalização dos vários pontos de vista não gera uma visão exterior e dividida de todo o processo de circulação das mercadorias, mas uma espécie de corrosão objetiva do caráter de ente, do ser-aí (*Dasein*) de cada uma, para impor um movimento de igualação que absorve as semelhanças na igualdade.

Até que se desenhe essa visão totalizante do processo, visão que por sua vez está sendo absorvida pela projeção no outro da forma relativa, todo esse movimento da circulação está sendo dominado por negações, antíteses, antagonismos formais, dizendo respeito a seus momentos, segundo a qualidade e a quantidade, o particular e o geral, e assim por diante, e que conduzem o *vir a ser* (*werden*) de cada um deles. Para exemplificar, vejamos o que acontece com o valor de uso.

O pão, por exemplo, quando passa das mãos do padeiro para o consumidor, não se altera em seu ser-aí [*Dasein*] como pão. Mas, em contrapartida, é apenas o consumidor que se relaciona com o pão, ou seja, a esse alimento determinado, como valor de uso, ao passo que, nas mãos do padeiro, era uma relação econômica, uma coisa natural/sobrenatural. A única mudança de forma que sofrem as mercadorias ao vir a ser valor de uso é a superação [*Aufhebung*] de seu ser-aí formal em que eram não-valores de uso para seus possuidores e valores de uso para seus não-possuidores. Vir a ser valor de uso pressupõe a alienação multilateral das mercadorias, isto é, sua entrada no processo de troca. [*Zur Kr.*, 13, 29; trad., 152-3, modificada]

Essa longa citação nos economiza uma análise pormenorizada de todo o jogo das formas que se tecem para constituir a categoria dinheiro. Ela evidencia como a forma se instala na inserção das coisas na relação social de troca, graças à negação de algumas de suas determinações; estas, vindo a ser atuantes na igualação e na diferenciação de cada coisa posta na equação, terminam superando o caráter de ente natural dessas mesmas coisas, a fim de que se ponham como parcelas de algo sobrenatural, sem perder, todavia, seu fundo de coisa. Cada negação se faz de uma perspectiva, o que é não-valor de uso para um é valor de uso para outrem, mas, do mesmo modo como, no processo, são negadas as diferenças do ser-aí de cada coisa, terminam sendo negadas as diferenças de cada agente, o agente perspectivado sendo substituído pelo agente qualquer, real ou possível. Isso porque se toma, como ponto de partida, o pressuposto de que o ator está inteiramente desvinculado de qualquer sociabilidade prévia. Considerando, ademais, que nessa negação das diferenças a determinação do mesmo é externalizada no outro, a perspectivação é transferida para o comum, o valor, desaparecendo como negação deste ou daquele ponto de vista, para vir a ser o caráter de *poder* vir a ser perspectivado por um agente qualquer. O valor é e não é valor de uso para os agentes em geral, embora cada um valorize, na coisa que possui, o aspecto da troca ou do uso. No nível dos agentes individuais as negações armam oposições, contrariedades; em contrapartida, no nível da sociabilidade dos agentes em geral, essas limitações são negadas, e o comum, perpassando todos os objetos trocáveis levados ao mercado e projetando-se numa coisa sobrenatural, *contradiz* a particularidade de cada valor de uso. Em resumo, as oposições que dominam todo o processo de troca se fixam na contradição valor de uso e valor. Para esse valor, o valor de uso é, simultaneamente, valor de uso e valor de troca, pois ambos são parcelas desse mesmo valor, afirmação de seu caráter de coisa e negação dele. Por isso, como veremos em seguida, a atividade produtora desse valor cria o valor, mas não é o próprio valor, para isso é preciso que a atividade criadora se projete na coisa, conservando-a mas negando seu caráter de objeto natural.

Marx não é rigoroso no emprego da palavra *contradição* (*Widerspruch*). No primeiro capítulo de *Para a crítica da Economia Política*, texto muito rente à linguagem hegeliana, essa palavra aparece muitas vezes e em casos que deveriam ser especificados unicamente como contrariedade (*Gegensatz* ou *Widerstreit*); no primeiro capítulo d'*O capital*, a palavra *Widerspruch* desaparece. Isso é normal num texto de um neo-hegeliano, já que para Hegel a contrariedade possui empuxo que a leva para a contradição. Mas para nós, preocupados em estabelecer os momentos em que a dialética marxista se distancia da lógica especulativa, essas distinções se tornam essenciais pela simples razão de que, se toda contrariedade viesse a ser contradição, não haveria como distinguir o idealismo hegeliano, para o qual todo racional é efetivamente real e vice-versa, do materialismo de Marx, que procura, na racionalidade do capitalismo, sua contraparte irracional. Em suma, perderíamos de vista as peculiaridades da racionalidade irracional do capital.

Estou procurando mostrar que a distinção cuidadosa entre "contrariedade" e "contradição" permite encontrar a primeira contradição no antagonismo entre valor de uso e valor. Compreende-se então o caráter expressivo do valor, como este transforma o produto do trabalho em *hieróglifo social* (*gesellschaftliche Hieroglyphe*) (*K*, I, 23, 88; trad., I, 72), no interior de um jogo de determinações dialeticamente contraditórias, sem que ele possa ser consumido na sua totalidade pelo Espírito, já que a natureza não mais se resolve na projeção desse Absoluto. Como veremos em seguida, a dialética materialista só pode abranger a esfera da dialética do social caso se converta numa análise das "objetidades" (*Gegenständlichkeiten*) (*K*, I, 23, 66) em que se *projeta* o trabalho social. É nesse nível de uma ontologia do social, ligada a formas de expressão desse trabalho, que deve ser analisada nas suas virtudes e nas suas limitações.

95

Convém além disso frisar, antecipando-nos, que é expressão do produto do trabalho na forma-valor e não da mera avaliação do valor de uso pelo valor de troca. "Nossa análise provou que a forma-valor [*Wertform*] ou a expressão de valor [*Wertausdruck*] da mercadoria origina-se na natureza do valor das mercadorias, e não, ao contrário, que valor e grandeza de valor tenham origem em sua expressão como valor de troca" (*K*, I, 23, 75; trad., 63). Este é o engano dos mercantilistas, que, a despeito de sublinharem o lado qualitativo da equação de troca, porque não veem nela a contradição inscrita na forma-valor, descuidam de buscar seu fundamento, o trabalho abstrato inscrito nos produtos em geral.

2.3. TRABALHO ABSTRATO

Ser produto é uma das determinações da mercadoria. Na verdade é possível vender uma coisa achada, mas basta que se procure achar reiteradamente para que essa atividade se transforme em processo de trabalho. Como a superação do ser-aí do valor de uso, posto para o processo de troca, altera, sem destruir seu fundo de coisa, o modo de ser, o estatuto ontológico do produto? A obtenção reiterada de produtos requer trabalho, que esses produtos sejam postos em proporções determinadas requer que as diversas atividades de produzir sejam medidas pelo tempo em que elas se performam. Desse modo, diversos trabalhos concretos e particulares devem ser medidos pelo mesmo padrão, o *tempo de trabalho*, embora não percam por isso suas especificidades. Somente os trabalhos inscritos nos produtos, vale dizer, mortos, se tornam homogêneos em virtude de estarem participando de relações de troca e sendo subsumidos ao valor. Abstrai-se o caráter particular deste ou daquele produto, visto que todos eles passam a ser considerados parcelas de uma mesma substância. Como valor de troca, cada mercadoria é apenas certa quantidade do *tempo de trabalho coagulado* que uma sociedade destina à sua reprodução. Mas essa massa não se gera pela simples média dos tempos reais consumidos na produção de cada coisa. Se a reflexão é interna, a média não pode resultar do cômputo feito por um analista estrangeiro que, desembarcando de surpresa na terra de produtores de mercadorias, cuidasse de determinar o tempo médio gasto para obter esses produtos. Nem todo produto se socializa ou é socializado pela troca, de sorte que a característica especificamente social do objeto trocável como valor deve ser demonstrada no fim do processo produtivo, quando os padrões meramente pensados e representados, a despeito de se ancorarem em experiências passadas, se ajustam num único padrão valendo para todos. Mas essa abstração das diferenças qualitativas dos produtos acaba impondo aos diversos processos de trabalho o caráter de vir a ser *trabalho social* (*Zur Kr.*, 13, 18; trad., 143). É preciso, entretanto, ter o cuidado de examinar como os procedimentos coletivos de abstrair, que resultam no trabalho abstrato quantificável e no valor, seguem por dois caminhos. Um deles conduz à substituibilidade, à vicariedade dos trabalhos entre si, pois ao valor pouco importam suas especificidades, a não ser que a produção de um deles ultrapasse as necessidades sociais. Outro mostra como se tornam socialmente necessários em virtude do processo de medida, cuja realidade se confirma por ter correspondido às exigências da demanda efetiva. Por certo esses dois caminhos se cruzam a todo instante, mas somente sua congeminação cria aquela base de produtos hieróglifos pressuposta e reposta pelo modo de produção simples de mercadoria.

A dupla qualidade do trabalho, concreto e abstrato, reformulando para uma dada época a oposição entre trabalho vivo e trabalho morto, constitui, pois, determinação essencial desenhada pelo circuito da reflexão da troca mercantil. Esse processo produtivo peculiar possui essa diferença como ponto de partida e de chegada. Mas a existência desse tipo de trabalho abstrato está condicionada, em primeiro lugar, pelo modo de reposição e circulação das mercadorias, tornando sistematicamente indiferente que um produtor trabalhe este ou aquele objeto, desde que continue a medir seu produto segundo o parâmetro criado por uma sociabilidade determinada. Essa estrutura sincrônica, porém, depende, em segundo lugar, do desenvolvimento tecnológico, portanto, de um fator do vir a ser histórico, responsável pelas condições em que os trabalhos se tornam substituíveis. Convém não perder de vista que a abstração duma categoria não resulta apenas da variação teórica dos aspectos do objeto correspondente, como se os momentos se diversificassem graças ao movimento do Conceito. É preciso corrigir o viés idealista adquirido pela análise crítica, ao deter-se no jogo das determinações categoriais; ainda cabe mostrar que esse desdobramento *exprime* uma situação de fato gerada ao longo do tempo: "A indiferença em relação a um trabalho determinado corresponde a uma forma de sociedade na qual os indivíduos podem passar com facilidade de um trabalho a outro e na qual o gênero de trabalho é fortuito [...], o trabalho se converteu não só como categoria, mas na efetividade, em um meio de produzir riqueza em geral, deixando, como determinação, de se confundir com o indivíduo em sua particularidade" (G, 25; trad., 125).

Estamos considerando unicamente o modo de produção simples de mercadoria, no qual não há, pois, criação de excedente econômico. O estudo do desdobramento de suas categorias implica tomar o trabalho na sua dupla qualidade. Mas, para que esse modo de produção venha a ser, é necessário um tipo de abstração que somente se cumpre e se perfaz no modo de produção capitalista. Os fenômenos socioeconômicos, objetos de nossa análise, são pensados por abstrações resultantes do processo objetivo segundo o qual homens se relacionam mediados por objetos naturais. Na estruturação da troca mercantil esse processo do vir a ser é esquecido, tudo se passa como se as abstrações brotassem da reflexão exterior do analista. Por isso Aristóteles, o primeiro a perceber que o comum entre os valores de troca está ligado ao trabalho, não podia ir além desse resultado, já que, na Antiguidade, o trabalho escravo estabelecia uma distinção social entre esse tipo de trabalho e suas outras espécies, impedindo assim sua generalização teórica. David Ricardo vive noutros tempos, essa abstração já tinha sido feita concretamente pela evolução do mercado, mas seus compromissos de classe o impedem de detectar no tempo de trabalho socialmente necessário aquela reflexão interna, a única que abre caminho para que se distinga, de um lado, forma-valor (*Wertform*), vale dizer, o valor sendo configurado por aquelas determinidades formais que o produto do trabalho ganha ao ser inserido no processo de troca; de outro, o próprio valor (*Wert*), que perpassa as equações de troca, o comum dos valores de troca remetendo a seu fundamento, o tempo de trabalho socialmente necessário. Mas, ao contrário do que pensa Ricardo, esse trabalho é abstrato e coagulado como gelatina no ser-aí de cada produto do trabalho.

Vale a pena demorar-se nessa crítica a Ricardo. Em que ponto nevrálgico recai a objeção de Marx? Depois de ter visto corretamente, diz ele, que a "quantidade de trabalho" determina o valor de troca das mercadorias, Ricardo deixa de investigar o *caráter* desse trabalho, não vê que, na equivalência proporcional das mercadorias, perpassa uma *substância* resultante de um trabalho especificamente determinado. Ele, como seu discípulo Bailey, não percebem que "todas as mercadorias, enquanto são valores de troca, constituem apenas expressões *relativas* do tempo de trabalho social, sendo que sua relatividade não reside na relação [*Verhältnis*] em que se trocam mutuamente, mas na relação de todas com o trabalho social como sua substância" (*TMW*, II, 163). Em seguida, dada a determinação da grandeza do valor das mercadorias pelo tempo de trabalho, esses autores tratam de ver se as outras relações econômicas, as categorias da teoria econômica, *contradizem* ou não essa determinação do valor (*TMW*, II, 155). Esse reproche passa ao longo do texto. Marx lembra que Ricardo divide o capítulo sobre o valor em sete seções: "Na primeira seção será investigado precisamente [o seguinte]: o *salário* [*Arbeitslohn*] *contradiz* a determinação dos valores da mercadoria, o tempo de trabalho contido nela?" (*TMW*, II, 159).

No entanto, como era de esperar, em se tratando de um bom autor inglês, nessas páginas de Ricardo não aparece uma só vez a palavra *contradição*. Toda a análise está focalizada nas possíveis *variações* dos valores das mercadorias, a fim de mostrar como a quantidade de trabalho há de ser fixada como o parâmetro para determinar os valores relativos de todas as outras mercadorias. Por que essa preocupação em traduzir mudança e variação nos termos da contradição, cuidado que alinhava todo o texto de Marx? Simplesmente porque está em questão o caráter desse parâmetro, que, além de ser *reflexionante*, isto é, a pressuposição da unidade da medida precisa ser validada no final do processo de mensuração, deve ainda revelar seu lado *qualitativo*, trazendo à luz o caráter de ser, a substancialidade, que o trabalho vivo adquire ao ser medido como trabalho morto inscrito no fundamento de uma sociedade. Somente assim essa atividade congelada constitui aquela substância mística que há de parcelar-se em cada valor de troca, substância que, por sua vez, é a face expressiva de uma situação de fato, em que os trabalhos se socializam em virtude de sua vicariedade. Sem essa separação entre trabalho vivo e trabalho morto socializado de uma forma *sui generis*, por conseguinte, sem a constituição de uma entidade sensível suprassensível exprimindo seu fundamento social e histórico, o valor, como massa de riqueza abstrata proporcionalizando-se nos vários valores de troca, não *contradiz* sua universalidade e sua abstração nas particularidades concretas dos valores de troca. E assim se perde a diferença específica do modo capitalista de produção. Por isso Marx reivindica orgulhosamente ter sido ele o primeiro a demonstrar a dupla qualidade do trabalho, vivo e morto, posto em movimento pela sociedade capitalista, porquanto "o trabalho, conforme vem expresso [*ausgedrückt*] no valor, não mais possui as mesmas notas características [*Merkmale*] que lhe advém como produtor de valor de uso" (*K*, I, 23, 56; trad., I, 49, modificada). Mas esse ponto crucial (*Springpunkt*), no qual a análise dá o salto, pode ser entendido sem o estudo cuidadoso da contradição? Não é ele que revela o padrão de racionalidade que o capital impõe ao sistema produtivo como um todo?

Cabe, por fim, assinalar uma característica muito especial dessa noção de forma. Não resulta da abstração do entendimento que recolhe aquela nota (*Merkmal*) comum a vários objetos, está ligada às operações dos agentes que remetem as propriedades desses objetos a outros trocáveis, cada visada sendo totalizada por um processo universalizante de expressão. Cada coisa vale na sua universalidade de produto de trabalho, assim como na sua vicariedade, na medida em que pode ser substituída por qualquer outra coisa vendável no mercado. No entanto, esse espelhamento da forma valor de uso na forma valor de troca não se faz sem que esse valor de uso se exprima por aquele valor de troca, coisificado e quantificado. Este último, conquanto determinado formalmente como trocável numa dada proporção, passa a pertencer ao conjunto indefinido de objetos trocáveis, e o casaco se *determina* então como igual a todos eles. Mas essa determinação contraditória — universalidade social do trabalho determinando-se em suas particularidades concretas — é a busca de seu fundamento, *enclausuramento* de todos os trabalhos concretos na substância gelatinosa como trabalho abstrato.

Não é pois a nota característica "trocável" que determina a extensão do conjunto, mas a determinação de cada coisa poder ser igualada, a partir de um *ponto de vista global*, a tantas outras, pois só assim elas ganham a homogeneidade que legitima a troca, o que leva a determinação "trocável" a ser legitimada e garantida por estar exprimindo uma parcela da substância valor. Por sua vez, os agentes, postos numa forma específica de sociabilidade, aparecem como trabalhadores proprietários, cuja atividade, porém, só se confirma socialmente depois de ter demonstrado sua capacidade de ser consumida por aqueles que podem reciprocar na mesma moeda. Não é porque o Conceito, da mesma forma que na lógica hegeliana, funciona como espécie de microprova ontológica, regra viva capaz de pôr seu caso, que a contradição não vai ao fundo, mas simplesmente porque é modo de aparecer e de exprimir-se de uma forma de estruturação dos diversos processos de trabalho num sistema produtivo.

Quando a contradição vai ao fundamento ela também oculta, ao congelar seu lado qualitativo para fazer aparecer apenas seu lado quantitativo, a variação universalizada em que os valores de troca são postos ensejando a fixação de um deles como dinheiro, vale dizer, valor de troca cujo uso principal é a troca. Um valor de uso se *exprime* em vários valores de troca; para que isso se torne viável, entretanto, eles devem possuir algo em comum, uma qualidade a garantir a proporcionalidade pensada e representada. Por sua vez, esse comum passa a *exprimir-se* nesses valores de troca, *contradizendo* então sua universalidade e sua abstração. Mas para isso o comum precisa encontrar um fundamento *in re*, no processo social de medir os trabalhos concretos pelo padrão do trabalho abstrato, na atividade redutora da diversidade a uma mesma unidade. Por isso a substância valor passa a ser a *expressão* do que lhe assegura existência social. Na equação de troca, tudo se passa como se o planeta Vênus estivesse aparecendo na estrela da manhã, na estrela da tarde, e em tantas outras estrelas igualadas entre si por essa referência a Vênus, que, na sua face aparente, então nada mais seria do que o ponto de convergência dessas visadas. Mas nessa condição Vênus se vinga de ter sido negada pela particularidade das estrelas, transformando-as em formas aparentes (*Erscheinungsformen*) de sua substancialidade divina, visto ser o cruzamento absoluto das referências. O que assegura que esses vetores não confluam em dois planetas? A atividade absoluta de transformar todos os trabalhos concretos, reduzidos à mesma unidade de trabalho abstrato, a possibilidade efetiva, historicamente datada, de obter o mesmo resultado, o valor, seja fabricando linho, seja costurando casacos, seja minerando ouro, e assim por diante. No plano da expressão, das equações de troca, esse absoluto é apenas pensado, referido. Esse pensamento se torna efetivo, realizado muito mais facilmente, se, em vez de cada valor de uso ser trocado por um valor de troca, ele for trocado de fato por um valor de troca que é pensado e aceito socialmente como trocável por qualquer outro valor de troca, isto é, pelo dinheiro. Por isso o dinheiro não pode ser símbolo do valor, porque nessa sua função simbólica estaria ocultando o fundamento da contradição, quando a moeda se troca pelo valor de uso sem levar em conta o trabalho abstrato que lhe confere sua razão social, a sociabilidade específica que está na sua origem, assim como as forças produtivas coordenadas por ela. Se o dinheiro exprime Vênus é porque se põe como a contradição aceita socialmente de ser coisa trocável cujo uso primordial é a troca, reflexão que toma sua *referência*, a trocabilidade, como seu *sentido*. Mas, ao contrário do que acontece na lógica especulativa, essa transformação da referência em sentido está *representando* o processo efetivo de reduzir os trabalhos concretos a trabalho abstrato, tanto porque o que foi pensado se realiza no processo de troca, garantido por uma demanda efetiva, como pela vicariedade de fato do processo de trabalho em ação.

Esse lado oculto, o dinheiro não exprime, assim como a teoria que faz dele apenas um símbolo. Se o fetichismo da mercadoria condiciona a contradição, também ele delimita as fronteiras desse processo expressivo, cuja realização oculta as vicissitudes da redução da diversidade das jornadas de trabalho a uma jornada ideal. Isso se percebe claramente quando a equação "M — D — M" é interrompida pelo entesourador que, guardando o dinheiro em casa, impede que o valor pensado da mercadoria se efetive. A solução das vicissitudes do processo de troca abre caminho para a primeira crise do sistema produtivo, quando fica obstruída a constituição de seu absoluto, de sua boa infinitude. Não é preciso pensar o fundamento desse movimento expressivo no pormenor?

2.4. O FETICHE

Ao reinstalar uma cesura entre pensamento e realidade efetiva, Marx não está simplesmente retomando a oposição clássica entre ideia e ideado, representação e representado, e assim por diante. Antes de ser meu, o pensamento é dos agentes que pensam, a partir de seus vários pontos de vista sobrepujados pela exterioridade da óptica do valor. Trata-se de um processo de intercâmbio intersubjetivo, pelo qual certos objetos se transformam em signos, em instrumentos de pensar. A forma de sociabilidade mercantil é ao mesmo tempo pensamento e constituição de produtos em signos. Ela é igualmente transformação coletiva de objetos, trabalho social efetivo, e transformação de seus produtos em significados, expressões do valor, graças a uma dialética em que o morto exprime o vivo. Desse modo, se a Ciência expõe o desdobramento das categorias econômicas é porque o curso delas captura uma substância, cujo sujeito é a própria sociabilidade burguesa moderna, a residir tanto na natureza e na sociedade como no cérebro dos agentes, exprimindo, pois, formas, modos de ser, determinações de existência de objetos, pelos quais os indivíduos criam, fazem circular seus produtos e tecem uma sociabilidade *sui generis* pela qual se individualizam como atores sociais. Tais formas configuram, pois, determinações separáveis tanto do ponto de vista teórico como do ponto de vista da ação dos agentes envolvidos (G, 27; trad., 127).

Como, porém, essas categorias se articulam entre si? A regulação dos comportamentos, sua determinação, se faz por procedimentos que *medem* os objetos uns pelos outros, *juízos práticos* que apresentam e repõem o valor como padrão de medida. Qual é, porém, a estrutura desses juízos? Sob esse aspecto Marx inverte o procedimento hegeliano. Não é o juízo, ou, na sua forma mais completa, o silogismo, que põe a forma objeto, este sendo ele próprio um silogismo, mas é a completude ilusória da identidade valor, aquele comum que vem a ser pressuposto completo antes de ser posto efetivamente como tal. No nível de sua dimensão expressiva esse valor desenha aquela condição da troca e da produção que *representa* as virtualidades das trocas *como se* todos os produtos estivessem sendo submetidos a um parâmetro pressuposto, *como se* todos eles, desde logo e sem atrito, determinassem uma dada quantidade da riqueza social. O ato de medir é reflexionante, pois confirma, no final do processo, o padrão de que se parte. Esse juízo não se resolve na aposição do padrão ao objeto, mas num processo de constituição de uma média social na qual os elementos se projetam, tendem a ele como seu ideal. Cabe ao investigador antes de tudo acompanhar esse movimento constituinte e apontar como a ilusão opera no pensamento e na ação dos atores, fazendo com que suas práticas revelem as articulações que à primeira vista o fenômeno como tal obscurece. Ao contrário de Hegel, para Marx a tarefa é sublinhar que não é o pensamento o demiurgo do real, mas o material é que é transposto e traduzido para a cabeça do homem no curso do processo efetivo de transformar a natureza, os outros e a si mesmo. Mas, como esse material inclui indivíduos pensantes e produtos que fazem pensar, a forma de sociabilidade congemina processos de trabalho com processos de medir produtos, graças à instituição de um sistema expressivo no qual cada elemento simples vale no interior dessa estrutura significativa. Já que essas representações, operando no nível da práxis, representam que todos os produtos serão integrados numa única substância dividindo-se por si mesma em partes representantes do todo, cabe conceber esse processo como aquela contradição que, se exprime a matriz fenomênica da mudança, não esgota em si mesma, porém, seu empuxo de transformação. Se a crítica teórica tem como pressupostos os limites de nossa finitude, não é por isso que precisa recusar a existência de uma substância social a seguir o curso do bom infinito, desde que esteja atenta para o lado ilusório desse absoluto. Levada a cabo, adquire os instrumentos necessários para denunciar o caráter abstrato da ciência positiva do capital. Mas se este, desde sua forma mais simples, a mercadoria, é atravessado pela contradição, cumpre não esquecer que cada passo na sua efetivação também tece novo véu a encobrir a oposição fundamental entre o vivo e o morto. Isso em nítida oposição ao procedimento hegeliano, no qual cada avanço na determinação do Conceito, já que também inscreve o perguntar pelo sentido da nova posição, caminha progressivamente na direção da clareza do Saber Absoluto. Ora, qual deve ser a estrutura dessa apresentação de um real que se diversifica mas igualmente se oculta a si mesmo, a fim de que esse apresentar teórico e prático possa vir a ser simultaneamente conhecimento e revolução? Como o aprofundamento da alienação resultará na sua superação?

Os tempos dos trabalhos concretos, medidos, suponhamos, em horas e minutos, conforme sejam postos como casos do padrão abstrato, resolvem-se em parcelas do tempo socialmente necessário para que a produção como um todo seja absorvida pelo mercado. Suponhamos que o tempo médio para produzir um quilo de batatas seja de uma hora. Se para obter esse quilo um agricultor particular gasta duas horas e outro meia hora, no mercado essas durações terminam por ser respectivamente reduzidas ao tempo-padrão de uma hora. Do ponto de vista do modo de produção simples de mercadoria, a primeira se reduz e a segunda se potencializa, o tempo cronológico não se confunde assim com o tempo *socialmente necessário*. O analista pode imaginar que esse tempo consiste na soma dos tempos individuais dividida pelo número de trabalhadores. Mas este último número não está dado de antemão, e, para aqueles que participam do mercado, somente o carecimento social, que por sua vez é determinado pelos hábitos criados e possibilitados pela oferta, vem fechar essa circularidade virtuosa. E todo esse processo reflexionante se arma para que a concorrência do mercado possa beneficiar aqueles que operam em melhores condições de produtividade e exclua todos aqueles que não conseguem repetir um trabalho que a sociedade não pode bancar da óptica da solvibilidade. Sob a capa da equivalência dos valores se oculta, pois, a luta pela manutenção das posições no mercado. Do ponto de vista lógico, a condição de existência do valor, os diversos trabalhos concretos efetuados, passa a ser medida por um padrão abstrato pressuposto e representado, que se repõe no final do processo, quando o produto é trocado por outro verificando e ajustando a projeção inicial, potencializando e diminuindo as diferentes produtividades dos processos de trabalho, a fim de que sejam subsumidas na substância pressuposta, numa quantidade, porém, *post festum*. É como se num jogo de xadrez as regras prévias do movimento das peças fossem sendo adaptadas conforme o percurso trilhado pelos agentes progride até chegar ao xeque-mate. As equivalências pressupostas são, pois, *ilusões necessárias* provocadas pelo fato de se tomar como ponto de partida o resultado de um processo anterior de produção, que se reproduz sem que se saiba se ele está sendo exercido no mesmo grau de produtividade do trabalho. As representações individuais são ajustadas a uma medida que somente aparece no final do percurso. Apenas no fim de cada ciclo produtivo a medida representada se converte na medida da eficácia do processo de socialização baseado na manipulação de coisas e troca de produtos. Em outras palavras, o pressuposto mostra sua verdade ajustando sua medida ao posto, sua idealidade não desenha o perfil do seu caso. Estranha desde logo como um padrão de medida pode funcionar mantendo seu estatuto de abstração. O quilo para medir o açúcar ou o metro para medir um comprimento são pedaços da natureza que os homens elegem como unidades de medida, como regras, cujas respectivas matérias, porém, permitem que sejam *manipulados*. Mas o valor-trabalho não é medida analógica, muito menos digital; lembra, pelo contrário, aquele processo de medir empregado pelos construtores de Lesbo, que usavam uma fita flexível de chumbo para descobrir qual pedra melhor se adaptava ao vão já construído. Nesse caso, o padrão não é o comprimento da fita, mas o perfil que ela desenha do vão entre as pedras, de sorte que os blocos a serem colocados se tornam mais ou menos apropriados, mais fáceis ou mais difíceis de serem desbastados. Mas, antes de ser usada, não se adivinha da fita o desenho da pedra. E se, na verdade, para que esses objetos tomados como regras possam funcionar, no caso do trabalho, para que suas respectivas temporalidades naturais possam ser suprimidas, é preciso que sejam *vistos como* regras, por conseguinte, inseridos numa técnica de mensuração. Não é pois como abstração que adquirem o poder de medir, mas se tornam regras porque os fatos passam a ser considerados casos delas, confirmando o que antes foi apenas idealizado. Como isso ocorre na mensuração do trabalho?

Assim como a lógica transcendental kantiana nasce quando se indaga pela relação entre a representação e o representado como objeto possível de conhecimento, a lógica dialética do capitalismo nasce quando se indaga pela relação entre a regra valor e o valor efetivo que um objeto adquire no mercado. Mas essa regra é ao mesmo tempo o que regula a constituição do caso, a conformação do objeto de uso, assim como sua transformação em valor, forma de sociabilidade, que termina por repor a própria regra. Tudo se arma para explicar como o valor, como forma abstrata, passa a medir produtos à primeira vista incomensuráveis e a coordenar diversos atos produtivos para que se aglutinem num sistema que, a despeito de suas crises, continua a funcionar harmonicamente. Cabe então sublinhar que, se por certo a regra põe seu caso, não é porque o universal se torna capaz de se particularizar e de se singularizar, não é porque vem a ser a tríade dialética *in fieri*, mas sobretudo porque constitui processo prático de *medir* aplicando-se a processos de trabalho que, devendo ser diferentes, são substituíveis entre si. A determinação final é, como fenômeno, quantitativa, fixa uma proporção entre os valores de troca, porque oculta sua substancialidade qualitativa. Se para Hegel a medida prefigura a lógica da essência, para Marx ela é a própria essência do processo, porque nela reside uma forma de práxis. A unidade essencial, o valor em si mesmo, sendo igualmente determinada por aquele pressuposto qualitativo ilusório de que a reposição do sistema se fará sem atrito e sem crise, comporta-se como se fosse o Conceito contendo em si mesmo a capacidade de se pôr. Por isso a atividade efetiva de transformar a natureza, no quadro dessas relações sociais específicas, aparece, na expressão das trocas dos produtos desses trabalhos, *como se* resultasse da movimentação desses mesmos produtos imbuídos de seus significados. No entanto, visto que os agentes estão pensando a partir de suas representações aparentes, continuam a agir segundo padrões que negam esse pensamento enquadrado pelo pressuposto da ilusão: "Portanto, os homens relacionam entre si seus produtos de trabalho não porque consideram essas coisas meros envoltórios materiais desse trabalho humano da mesma espécie. Ao contrário. Ao equiparar na troca seus produtos de diferentes espécies, como valores, equiparam seus diferentes trabalhos como trabalho humano. Não o sabem, mas o fazem" (*K*, I, 23, 88; trad., I, 72).

Em resumo, o padrão, aparentemente absoluto, está sendo amparado por um processo efetivo de equiparação e medida, que toma como padrão efetivo o trabalho humano na sua universalidade e abstração. Não é a representação que indica os produtos como peças virtuais da riqueza social, não é esse saber (*Wissen*) que cada agente possui do processo, mas sua prática efetiva de *equiparar uma ação*, seu fazer (*Tun*), que toma os produtos postos em diferentes espécies de troca como valores, conferindo-lhes aquela determinidade histórica que se oculta e aquela objetidade tramada numa proporção determinada que igualmente esconde o comum, o qualitativo, permeando os termos da troca.

Por fim, vale notar que o desenvolvimento dessa forma-valor é articulado por dois movimentos. Um teórico-prático, consubstanciado no travejamento das intenções representativas pelas quais os objetos se exprimem reciprocamente e vão se objetivando como forma-signo, na medida em que os agentes perdem o sentido de suas ações individuais; outro prático-natural, resultante do desenvolvimento das forças produtivas, cuja articulação, ela mesma uma força, vai simplificando o processo de trabalho. Abstração por sua vez reposta no presente, na medida em que esse comum posto pela igualação corresponde a um dispêndio da força humana, o qual, embora socialmente determinado, constitui o elemento simples a que se reduzem os trabalhos mais complexos. Por isso a forma simples é simultaneamente parte elementar da linguagem das mercadorias e átomo mediado do real, forma de sociabilidade e natureza.

Nessa altura se desvenda o segredo do fetichismo da mercadoria. No que ele consiste? Um objeto, um quilo de café, por exemplo, se apresenta para todos nós como tendo a propriedade de valer oito reais, atributo entre outros, como a cor, o peso e assim por diante, mas que coloca o café como parcela da riqueza social.

A *positividade* do valor, travejada pelas diferenças de perspectivação, se dá, entretanto, como totalização dessas ópticas por meio de uma mercadoria quantificável, que recolhe a projeção de todos os valores de troca, o equivalente geral, matriz do dinheiro. Visto que toda mercadoria em princípio pode ocupar esse lugar no curso das equações, cada uma se dá, etiquetada por seu preço, como coisa sensível suprassensível, mera incorporação do valor. Este se manifesta na coisa como o santo mora na estátua. O segredo dessa maneira de se apresentar, porém, não está nem no uso do objeto, nem no seu próprio valor. A mercadoria, ao ser usada como coisa, vincula sua utilidade a uma atividade *fisiológica* ligada às funções orgânicas do homem: este gasta seus músculos e seu cérebro porque precisa de vários produtos. E os valores de uso se diferenciam conforme se diversificam tais necessidades. Ao ser empregada como valor, este está sendo determinado pelas diferentes durações desse dispêndio da força de trabalho, de sorte que o aspecto quantitativo do processo é tão marcado quanto seu aspecto qualitativo. Mas a qualidade comum, aquilo que perpassa *todos* os valores de troca, está sendo tramada pelo jogo assimétrico da forma relativa e da forma equivalente, o qual faz com que cada determinação (uma forma específica de trabalho) apareça no seu outro. Por isso, toda atividade, em virtude desse jogo formal, surge, quando dissociada dele, como se fosse propriedade do objeto na qual ela incide. O mistério nasce, pois, da própria *forma* da mercadoria:

A igualdade dos trabalhos humanos adquire a forma material [*sachlich*] de iguais objetidades-de-valor de produtos de trabalho, a medida de dispêndio de força humana de trabalho adquire por meio de sua duração temporal a forma de quantidade-valor dos produtos do trabalho, por fim, as relações entre os produtores, nas quais se confirmam as determinações sociais de seus produtos, adquirem a forma de uma relação social entre os produtos de trabalho. [*K*, I, 23, 86; trad., I, 71]

A mera expressão de um valor de uso no valor equivalente, suponhamos, 1 kg de café = 2 g de ouro, diz que tanto de café tem a *propriedade* de valer tanto de ouro, isso da mesma maneira que ele é preto, cheiroso, e assim por diante. No fundo, entretanto, não se trata de predicação, mas de *igualdade*, apresentando-se como se fosse propriedade dos objetos igualados. Com isso se oculta aquela reflexão que Marx faz emergir quando cliva a igualdade nos três planos em que ela se gera: igualdade dos processos de trabalho, a medida do dispêndio da força de trabalho e as relações entre os produtores. Essas três igualações mensurantes surgem como igualdade dos objetos mensurados: 1) igualdade do modo de ser dos objetos ocultando uma diferença subjetiva, individual, dos processos de trabalho, da relação de cada homem com a natureza; 2) igualdade da quantidade dos produtos ocultando as diferenças entre os dispêndios de força humana; 3) relação entre os produtos ocultando as diferentes relações sociais. Graças a esse quiproquó os produtos do trabalho se transformam em mercadorias, em coisas sensíveis suprassensíveis, em suma, em signos sociais. Mas essa mercadoria tem sentido como expressão do valor porque seu ser valor, sua essência, é falsificar o ser diferente pressuposto, somente reposto como oculto nas diferenças de uso, nas diferenças de quantidade do dispêndio da força física e na diferença dessa troca com outras. Todas essas diferenças, embora continuem a ser efetivas, são esquecidas para que se instale a unidade de uma forma de intersubjetividade permeada por produtos-signos.

Convém insistir que a inversão não ocorre em virtude do desvio de uma universalidade que se mostra como particularidade, mas de uma igualação mensurante se dar como mensurada, ou, nos termos da lógica hegeliana, de uma reflexão exterior ter como fundamento uma reflexão determinante. O quiproquó possui assim a mesma estrutura daquele engano que Kant aponta na metafísica clássica: atribuir ao fenômeno aquilo que é condição de possibilidade dele. Isso porque a condição de possibilidade é o que leva o produtor a trabalhar e a trocar. Desse modo, o erro não é praticado pelo analista, mas por todos aqueles que participam da sociabilidade tecida pelas relações de mercado. A positividade da sociedade capitalista, por conseguinte, consagra uma ilusão, que somente se desvenda quando se indaga, teórica mas sobretudo praticamente, pelas possibilidades de sua individuação.

O Conceito somente logra pôr o particular porque, retomando um preconceito do qual os antigos não se livram, coloca num mesmo plano o movimento e a atividade que o torna possível. Ou melhor, o Conceito é esse movimento. Por isso Hegel precisa transladar toda a dinâmica moderna, toda ela baseada no princípio da inércia, vale dizer, na possibilidade de um movimento sem força determinante, para o lado da representação. Ao fazer da *Entwicklung* uma ilusão, embora constituinte da sociedade capitalista, Marx pode recusar o preconceito antigo, analisar o metabolismo entre o homem e a natureza em termos dinâmicos, como dispêndio de forças humanas para transformar a natureza. Daí seu materialismo. Mas a socialização do produto, por conseguinte, a socialização e individualização social dos produtores, se faz graças à ilusão necessária de que os trabalhos efetivos não seriam *nada* mais do que posições do valor, que se efetiva num movimento marcado por estases sucessivas. O resultado *empírico* da equiparação dos diversos processos de trabalho por meio do produto socializado se universaliza como pressuposto, como *regra* da socialização dos singulares. A sociabilidade mercantil e notadamente a sociabilidade capitalista se afirmam como um *sistema expressivo*, no qual o dinheiro e o capital aparecem como os processos mais profundos de sociabilização, em que a relação do homem com a natureza fica relegada para o segundo plano. Se isso tem a enorme vantagem de desligar o homem de suas determinações naturais (não reside aqui o papel civilizatório do capital?), de preparar o reino da liberdade, em contrapartida as próprias relações sociais aparecem reificadas, naturalizadas, como se a relação com a natureza deixasse de ter importância. Qual é porém o limite desse engano?

2.5. A CONTRADIÇÃO FETICHE

Compreende-se por que Marx deve, em primeiro lugar, recorrer a um processo histórico que mostre como paulatinamente se forma um trabalho *sans phrases*, enquanto condição apresentativa para que possa operar o juízo reflexionante do valor. A substância universalizante tem como seu fundamento uma estrutura social em que as peculiaridades dos processos de trabalho se tornam indiferentes para sua reposição como totalidade. Mas essa estrutura tem sua origem no desenvolvimento histórico, no desdobramento das forças produtivas, que permitem essa substituibilidade dos processos de trabalho. Compreende-se, em segundo lugar, que Marx considere a unicidade do padrão de medida uma *ilusão necessária* aceita pelos agentes na atividade de trabalhar e trocar; unicidade que é reposta no final do processo de troca, quando a diversidade dos processos de trabalho desaparece diante da igualação dos produtos. É de notar que esse caráter ilusório não nasce da adoção de um ideal de equilíbrio que se ajustaria no decorrer do processo produtivo, mas de esse ideal se dar como mensurante ocultando a práxis da medida. As relações sociais de produção mercantil ficam assim atravessadas por uma operação de transferência da simplicidade da medida para a simplicidade do medido, agora porém como forma efetiva de sociabilidade baseada numa ilusão inscrita nas coisas. Porquanto, se a história pode fazer com que venha a existir o trabalho como objeto simples, não é por isso que se deve supor que todas as formas existentes de trabalho efetivo possam ser reduzidas a ele. Isso só é possível enquanto continuam a operar, no lado oculto do sistema, aqueles processos de redução e de exclusão que conformam toda atividade a um múltiplo do simples.

Percebe-se a importância do fetichismo da mercadoria na economia dos conceitos elaborados por Marx, pois só ele permite denunciar o misticismo lógico do Conceito, conferir movimento contraditório àquelas categorias que se desdobram a partir da contradição principal entre valor de uso e valor, atribuindo especificidade histórica à oposição entre trabalho vivo e trabalho morto. As determinações operam como propriedades de objetos sensíveis suprassensíveis, objetos-regras, em processos conflitantes. A contradição articula-se porque a mensuração do trabalho efetivo se faz por meio de um padrão representativo e imaginário, constituído de maneira reflexionante pela troca, mas ancorando-se de fato no processo pelo qual a produtividade do trabalho vivo se socializa como trabalho morto. Nada mais equivocado do que tomar esse fetiche como falha de um universal que se particulariza, pois essa maneira de pensar tanto mergulha no Conceito como oculta aqueles juízos práticos constituintes do valor, os quais precisam levar em conta os resultados obtidos pelos agentes ao se integrarem num modo de produção, no qual seus trabalhos individuais passam a ser medidos por um parâmetro exterior. Desse modo, o valor não só descola o trabalho de seus condicionamentos naturais imediatos, mas instala também uma relação social *contraditória*, *contra-dizendo* a finalidade exposta no trabalho vivo e impondo a finalidade sem fim do valor. Isso porque ele faz com que todos os agentes passem a operar *como se* existisse um átomo simples de trabalho a servir de componente de todos os outros, de sorte que as produtividades diferentes dos vários trabalhos efetivos apareçam como se resultassem da concretização da média abstrata. Note-se, porém, que mesmo nesse estágio mais elementar de sua análise Marx não desiste de fazer corresponder a essa forma mensurante uma realidade socionatural, pois o trabalho simples e abstrato exprime um dispêndio natural de energia física. Mas a grandeza social desse gasto não se determina fora da troca. O que nos interessa, porém, é que não há, pois, contradição sem fetichismo, sem que se constitua aquela *ilusão necessária* que induz os agentes a agirem coordenadamente no seio de sua diferenciação.

Começa a se conformar o sentido da inversão da dialética hegeliana. A identidade resultante da contradição é ilusória, a despeito de servir de parâmetro para uma forma de sociabilidade que afirma a socialização de todos os trabalhos conforme nega suas particularidades concretas, constituindo assim um produtor universal como agente de uma identidade, o equivalente geral, cuja completude também é ilusória. Cria-se um espaço ilusório de equidade para encobrir aquela luta intestina entre aqueles que percebem seus esforços sendo medidos pelo parâmetro abstrato do valor, mais ainda do capital, violência que precisa ser ocultada para que o desenvolvimento das forças produtivas possa avançar. Forças sociais opostas vão ao fundo para criar um espaço de conciliação automático, já que aparentemente não são opostas mas complementares. A fenomenologia desse espírito não apresentaria as figuras necessárias desse engano?

Dessa óptica, a universalidade completa é o fetiche, a luta e o confronto com a natureza, a efetividade. Mas o fetiche é real, pois os homens se comportam por ele e para ele. Se não forma um ente, não é por isso que deixa de constituir miragem que alimenta a conduta de todos. O valor é contraditório porque reúne juízos práticos, processo social efetivo de mensuração, de criar proporcionalidade entre os produtos graças à constituição de um trabalho simples congelado numa coisa, que é pressuposto e reposto sem que se possa tomá-lo fora dessa reflexão. Processo que tem como padrão a ilusão necessária de completude e de equidade, que promete equilíbrio entre o processo de trabalho e o processo de troca, que somente cumpre a conjunção de ambos se, ao mesmo tempo, criar incompletude e diferenciação social. Visto que a demanda não é infinitamente elástica, o conjunto de produtores possíveis só pode vir a ser *socialmente* determinado, de modo a estabelecer uma diferença entre aqueles que são e os que não são capazes de participar da circulação simples de mercadoria.

Essa identidade ilusória não teria vida social caso se colocasse unicamente como ideia reguladora dos agentes desse modo de produção. Ela precisa estar à mão desses agentes como *objeto*, o dinheiro de que eles precisam para trocar as coisas de que carecem por coisas produzidas por eles mesmos, de sorte que a divisão social do trabalho e as vicissitudes do próprio mercado passam a ser abolidas ilusoriamente na *forma* da mercadoria. Mas essa forma só pode revelar seu caráter sensível suprassensível quando ela se mostra produto-do-trabalho (*Arbeitsprodukt*), vale dizer, ponto-final do processo de trabalho no interior do modo de produção mercantil. O texto de Marx sobre o fetichismo é explícito a esse respeito, e não poderia ser de outro modo, pois o processo de trabalho tem a virtude de resultar num *ente*, por conseguinte, um ser que foge da reflexão, o qual somente assim vem a ser sujeito de atributos misteriosos. O dinheiro, na forma de padrão-ouro, resolve essa dificuldade de ser ente, cuja identidade se resume na travação de suas possíveis transações, no *espaço lógico* das trocas que valida e invalida.

A dificuldade, escreve Marx, é explicar o caráter enigmático do produto do trabalho quando ele assume a forma de mercadoria:

Todo o segredo da forma-valor consiste, pois, simplesmente em que ela espelha para os homens as características sociais de seu próprio trabalho como características sociais dos próprios produtos do trabalho, como propriedades naturais sociais dessas coisas, e por isso também a relação social dos produtores em face do trabalho total como uma relação social, existente fora deles, entre objetos. [*K*, I, 23, 86]

Note-se o rebatimento das relações reflexionantes entre processos de trabalho e produtores para uma relação de igualdade entre *produtos de trabalho*, como se fossem entes naturais. O quiproquó nasce da projeção metafísica, do *espelhamento*, da reflexão que opera, como diria Hegel, entre o nada e o nada, para uma reflexão de igualdade manifestando-se entre entes cuja identidade, porém, é posteriormente determinada. Com isso o poder criador do trabalho oculta-se para dar lugar a um poder sobrenatural como se fosse natural, como se o trabalho nascesse do valor.

O fetichismo das mercadorias se perfaz na forma dinheiro quando o equivalente geral entre elas se concretiza numa mercadoria transformada em moeda universal. Marx pode traçar uma linha contínua entre mercadoria e dinheiro na medida em que estabelece que todas "as determinidades formais pelas quais o ouro se desenvolve em dinheiro são apenas o desdobramento das determinações que já existem implicitamente na metamorfose das mercadorias" (*Zur Kr.*,13, 116; trad., 225). Não nos convém desenvolver esse ponto. Mas cabe sublinhar que Marx indica explicitamente, nessas páginas sobre o meio de pagamento, que as "alterações de forma" (Formwechsel) nada mais são do que "a expressão objetiva das relações sociais em movimento, pelas quais os possuidores de mercadoria realizam seu metabolismo" (Stoffwechsel), em suma, como o processo de socialização, feito por meio dos produtos do trabalho, se espelha no jogo das determinações formais, responsável ademais pela individuação dos agentes. Essa sociologia, esse lógos do social, define seus próprios agentes.

Marx havia estabelecido que, "no processo M — D, a mercadoria, na condição de valor efetivo e valor de troca ideal, se relacionava com o dinheiro, este na condição de valor de troca efetivo e valor de uso ideal". Vendedor e comprador alienam respectivamente seu produto e seu dinheiro efetivando as determinações formais desses objetos. Mas, como forma de pagamento, o dinheiro determina os agentes estabelecendo outros tipos de separação. Efetivamente o vendedor aliena a mercadoria mas realiza seu preço de forma ideal, o comprador compra na condição de representante do dinheiro futuro; de seu ponto de vista, "o dinheiro é efetivamente realizado no valor de uso da mercadoria, sem ter sido efetivamente alienado como valor de troca. Em vez de ser, como anteriormente, o sinal do valor, é agora o próprio comprador que representa simbolicamente o dinheiro. Mas, tal como antes a função geral do símbolo do sinal de valor exigia a garantia e o curso forçado imposto pelo estado, a função simbólica pessoal do comprador suscita agora a constituição de contratos privados, obrigações vigiadas pelas leis, entre os possuidores de mercadorias" (Zur Kr., 13, 116; trad., 225-6).

Mediadas pelo tempo, M — D e D — M operaram trazendo para o interior da relação um jogo entre o real e o ideal, a posse efetiva e a posse representada, que, na sua forma mais simples, existia apenas entre os vários valores de troca e o equivalente geral. Esse jogo é de fundamental importância para o desdobramento da forma. O jogo de linguagem da mercadoria possui a peculiaridade de que o produtor tanto opera em vista da norma como, com a introdução do dinheiro, ele passa a possuir um pedaço dela conforme ela mesma se encarna no conjunto dos produtos mercantis. Medido em valor, um produto é parte ideal da riqueza social sob a forma de valor, mas como essa riqueza é tanto valor como natureza, o agente, conforme está de posse de um pedaço de natureza ora como valor de uso, ora como dinheiro, se determina formalmente por tal modo de propriedade, por exemplo, como credor ou devedor, vale dizer, por sua capacidade de operar alienando-se em coisas símbolos, em hieróglifos.

As regras desse jogo de linguagem passam, pois, a ser dotadas de um movimento formal aparentemente próprio. A regra não é apenas a medida de seu caso. Toda regra se apoia numa coisa, num sinal, num som etc. para que possa ter curso intersubjetivo. Mas, no caso do jogo não verbal da circulação simples, o suporte material primeiramente é coisa determinada quer como valor de uso, quer como valor, este se complica conforme vem a ser expressão de processos sociais resolvendo os obstáculos encontrados pela frente. Essa conjunção entre a gramática representativa, de um lado, e o suporte material necessário para o exercício do sistema simbólico, assim como agentes determinando-se por esse exercício, de outro; entre modo de representação e meios de apresentação — recorrendo ao vocabulário técnico de Wittgenstein —, faz com que a regra não determine unicamente seu caso, mas se determine no movimento formal de uma coisa ao exprimir-se por outra e também como expressão de relações sociais de produção efetivando seu metabolismo com a natureza. As oposições entre forma e conteúdo, ideal e real vão se deslocando conforme se tece a trama reflexionante do modo de produção e das condições necessárias de seu vir a ser.

Vale a pena contrastar esse processo de determinação das formas e de seus elementos simples com a noção moderna de estrutura. Por exemplo, quando se instala, em português, graças à *oposição* entre surdo e sonoro, a diferença entre *t* e *d*, de modo que os significados de *tente* e *dente* sejam diferenciados, o material sonoro é algo *efetivamente* pronunciado em contraposição à idealidade dos sentidos comunicados, seja qual for a maneira de interpretar esse modo de ser ideal. Mas na troca mediante o dinheiro como meio de pagamento, que nos serve de exemplo, instala-se o jogo entre o efetivo e o possível da coisa suporte do signo que entranha a própria forma da expressão. Por isso, se o valor de uso se *punha* num valor de troca, na medida em que este já é representante de outros objetos e está em correspondência a outros valores de troca, na relação M — D o primeiro termo é *posto* no outro, não só porque encontra nele sua medida, mas ainda porque nele encontra a forma de apresentar sua efetiva possibilidade de troca por outras mercadorias. Em virtude dessa *posição*, o virtual encontra o instrumento simbólico de sua possível realização. A *posição* não configura, portanto, passagem da potência ao ato, nem a passagem de uma combinação lógica possível para a asserção da existência, tão só exprime, no relacionamento de um termo a outro, como esse vínculo *pode* vir a ser mais real desde que os objetos denotados estejam de fato sendo operados pelos agentes, por conseguinte, como as forças produtivas são elaboradas por agentes em processo de determinar-se.

Na mera circulação de mercadorias era possível separar *ficticiamente* M — D de D — M; quando, porém, o dinheiro funciona como meio de pagamento essa separação se *efetiva*, já que apenas uma das mercadorias está presente, enquanto a outra está tão só prometida. Mas com isso o dinheiro ganha a nova dimensão de estar sendo legitimado, na sua capacidade de medida, por um poder político, cuja centralidade também depende de o poder efetivo guardar a correção dos processos de troca. Basta, entretanto, que o dinheiro assuma a determinidade de meio de pagamento para que esse poder central tenha de ser completado pelo tecido de contratos individuais que, se na verdade devem ser garantidos igualmente pelo estado, necessitam ainda do complemento de contratos individuais. Desse modo, a cada desenvolvimento da forma também se articulam os agentes como meios de apresentação desse desenvolvimento: "No processo de metamorfose da mercadoria, o possuidor das mercadorias muda de pele cada vez, a mercadoria se desloca e o dinheiro se reveste de formas novas" (*Zur Kr.*, 13, 116; trad., 225).

Para Kant, por exemplo, a posição configura a passagem de uma combinação pensada entre elementos relativamente simples, a subsunção de uma representação a outra, para a asserção, condicionada pelo eu transcendental, da existência ancorada numa representação individual ligada às formas de sensibilidade. Para Hegel, ela descreve a maneira como uma forma-conteúdo se determina formalmente por seu outro e, desse modo, vai ganhando graus de realidade conforme seu conteúdo se vira sobre si mesmo nessa passagem pelo outro, para autodeterminar-se e fazer regredir seus condicionamentos. Marx recolhe esse movimento da forma especulativa, o jogo dela com seu conteúdo, mas sempre lembrando que isso só vem a ser possível porque um objeto muito especial, o produto do trabalho para a troca, tornou-se uma substância sensível/suprassensível, um hieróglifo cujas relações de projeção em coisas de uma mesma natureza *sui generis* no fundo estão exprimindo aquelas relações sociais de produção que se fazem por meio de tais fetiches. Por isso o jogo da forma traduz o jogo que o homem mantém com a natureza e com os outros. O mundo está dado previamente e o processo de constituição diz respeito apenas a certas formas de sociabilidade. Do ponto de vista lógico é possível dizer que a Ideia apenas aparentemente põe seu caso, porque a regra é coisa-regra trazendo em si mesma os traços de sua produção efetiva como igualmente matriz de sociabilidade. Graças a esse complexo de determinações recíprocas, as regras e as coisas se determinam internamente à medida que se sobredeterminam os produtos, as relações e os agentes. É como se um modo de representação de um jogo de linguagem não verbal, em virtude do caráter muito peculiar do objeto que permite seu exercício, estivesse sempre conformando seus meios de apresentação.

No entanto, essa realidade social de dupla face não possui, ao contrário da *Wirklichkeit* hegeliana, um êmbolo ilimitado de sua autossuperação. O jogo do conteúdo e da forma se faz dentro dos limites da intencionalidade maior que rege a própria expansão do jogo. Situado no quadro da produção e da circulação simples, nada existe no valor como fetiche que o empurre para a forma mais completa do capital. Se abraça a contradição numa ilusão necessária, não é por isso que seu movimento de reposição cria força capaz de prefigurar no seu próprio interior aquela identidade reflexionante contendo uma diferença capaz de conformar a contradição futura. Vimos que Marx é explícito ao afirmar que o sistema capitalista necessita congeminar tanto a produção para o mercado como a força de trabalho liberada de suas peias sociais anteriores, processo que foge do mecanismo interno do mercado, mas depende de crises de outros modos produtivos a expulsar essa mão de obra para as cidades. Nada há no modo de produção simples de mercadoria, na sequência M — D — M..., algo que prefigure sua transformação em D — M — D'. É necessária uma *reflexão exterior*, feita objetivamente quando se instala o mercado da força de trabalho. E não há necessidade alguma de que os modos de produção anteriores ao capitalismo tenham chegado a esse resultado, já que esse mercado poderia continuar funcionando na periferia deles. Se essa necessidade existisse, o capitalismo teria nascido em Roma ou em Bizâncio. Às vezes se tem a impressão de que Marx acreditava que a produtividade do trabalho cresceria dotada de uma força produtiva autônoma, que a divisão técnica do trabalho já implicaria intenção socializante, que os homens estariam sempre dispostos a trabalhar menos e a consumir mais. Mas por certo essa relação entre esforço da produção e consumo é historicamente dada, dependendo do sentido geral que um modo de produção empresta a si mesmo. Seria possível aplicar o conceito de produtividade do trabalho como se ele traspassasse de modo indiferente os modos de produção sem que essa força não fosse reposta por eles? A medida dessa produtividade não opera no interior de um modo de produção *dado*, quando os processos de trabalho ficam sempre subordinados ao sentido que o sistema produtivo como um todo lhes confere? Além disso, convém igualmente lembrar que, levando em conta nossos atuais conhecimentos sobre as sociedades tribais, não haveria como supor esse desenvolvimento automático das forças produtivas. Não é somente no capitalismo que elas se expandem a olhos vistos, precisamente porque o trabalho se desliga de suas condições de existência naturais e de suas predeterminações sociais? Isso posto, do ponto de vista lógico importa salientar que o modo capitalista de produção, orientado pela intenção de reduzir todo trabalho social à mercadoria, é o primeiro *dado* a ser tomado como ponto de partida, sendo que as condições históricas de sua existência serão descobertas *regressivamente*, na qualidade de apresentação desse sistema operante e simbólico. A não ser que o ser-genérico do homem fosse o pressuposto originário de toda análise, o que faria a crítica marxista repousar numa antropologia fundante. Mas, como veremos em seguida, a compra e venda da força de trabalho no quadro de um processo de autovalorização do capital cria a *contradição* entre capital constante e capital variável, nova forma expressiva da *oposição* entre trabalho morto e trabalho vivo, abrindo um espaço de possibilidades lógicas muito mais amplo.

3. Novos conceitos, velhos rumos

O CONCRETO PENSADO 3.1.

A dialética marxista monta notável maquinaria conceitual exprimindo como as relações do homem com a natureza ficam subordinadas à autonomia do processo de produção, valorização e distribuição do capital. Por sua vez, estuda como essa estrutura, dotada de movimento formal próprio, responsável tão só pela captura do lado mais aparente dos fenômenos, determina modos pelos quais os agentes, no processo de criar e distribuir a riqueza social, se relacionam entre si e se individualizam, a fim de estarem preparados a desempenhar papéis previamente fixados. Aponta a determinação recíproca dessas relações sociais de produção com o desenvolvimento das forças produtivas, num jogo de identidades e diferenças que terminaria numa contradição explosiva. Suas análises se desdobram em confronto com a Economia Política de seu tempo, aproveitando, sempre que possível, os passos da crítica especulativa hegeliana contra as ciências do entendimento. Procurando retomar esse mesmo caminho, examinei primeiramente a estrutura da troca e, logo mais, estudarei alguns aspectos da estrutura do capital, mas sempre tomando-as em si mesmas, como fato social dado, cuja apresentação todavia necessita ser gerada a partir de suas formas elementares. Desse modo, pesquiso os pressupostos de estruturas existentes em formação, em vez de situá-las a partir de uma trama pressuposta de relações sociais em geral ou de outras formas universais de sociabilidade. Trato de sublinhar o caráter *expressivo* muito peculiar dessas estruturas, para somente em seguida indagar os pressupostos históricos e presentes requeridos para seu funcionamento. Não é assim que Marx procede n'*O capital*? Desse modo, evito a logomaquia idealista, que tenta resgatar as análises de Marx a partir de uma reflexão exterior, como se a maquinaria social do capital não se fundasse em si mesma. Mas preciso então enfrentar o desafio de mostrar como o jogo do racional e do irracional se desdobra no interior da própria dialética travada pelas relações capitalistas de produção com o desenvolvimento das forças produtivas, sem recorrer ao pressuposto de uma razão em geral. E, se defendo certa validade para o conceito de valor-trabalho, cabe-me examinar qual sentido ainda pode possuir na tentativa de desvendar esse jogo.

    Sabemos que a Economia de hoje abandonou inteiramente o conceito de valor-trabalho. E não poderia deixar de ser de outro modo, pois ele, como veremos em seguida, havia esgotado sua capacidade de medir a riqueza social contemporânea, tornando-se assim inútil para todos aqueles que pretendem construir modelos reduzidos do que se mostra nos diversos mercados. Tendo como objetivo maior estruturar, medir, calcular e prever, o economista contemporâneo lança mão de outro conceito de valor, ligado à utilidade marginal de bens escassos, isso quando não abandona de vez a óptica da gênese e passa a operar exclusivamente com preços. Para ele o conceito de valor-trabalho pertence à história do pensamento econômico, a exemplo daquele de flogístico, mera curiosidade para a Química contemporânea. A Economia neoclássica inventa novas concepções de mercadoria, recorta nos comportamentos econômicos cotidianos aspectos muito diferentes daqueles focalizados pela antiga Economia Política. Particularmente porque o novo conceito se desenvolve a partir da ideia de uma *disponibilidade* de bens como se eles estivessem sendo leiloados, de sorte que a questão da troca se coloca *depois* da análise da preferência e da escolha à disposição dos agentes. Ao trabalhar com os parâmetros costumeiros da Ciência contemporânea, o economista naturalmente trata de resolver problemas propostos por uma economia de mercado e cuida assim, legitimamente, de selecionar os instrumentos analíticos que lhe convêm para resolver a contento a tarefa de articular um modelo reduzido dos fenômenos que lhe são *dados*.

No entanto, é preciso ter o cuidado de não generalizar indevidamente. Cumpre não extrapolar procedimentos, testados particularmente no terreno da Microeconomia, para outros domínios das ciências humanas, invocando a necessidade de encontrar explicações "em termos de ações individuais racionais e voltados para a realização de objetivos", como costuma dizer uma multidão de autores. Antes dessa transposição, não seria conveniente perguntar se todas as formas de sociabilidade se constituem segundo os mesmos padrões de racionalidade e de realização de fins? Noutras palavras, os conceitos de ação com sentido e de racionalidade podem ser generalizados de tal maneira que se apliquem indiferentemente a qualquer esfera do real? Nada mais natural imaginar que uma teoria geral dos sentidos, a pergunta pelo sentido dos sentidos, associada a uma doutrina geral da razão, deva preparar os estudos das estruturas significativas particulares. Mas esse procedimento se baseia no pressuposto de que essas estruturas particulares espelham de um modo ou de outro a mesma articulação da razão posta na sua universalidade, de tal modo que se passa do geral ao particular sem que essa passagem tenha efeito estruturante. Colocar em dúvida esse ponto não é a primeira tarefa de quem pretende refletir sobre a dialética? Não me parece haver dificuldades em afirmar que, para Marx, os agentes econômicos estão desenvolvendo ações com sentido, desde que esse sentido seja constituído na própria trama das relações sociais em que estão inseridos, tornando-se, por isso mesmo, compreensíveis para aqueles que os tomam do ponto de vista do *conhecimento*. Sentidos são então categorias objetivas, "formas de modo de ser, determinações de existência" (*G*, 26; trad., 127) pelas quais os agentes se pautam, medem as forças produtivas que mobilizam. Mas, porque essas categorias, no modo de produção capitalista, estão ligadas à forma mercadoria, elas estão residindo de maneira direta ou indireta em produtos signos dos comportamentos que a elas se reportam. Acresce que esses produtos, que também são regras de comportamento, apresentam sentidos contraditórios. A identidade do dinheiro, por exemplo, se consolida tanto pela identidade da moeda em que ele se encarna como pela negação da massa de outras mercadorias com as quais ele se identifica. Separá-lo dessa sua identidade, que se processa pela identidade de suas diferenças, tomá-lo exclusivamente como signo associado a um objeto trocável, resolve por certo o problema daquele que pretende articular modelos descritivos do fluxo dos fenômenos econômicos. Mas esse procedimento dá conta da sua racionalidade?

Se do ponto de vista individual cada ação parece orientada ao fim que se propõe, do ponto de vista da categoria essa mesma ação fica determinada pelo processo objetivo de abstração que lhe dá origem. A gênese das categorias que dão sentido ao modo de produção capitalista, feita a partir da forma mercadoria, demarca os processos de atribuição de sentido aos comportamentos individuais. É pelas categorias que tais ações se socializam, pois nesse modo particular de produção toda sociabilidade posta é reposta por ele. A troca de mercadorias se caracteriza de imediato por abstrair qualquer forma de vínculo social que não dependa dela. Esse ponto é crucial. Estou tentando mostrar que a troca e a produção dessas mercadorias, assim como o movimento dos capitais, constituem um jogo de linguagem não verbal, pelo qual a ação dos indivíduos se socializa e se torna coletiva, assim como a riqueza social se produz de modo determinado. Mas, se emprego o conceito de "jogo de linguagem", isso não implica que estou aderindo à filosofia de Wittgenstein no seu conjunto, a não ser neste ponto importante: os signos possuem sentido segundo a forma pela qual se articulam entre si e se ligam a *atividades* discriminadoras, formando assim padrões que determinam comportamentos corretos e incorretos. Por isso, se a gramática do capital pressupõe formas de vida e induz modos de consciência e discursos legitimadores, tudo isso precisa ser analisado a partir do funcionamento autônomo desse jogo de linguagem não verbal. Em resumo, cumpre levar a sério o fetichismo do capital, cujo caráter sensível e suprassensível, racionalizante e irracional, se evidencia conforme o processo se desdobra. Desse modo, a forma de sociabilidade posta pelo capital é estudada por si mesma, não derivando de nenhuma outra que pudesse desvendar seu sentido oculto. O que nela está oculto há de emergir das fissuras de sua própria aparência. Se é preciso conhecer a essência do capital, pensar a essência de um fenômeno além de suas aparências, não é por isso que essa essência se resolveria na trama de expressões pelas quais os agentes tanto se determinam como medem, consequentemente pensam, porquanto esse pensamento está ligado a transformações das forças produtivas mobilizadas.

    Dessa perspectiva pretendo salientar o que me parece ser uma das contribuições mais importantes de Marx para o entendimento das relações sociais de produção. Vimos, por exemplo, como, no modo de produção simples de mercadorias, os múltiplos trabalhos individuais se tornam coletivos conforme se ajustam à medida do valor-trabalho, a um equivalente geral expresso pelo dinheiro e que, realizando-se ao satisfazer uma demanda efetiva, dá medida aos atos efetuados singularmente. O valor é regra de socialização dos agentes por meio da universalização de processos de trabalho individuais, impondo a essas atividades vivas o parâmetro do trabalho morto, que uma sociedade está disposta a consumir para sua reprodução. Por esse meio impõe sentido coletivo a cada ato de trabalho à medida que o situa no quadro do sistema produtivo em geral. Em suma, a gramática das mercadorias e, posteriormente, a gramática do capital configuram as matrizes pelas quais os atos individuais de produção, distribuição, troca e consumo se tornam sociais e coletivos. Sob esse aspecto, a relação social não é entendida como processo pelo qual o sujeito persegue um objetivo, nem mesmo como interação apenas mediada por signos, pois esses signos estão dotados de referências mútuas que determinam os comportamentos.

No entanto, em vez de continuar a examinar essas questões, que serão retomadas mais tarde, convém ainda notar que esse processo de conferir sentido e de socialização não está presente nos primeiros textos de Marx. Nessa altura, as relações sociais de produção são concebidas predominantemente da óptica da circulação, como intercâmbio (*Verkehr*) que media seres humanos e natureza, cuja *forma*, porém, não aparece dotada de movimento próprio. Antes de Marx conceber seu próprio conceito de capital, sua dialética seguia de longe as pegadas da *Fenomenologia do Espírito*. Se esse intercâmbio não está dotado de uma gramática própria, se não constitui sistema de regras capaz de *constituir* relações de alteridade por meio da produção e reprodução de produtos, ele precisa então se apresentar mediando o ser social tomado como pressuposto geral da atividade humana, entendido como ser-genérico (*Gattungswesen*) que, posto em xeque pela divisão social do trabalho, constituirá o êmbolo capaz de unificar essa dispersão e recuperar seu lado coletivo, negado por ela. Desse ponto de vista, ainda predominante n'*A ideologia alemã*, o processo de socialização das ações individuais, se resulta de um movimento histórico de diferenciação, configura aquela matriz diferenciada cujo lado ativo é dado pela divisão do trabalho e cujo lado passivo é definido por relações de propriedade: "Divisão de trabalho e propriedade privada são expressões idênticas: a primeira enuncia em relação à atividade aquilo que se enuncia na segunda em relação ao produto da atividade" (*DI*, 3, 32; trad., 46). Desse modo, no pensamento do jovem Marx, é a universalidade do ser-genérico do homem que garante a coletivização dos interesses singulares. Se essa "atividade está dividida involuntariamente, mas de modo natural, a própria ação do homem se converte em poder estranho e que a ele se opõe, que o subjuga ao invés de ser por ele dominado" (*DI*, 3, 33; trad., 47). O universal alienado, mantendo-se natural e involuntário, desempenha o papel de força estruturante e socializante que será mais tarde, na obra madura, ocupado pelo movimento categorial do sistema.

No entanto, convém não perder de vista que Marx, embora aceite que as contradições tenham sentido, nunca se propôs a estudar como isso pode ser possível, porquanto para ele *existem* contradições na realidade, de sorte que o discurso pode falar delas precisamente porque existem da óptica da não-identidade. Já que existem, nossa tarefa é *conhecê-las*. Frisarei, no próximo capítulo, que as categorias do modo de produção capitalista são formas de pensar, consequentemente formas discursivas, mas não é por isso que pensamento e realidade se identificam, como se todo ser fosse racional e vice-versa. Ao tratar de fazer Ciência, embora a seu modo, Marx sublinha a diferença entre o "concreto espiritual" (*geistiges Konkret*) (*G*, 22) da teoria e o concreto tal como ele é e

131

permanece sendo, a despeito de todo esforço de teorização. Pensa esse esforço em termos de uma apropriação, que *produz* seu resultado de verdade, de modo *diferente*, entretanto, das outras apropriações efetuadas pela consciência. A apropriação efetuada pela arte, por exemplo, não possui esse conteúdo de verdade. Se a arte grega lida com conceitos inspirados, por exemplo, na forja de Vulcano — que parece um brinquedo quando comparado à siderurgia moderna —, o material com que trabalha não é apropriado segundo as regras do conhecimento, mas por meio de uma mitologia que, a despeito de sua limitação histórica ligada à natureza dos conteúdos disponíveis, "sobrepuja, domina e modela as forças da natureza na imaginação e pela imaginação, desaparecendo, portanto, quando essas forças são efetivamente dominadas" (*G*, 30; trad., 130, modificada). Em resumo, as regras de apropriação da imaginação não são as mesmas do pensamento teórico, pois as primeiras exploram um universo mítico em que os obstáculos são imaginariamente sobrepujados, sem contestar seu caráter de dado; enquanto as segundas capturam as maneiras pelas quais forças naturais e sociais estão de fato, na *verdade*, sendo constituídas por si mesmas. Se Marx concebe a consciência teórica e a consciência artística sob o mesmo paradigma da produção coletiva, não é por isso que a transposição do material para o cérebro humano segue as mesmas regras nas ciências e nas artes. E o que importa é a especificidade dessas regras, que não são regras do pensamento ou da imaginação em geral, mas se conformam e ganham sentido junto dos conteúdos apropriados.

Atentemos para o modo como o concreto é transposto *teoricamente* para o cérebro. Um elemento relativamente simples do real é capturado pelo pensamento; a representação mental e linguística vem a ser signo dele. No início da investigação, o analista começa abstraindo partes de seu material, procura acompanhar seus respectivos desenvolvimentos, articulando-os num todo. "Só depois de concluído esse trabalho é que se pode expor adequadamente o movimento real [*wirklich*]. Caso se consiga isso, e espelhada agora, idealmente, a vida da matéria, talvez possa parecer que se esteja tratando de uma construção *a priori*" (*K*, 1, 23, 27; trad., 20). Isso porque, não sendo possível uma apresentação geral dos resultados, pois estes só possuem sentido no final do movimento, a apresentação sempre vai do particular para o geral (*Zur Kr.*, 3, 7; trad., 134), construindo o edifício passo a passo com as pedras de pensamento. Cumpre, porém, distinguir o movimento de reposição categorial do capital, como totalidade de partes que se repõem a si mesmas, da geração no tempo de uma formação social capitalista graças à confluência de diversas forças que, se dão o empurrão da partida, não são mais repostas pelo movimento reflexionante do todo. É de notar que uma formação social não possui massa, cabendo à reflexão do todo a responsabilidade por sua duração. Por isso a apresentação do desenvolvimento das categorias parece construção *a priori*, promovendo a ilusão de que o pensamento cria o real. Mas importa que a abstração operada pela atividade do pensar termine por expor a atividade de abstrair pela qual o próprio objeto do pensamento é efetivamente constituído como entidade social.

O valor de troca, por exemplo, é isolado pelo trabalho intelectual do investigador como parte simples da realidade, ele existe junto a uma população e a outros processos sociais, na qualidade de parte do real e objeto de pensamento, representação que se refere ao objeto conforme ele possui essa população e esses processos como pressupostos de sua existência. Mas as relações entre as partes e o todo do objeto pensado devem ser idênticas às relações das partes com o todo do objeto real, pois o pensamento está sendo estruturado para ser verdadeiro, conhecimento, ciência, antes de servir simplesmente para nosso mútuo entendimento. E, nesse nível em que é posto, o elemento pode vir a ser parte simples de um complexo que não depende da parte para sua própria reposição. Isso acontece com o valor de troca nos modos de produção antigo e feudal, quando ela apenas circula por seus poros. O simples pode ainda constituir parte abstrata de um sistema mais complexo, que não se repõe sem ele, embora não esteja dominado por ele. Essa autoposição só ocorre no modo de produção capitalista, no qual a troca mercantil fica subordinada ao processo de criação de mais--valor. Além do mais, se o movimento de apresentação das categorias vai do particular ao geral e do simples ao complexo, não é por isso que se torna impossível reconhecer categorias complexas e mais desenvolvidas em sistemas de produção relativamente simples. Não houve no Peru uma divisão do trabalho muito desenvolvida, baseada na cooperação? Em resumo, o processo de reposição do todo situa seus elementos simples de modo diferente, conforme eles sejam ou não dominantes, determinantes de seu movimento de reposição — e o pensamento deve seguir essa estruturação do real. A dominância de uma categoria exprime, pois, objetivamente e no pensamento do pesquisador, a predominância de certa atividade no conjunto de outras atividades sociais. Se na verdade a apresentação do desenvolvimento categorial vai do simples para o complexo, do abstrato para o concreto, não é por isso que o simples e abstrato num modo de produção é simples e abstrato em todos os outros (cf. *G*, 21 ss.; trad., 122 ss.). Noutras palavras, se as relações sociais de produção constituem jogos de linguagem não verbais, a simplicidade e o sentido de seus elementos determinam-se pelo conjunto de suas articulações, de sorte que é preciso atentar para as torções de sentido pelas quais os conceitos passam ao serem transladados de um jogo para outro, à medida que se imbricam para exprimir a verdade, permitindo a reflexão do todo. Para Marx, assim como para Hegel ou Wittgenstein, os elos que os conceitos tramam entre si dependem da possibilidade da verdade que eles manifestam. Exatamente ao contrário, portanto, de Husserl ou Habermas, para os quais uma teoria da significação, a gramática pura, precede a teoria da verdade. Para Hegel a gramática se confunde com a Lógica, na medida em que exprime a verdade do Absoluto, resolvendo-se o real efetivo no discurso racional desse mesmo Absoluto. Em contrapartida, Marx sublinha a diferença entre objeto real e objeto de pensamento, pois o primeiro, a despeito de armar-se a partir de formas de pensar, também implica transformar efetivamente a natureza, de sorte que o próprio objeto de pensamento somente pode mostrar sua gramática à medida que vai expondo as abstrações pelas quais os agentes, de um lado, transformam seus produtos em signos de suas relações sociais, de outro, deixam escapar atividades e forças naturais que a abstração não soube e não pôde captar, embora o objeto mítico, cuja essência profunda essa gramática desvenda, apareça como se fosse absoluto.

A PONDERAÇÃO WEBERIANA   3.2.

A ideologia alemã somente apareceu em 1932, mas já os textos publicados nos Anais Franco-Alemães lidam com essa ideia de um universal estruturante e alienado, diferente do conceito acabado de capital, responsabilizando-se pela socialização das atividades individuais. Até que ponto esses escritos alimentaram a sociologia dos neokantianos, não saberia dizê-lo, mas é interessante observar certas semelhanças estruturais entre eles e o que escreveram autores que procuraram ler Marx a partir da sociologia compreensiva. Não é por meio de um universal prático que o próprio Max Weber faz com que os interesses se tornem coletivos e se liguem a imagens do mundo?

> São os interesses [...] não as ideias que dominam de imediato a atividade dos homens. Mas as "imagens do mundo", que são engen-

dradas pelas "ideias", muitas vezes desempenharam o papel de agulha para determinar as vias pelas quais a dinâmica de interesses impulsiona a ação. [Weber, *Gesammelte Aufsätze zur Religionssoziologie*, I, 252]

Essa ideia de imagem do mundo, por certo problemática para o próprio Weber, nos indica uma matriz de identidade *representada* que, se não podemos agora estudá-la em toda sua complexidade, nos serve para lembrar que os conceitos de razão por ele utilizados mantêm no horizonte uma articulação de fins *fixada*, diante da variação dos meios a que ela dá margem. Esse procedimento, *mutatis mutandis*, será traduzido a seu modo por autores da Escola de Frankfurt, abrindo então caminho para toda sorte de logomaquia. Daí o interesse de apanhar essa ideia no momento em que surge no pensamento de Max Weber. Impossível examinar aqui todos os meandros desse pensamento, cuja riqueza nunca será esgotada. Mas esboçar um flagrante dele, embora beire à caricatura, salienta a originalidade do caminho percorrido por Marx. Não é isso o que nos importa?

Lembremos que, desse ponto de vista, toda ação social possui um sentido apreendido por uma espécie de intuição intelectual, por uma evidência, que pode ser de caráter racional ou meramente afetiva, receptivo-artística (*Wirtschaft und Gesellschaft*, Studienausgabe, Colônia/Berlim, Kiepenheuer & Witsch, 1956, I, II, § 2, 17 [*WG*]; trad. espanhola, *Economía y Sociedad*, I, 4-5, Fondo de Cultura Económica, 1944). Note-se que esse sentido da ação social sempre implica captar uma referência subjetiva a algo, mentado realmente nas ações particulares ou na média delas, de modo aproximado. Por isso é possível, por exemplo, falar no sentido da ação de um grupo de pessoas. Ainda essa compreensão pode remeter a um sentido construído cientificamente graças à conformação de um tipo ideal. Mas também aqui a variação dos exemplos, para que se abstraia a identidade do tipo, reporta-se a um sentido *representado*, posto como referência para a análise do investigador. Por certo, esse sentido sempre remete à ação de outros, seja a indivíduos, seja a um grupo indeterminado. "Dinheiro", por exemplo, significa um *bem* que o agente adquire porque espera que muitos outros estejam dispostos a aceitá-lo (*WG*, I, II, § 6, 53; trad., I, 20). Mas também nesse caso a multiplicidade está sempre representada, desprovida de qualquer reflexão interna. Cumpre ainda lembrar que a ação é "economicamente orientada" quando "seu sentido subjetivo está orientado pelo desejo de obter certas utilidades". Esse recurso a um tipo particular de sentido, um bem, dispensa explicitamente os conceitos de valor-trabalho e de valor marginal. Isso porque o sentido que marca a atividade econômica, assim como todas as outras dirigidas a objetivos, implica a *ponderação* de meios e fins que ambiguamente — não se cansam de salientar os comentadores — tanto realiza a ação do ponto de vista social como a torna compreensível do ponto de vista da Ciência contemporânea, toda ela imbuída dessa forma de racionalidade.

> Atua racionalmente em vista a fins aquele que orienta sua ação pelo fim, pelos meios e pelas consequências implicadas nela, e para isso pondera [*abwägt*] racionalmente os meios com os fins, os fins com as consequências implicadas e os diferentes fins possíveis entre si; em todo caso ele não está atuando quer afetivamente (emotivamente, em particular), quer em vista da tradição. [*WG*, § 2, 4, 13; trad., I, 24]

Toda a dificuldade, assim me parece, reside nessa referência ao processo de ponderar. Costuma-se, com o apoio do livro terceiro da *Ética Nicomaqueia*, atribuir a Aristóteles a tese de que a deliberação sempre diria respeito apenas aos meios. Sendo postos os fins é que cabe examinar assim aqueles meios pelos quais os objetivos podem ser realizados no mundo afetado pela contingência (*Ética Nicomaqueia*, III, 3, 1112 *b* 26 ss. [*EN*]). A análise seria sempre regressiva, pois a variação dos fins não obedece aos mesmos incidentes impostos pelo mundo sublunar. No entanto, os comentadores contemporâneos sublinham passagens do livro sexto nos quais cabe a uma percepção (*aísthesis*) particular o papel de apreender no caso o universal por meio de um procedimento implicando a ponderação do pensamento:

> E, que a sabedoria prática [*phrónesis*] não é ciência [*epistéme*], é evidente, já que lida com o particular, como foi dito, pois desse tipo é aquilo que é feito [*tò praktón*]. Opõe-se, então, ao intelecto [*noûs*], visto que o intelecto lida com definições das quais não há demonstração [*lógos*], enquanto a sabedoria prática lida com o particular, do qual não há ciência, mas apenas percepção [*aísthesis*] — não a [percepção] dos sensíveis próprios, mas aquela pela qual percebemos algo particular; nas matemáticas, é um triângulo, pois paramos ali. Mas essa [percepção do particular como triângulo] é mais percepção do que sabedoria prática, embora sua espécie seja diferente. [*EN*, VI, 9, 1042 *a* 23-30, trad. Alberto Alonzo Muñoz]

Daí, quando se decide sobre o equitativo, a importância de parâmetros indefinidos, de uma estranha forma de medida: "De fato esta é a razão por que nem tudo é determinado pela lei e ordenações especiais se tornam muitas vezes necessárias. Pois o indefinido em si mesmo só pode ser medido por um cânone indefinido, como aquele cânone de chumbo usado pelos construtores de Lesbos" (*EN*, V, 10, 1137 *b* 27-32).

Para apreender em cada caso o tipo, Aristóteles lembra a necessidade de empregar parâmetros maleáveis, como aquela vareta de chumbo que prefigura o oco e serve para escolher a pedra que vai lhe ser mais adequada. Como, porém, determinar o campo dessa maleabilidade?

Voltemos a Weber. Ao recusar a diferença entre fenômeno e número, mediante a qual Kant ainda podia distinguir o fim posto na natureza e o escopo moral, Weber, seguindo os neokantianos, pode variar no mesmo plano meios e fins, mas necessita então recorrer a um aprendizado da ponderação no curso do tempo. É nesse nível que as dificuldades se armam e apontam para soluções. Na história, esse padrão se configura conforme as civilizações vão sendo atravessadas por atividades racionais em vista de seus fins; nas ciências, conforme progride a explicação baseada em tipos ideais, construções significativas a demarcar o campo da análise causal. A ação social tradicional ou afetiva se determina por sentidos que se impõem como costume enraizado ou estados de alma atuantes. Mas já se torna racional em relação a valores quando os meios para atingi-los passam a ser sopesados. Somente, entretanto, chega a ser racional com respeito a seus fins quando também estes são igualmente avaliados. Mas esse processo de abstrair funciona como um compasso que precisa fixar uma ponta para que a outra possa mover-se. Ora, essa avaliação se faz tanto pelos atores como pelos cientistas, de sorte que estes formulam regras que estão sendo seguidas por aqueles. É a mesma, porém, a prática científica e a prática social? A construção do tipo ideal daquele agente racional em relação a seus fins é ambígua. Em certos textos, Weber insiste numa solução de continuidade entre o tipo, conceito heurístico para compreender a ação social, e o comportamento racional do ator; noutros é como se existisse um fio vermelho ligando os dois lados, pois a mesma forma de racionalidade, embora diversamente clara, opera entre eles. Com efeito, o cientista somente pode construir o tipo da ação racional em relação a fins, vale dizer, ponderadora de meios e fins, se estiver ligado à herança ocidental que se configura por excelência na ética protestante da convicção. A elaboração dos tipos ideais, a formulação de hipóteses e "o sólido esqueleto da imputação causal" configuram condições de validade para as ciências em geral, de sorte que "é verdade científica somente a que *quer* valer para todos aqueles que *querem* a verdade" (*Gesammelte Aufsätze zur Wissenschaftslehre*, 184). Por isso toda ação dotada de sentido é *potencialmente* racional (cf. Colliot-Thélène, *Max Weber e a história*, São Paulo, Brasiliense, 1995, 112 ss.). No entanto, se a racionalidade é progressiva, para Weber ela nunca pode deixar de ser situada. Até quando consegue avançar a ponderação dos fins? Se a racionalidade do pesquisador depende da racionalização de sua imagem do mundo, se esta, por sua vez, está ligada à ética protestante da convicção, sua racionalidade simplesmente não vem a ser a racionalização de uma conduta de vida irracional? Esta, conforme nos informa Habermas (*Theorie des kommunikativen Handelns*, 1, 260, Suhrkamp, 1981), é a objeção feita por L. Brentano. A ela Weber responde:

> É de fato assim. "Irracional" não é sempre algo em si, mas a partir de determinado ponto de vista "racional". Para os irreligiosos toda conduta de vida religiosa é "irracional", o mesmo valendo para o hedonista em relação à vida ascética, embora, medida por seu valor *último*, [essa conduta] possa também ser uma "racionalização". Se este ensaio [sobre o espírito do capitalismo] contribui para algo, será para desvendar as múltiplas facetas do conceito de "racional", um conceito que não é unívoco a não ser na aparência. [Weber, *Gesammelte Aufsätze zur Religionssoziologie*, 1, 35, n. 1]

Habermas não aceita essa resposta, pois Brentano contesta a consistência *interna* de uma forma de vida, considerada por Weber a figura exemplar daquela forma que, incorporando aspectos básicos da racionalidade prática, continua, porém, exprimindo uma especificidade cultural. Se essa razão posta pela ética da convicção comporta traços irracionais situados no mesmo nível em que a análise opera, então a *contradição* somente se soluciona quando é estabelecido o caráter parcial dessa figura histórica da racionalidade ética. Como sempre, Habermas constrói a contradição impondo a Weber sua concepção de universal e de significação. Se a ação comunicativa serve de paradigma universal para o resto das ações com sentido, segue-se que qualquer ação racional em relação a fins, cuja ponderação dos fins esbarra num valor imponderável, se torna irremediavelmente parcial. Não haveria, porém, outro modo de constituição da universalidade? O relacionamento do pesquisador com sua imagem do mundo não é causal, esta lhe apresenta um horizonte de possibilidades que ele mesmo deve fazer avançar. O que é feito graças à experiência de mudar os pontos de vista a partir dos quais a racionalidade dos meios e dos fins parciais é ponderada; em suma, quando se aprende a mudar de pontos de vista e essa técnica fica à mão. Caso se pretenda dar assentamento sociológico a essa variação, como fez Karl Mannheim, atribui-se ao grupo social dos intelectuais a capacidade de assumir esse ponto de vista universalizante, a partir do qual o universo se desvela. Mas o pensamento situado, perspectivado, não pode encontrar outra espécie de universalidade que não necessite pressupor uma medida determinante válida para todas as situações? Não é o que pretendem filósofos de tradições tão diferentes como Merleau-Ponty, explorando a crise da fenomenologia, e Wittgenstein, ao ir além da filosofia analítica? Mas ambos precisaram colocar em xeque essa própria ideia de limite, procurando o universal no processo de reposição de sistemas de regras que se voltam umas para as outras. Seguindo por esse caminho, procurarei mostrar que, para Marx, o jogo da razão e da irrazão vai ser tecido no próprio desdobramento dos conceitos contraditórios que travam o modo de produção capitalista.

3.3. CRÍTICA DA RACIONALIDADE INSTRUMENTAL

Não sendo possível examinar o problema da racionalidade econômica em seus múltiplos aspectos, só nos resta, com o intuito de sublinhar as peculiaridades do tratamento que Marx dá a essa questão, tomar ao menos dois exemplos e tirar deles as lições cabíveis. Sem nenhuma pretensão de generalizar, o contraste marcará as diferenças.

No seu conhecido *A course in microeconomic theory* (Harvester Wheatscheaf, 1990), David Kreps trata de providenciar um modelo do *comportamento* do consumidor, no qual o agente faz uma *escolha* no contexto de opções viáveis. Imagina um indivíduo consumindo dois bens, digamos, vinho e cerveja, especificados respectivamente em garrafas e latas. Além disso, que ele tenha mil reais para gastar, sendo que o preço da cerveja é um real por lata e o do vinho dez reais por garrafa. Isso significa que pode *comprar* qualquer combinação de vinho e cerveja conforme suas curvas de preferência e seu patrimônio inicial (Kreps, 17). Arma, do ponto de vista lógico, podemos assim dizer, um jogo de linguagem, articulando conceitos relativamente simples como "consumidor", "comportamento", "dinheiro", "vinho", "cerveja", "garrafa" e "lata"; esses últimos objetos vão ser postos em equações, e os agentes, definidos por suas atividades. Se um modelo explora as relações possíveis entre tais conceitos tendo em vista a realidade a que se referem, sua análise lógica tanto descreve as regras desse jogo como pergunta pelas condições necessárias para que venha a ser praticado, vale dizer, por seus meios de apresentação. Ora, todos esses conceitos fazem parte de outros jogos de linguagem pressupostos para a montagem da representação da demanda do consumidor. E dentre eles reside uma forma de exprimir mercadorias em dinheiro. Os preços são dados antes que se indague pelo tipo de atividade, de trabalho necessário para que o objeto volte a tornar-se disponível. Para Kreps esse é um recurso da análise, que se restringe a focalizar apenas a proporcionalidade dos bens que determinam a escolha. Como, porém, não se segue uma regra sozinho, o comportamento do consumidor é caso dum sistema de regras, algumas das quais têm como condição que o dinheiro possa efetivamente comprar *reiteradamente* garrafas de vinho e latas de cerveja e que, se o consumidor comprar cem latas de cerveja, então somente poderá comprar noventa garrafas de vinho, e assim por diante. Daí estar requerendo que 100 latas de cerveja + 90 garrafas de vinho = R$ 1000,00, o que dá a equação 10 latas de cerveja = 1 garrafa de vinho. Essa proporção entre vinho e cerveja é um dado para o consumidor e para Kreps, e sua origem pode legitimamente ser deixada na sombra. Suponhamos ainda que a escolha se refira agora a garrafas de vinho, latas de cerveja e maços de cigarro. Outra proporção seria dada para o comprador e para a racionalidade fixada com base nela em relação aos três bens disponíveis. Estar-se-ia diante da mesma racionalidade, desde que não se pergunte pela racionalidade da escolha além dos limites propostos pela disponibilidade dos bens referidos. No entanto, mesmo do ponto de vista do consumidor, seria válido indagar se essa proporção seria racional da perspectiva de sua saúde. Mas, para o bom entendimento das regras do mercado, essa nova racionalidade deve ser deixada na sombra.

Até quando, porém, tem cabimento abstrair outras racionalidades? Mesmo da perspectiva da disponibilidade dos bens vale perguntar se essa escolha não está interferindo no modo como a proporção dada se reitera, vale dizer, do ponto de vista da produção dos objetos. Se a teoria racional focaliza notadamente o modo da escolha, já que o agente *deve* maximizar suas preferências, não é por isso que se há de descartar qualquer outra forma de racionalidade que — estando pressuposta na reiteração da equação que relaciona, nesse mercado, vinhos e cervejas — se imponha para o estudo da reiteração do processo. Não é o que acontece quando se indaga pela necessidade "social" de tais *produtos*? Mas agora a racionalidade não se reporta tão só à presença dos bens no mercado, começa a dizer respeito a seu processo produtivo. Mas, se um procedimento de abstração se justifica na medida em que faz ressaltar as características de um mercado no qual os bens estão disponíveis, não é por isso que se pode transladar o tipo de racionalidade atinente a bens disponíveis para o tipo de racionalidade do sistema produtivo como um todo, como se ambos operassem da mesma forma se o fim da escolha fosse tanto trocar bens por dinheiro como trocar dinheiro para produzir bens. Não é o que acontece, porém, quando se examinam a compra e a produção como se fossem duas esferas independentes? No fundo, Kreps opera sob o pressuposto de que a racionalidade da escolha implícita numa curva de preferências opera tanto na troca em geral como na troca de bens produzidos pelos próprios agentes.

Por certo Kreps reconhece a importância de estudar *o quadro institucional* (*institutional framework*) em que se inscrevem as ações do consumidor e do produtor. Para os agentes econômicos não é o *mercado* a instituição principal? Somente desse modo seria possível ter uma ideia mais precisa a respeito das conexões entre as escolhas de alguns indivíduos, as opções disponíveis para outros e as consequências resultantes, sobretudo para dar continuidade ao jogo. *Grosso modo* é possível comparar esse mecanismo com um leilão em que as pessoas fazem suas ofertas num envelope fechado, vencendo aquele cuja oferta for maior (Kreps, 5). Não se trata, portanto, simplesmente de relacionar um conjunto de bens a um conjunto de números racionais, representando os preços, mas de representar as escalas de preferência e sobretudo as curvas em que uma escolha se torna indiferente em relação a outras, de tal modo que tais relações de preferência possam ser expressas numericamente. Mas ao considerar a proporcionalidade dada operando entre os objetos disponíveis em vista tanto da compra como da venda, não faz Kreps uma abstração que, sendo válida para a construção do modelo teórico, deixa na sombra outras formas de racionalidade que podem estar operando na formação desses preços? Em suma, sem uma análise precisa da constituição do mecanismo de preços, análise que vai além do âmbito da microeconomia, a teoria projeta sobre a diversidade dos comportamentos uma única forma de racionalidade.

Para melhor compreender essa imagem do leilão convém examinar rapidamente como Kreps apresenta o célebre conceito de equilíbrio elaborado por Walras. O pressuposto inicial é que os consumidores, pretendendo trocar os lotes que trazem ao mercado para depois consumir, conhecem a situação de *todos* os bens considerados simultaneamente, sendo que a preferência de cada um é independente do que os outros consomem (Kreps, 151, 187). Cada um lida com uma escala de preferências e alternativas, numericamente expressas, de modo a poder selecionar, no interior do conjunto X de resultados (*outcomes*), o lote que prefere. Obviamente quase sempre esse máximo não se realiza, mas importa que dois resultados x e x', representando vetores de bens possíveis, possam ser comparados segundo suas funções de utilidade. O resultado abstrato é o famoso ótimo de Pareto. As trocas e o equilíbrio de preços se articulam obviamente num plano mais concreto, pois, em vez dos resultados gerais perseguidos, a análise parte de um mundo povoado por I consumidores i_n que vão consumir k_n do conjunto total K de mercadorias. Como cada consumidor não quer consumir a totalidade de sua própria cesta, trata de trocar alguns itens dela. Mas o equilíbrio das trocas a ser logrado, chamado walrasiano, sempre resulta numa alocação do produto social segundo o ótimo de Pareto. Este se define, com efeito, como aquele equilíbrio, operando numa economia de trocas puras, capaz de resolver dois problemas dos consumidores. Primeiro, o equilíbrio maximiza a função utilidade da cesta x, de tal maneira que essa cesta pertença ao conjunto do produto total, e seu preço seja inferior ou igual àquela parte da riqueza apropriada no início. Segundo, a soma das cestas resultantes da troca pertencentes a cada consumidor é inferior ou igual à soma das cestas iniciais deles (Kreps, 190).

Em que situações, pergunta Kreps, vale esse equilíbrio walrasiano? Os pressupostos são muito fortes e distantes da lábil realidade do mercado: 1) cada consumidor deve conhecer todos os preços de cada bem; 2) deve ser capaz de comprar ou vender, a qualquer momento, na quantidade que lhe aprouver, sendo dados os preços; 3) deve sempre ser racional em relação às suas preferências; 4) nem ele nem o analista levam em consideração como os bens foram produzidos. No fundo, trata-se de uma economia de mercado, na qual cada bem está associado a um preço, quando também importa, de uma óptica marxista, explicar como esses bens possuem preços relativos uns em relação aos outros, em vista de como são produzidos. E Kreps conclui que o "equilíbrio walrasiano é um conceito-solução de *forma reduzida*" (reduced form *solution concept*), descrevendo o que se imagina que resultará de algum processo subjacente e não modelado" (Kreps, 195). Parece natural, continua ele, acreditar que esse conceito se aproxime da realidade se mudarmos suas condições de funcionamento, imaginando situações mais concretas em que os consumidores estariam de fato inseridos. E a literatura tem feito isso sistemática e continuadamente. Mas o que o leva a aceitar o conceito, a despeito de seu caráter abstrato e de suas insuficiências empíricas, é que estas decrescem quando se considera a maneira como os consumidores aprendem a lidar com tais situações de equilíbrio:

> Os resultados obtidos são frequentemente surpreendentes, ao sustentar o equilíbrio walsariano. Aos atores não se passam os dados

necessários para calcular *a priori* o que o equilíbrio de preços "deve" ser. Desse modo, nos primeiros tempos de operação do mercado, algumas trocas são feitas muito distantes do equilíbrio teórico. Mas, se o mercado é retomado (recursos iniciais restaurados), os atores normalmente aprendem muito depressa qual será o preço do bem que o mercado determinará, e eles trocam de forma muito próxima àquela que a teoria prediz. [Kreps, 198]

Essa passagem é notável ao marcar uma oscilação entre o caráter descritivo do modelo e sua dimensão normativa e constitutiva, traço que Gilles-Gaston Granger, no seu lúcido livro *Méthodologie économique*, não deixa de sublinhar como uma das marcas da racionalidade econômica. Um modelo científico em geral pretende ser meramente descritivo, não diz como as pessoas *devem* operar. Mas nem sempre é possível fazer essa distinção de modo claro quando se trata de comportamentos humanos, já que os homens muitas vezes pensam no que fazem e agem segundo pensam o que devem fazer. Essa dificuldade parece afetar particularmente a teoria econômica, cujos conceitos se situam em diferentes níveis de concretude. Além disso, hoje em dia novas técnicas matemáticas, particularmente a teoria dos jogos, permitem construir modelos muito mais próximos da realidade; acaso, mudanças de preferência, esferas limitadas de racionalidade, comportamentos irracionais são contornados e tratados cientificamente. Em particular, as teorias mais modernas dão ênfase especial a situações de desequilíbrio. Mas cabe sempre lembrar que um modelo abstrato, mais do que retrato de parte do real, serve de ponto de referência para que se avaliem e se meçam os desvios entre os conceitos e a experiência. Em suma, um manual como o de Kreps oscila entre conceitos descritivos e constitutivos, e isso é muito importante quando se indaga pela racionalidade do sistema conceitual elaborado.

É evidente que a análise combina o estudo do comportamento individual com seu contexto institucional e estrutural. Não é nessa oposição que alguma crítica pode ser ancorada, de sorte que não tem cabimento algum imaginar que a diferença crucial entre Marx e os neoclássicos se situe nesse nível. A crítica do "individualismo metodológico" é em geral tão ideológica quanto o modelo criticado. Como já vimos, se Marx parte da análise da forma mercadoria, tomada na qualidade de uma estrutura, de conceito existente, não é por isso que essa forma deixa de ser padrão de comportamentos individuais. Toda a questão me parece residir na diferença radical do tratamento da relação entre a regra e o caso, vale dizer, na maneira de propor a própria questão da racionalidade do comportamento individual e coletivo. Ao fim e ao cabo se indaga pelo sentido da estrutura existente em função de uma crítica científica muito peculiar.

O resumo de algumas páginas de Kreps, que acabamos de fazer, já dá margem para alguma reflexão. O sistema assume conscientemente pressupostos muito fortes, bem distantes, como o próprio autor reconhece, da realidade do mercado; pressupostos em geral implicando *totalidades* de conhecimentos ou de ações que, se não descrevem propriamente o real, servem de parâmetros para sua compreensão ou para apontar desvios em relação a eles. Que sentido possui essa totalização?

O modelo lida com a abstração de que cada agente conhece a situação de *todos* os bens considerados simultaneamente. Nada há a dizer contra a legitimidade de tal procedimento. Qual é, porém, seu *sentido*? Ao passar para o *limite* daquilo que cada um conhece parcialmente é como se todos tivessem conhecimento de uma situação a que um olho integralizador e divino teria acesso; vale dizer, a integração no todo se faz sem o exercício de qualquer atividade. Se essa visão serve de parâmetro para medir como os agentes agem racionalmente, aproximando-se ou afastando-se dele, não há dúvida de que assim se obtêm dados importantes para o conhecimento da realidade, o que abre caminho para uma intervenção mais eficaz. Daí não se segue, entretanto, que o comportamento racional do agente seja tão só aproximar-se do padrão. O recurso ao ótimo de Pareto exemplifica um processo de racionalização que, depois de ter sido descoberto por Leibniz (*De rerum originatione radicale*, Gerhardt, VII, 79), serve como uma luva para a matemática aplicada: a noção de ótimo permite interpretar a deliberação e a escolha segundo uma lei de determinação máxima, o máximo de efeito correspondendo a um mínimo de despesa. Graças a esse novo instrumento matemático, é possível substituir a antiga noção aristotélica de prudência — segundo a qual a deliberação nunca pode ser posta em relação a um limite ideal totalizante, porquanto sempre há de lidar com as contingências do mundo sublunar (cf. Aubenque, *La prudence chez Aristote*, Paris, PUF, 1993, 110) — por um processo de escolha que opera exclusivamente como se fosse uma combinatória de elementos dados. Por trás desse procedimento abstrato de chegar ao todo, desconsiderando os passos intermediários incidentais, não reside a ideia de um deus calculador, vale dizer, de uma prática que não estipula suas condições de existência? Ora, aqui está precisamente o xis da questão. O recurso matemático ao ótimo pode muito bem servir para que se desenhem modelos de comportamento, desde que os tipos de racionalidade que intervêm nos passos do aprendizado desse ótimo simplesmente não sejam identificados àquela "racionalidade em vista dos fins", porque a relação entre meios e fins se altera quando ambos não estão meramente dados. Por isso consiste num mau procedimento lógico tomar a ponderação dos meios e dos fins *dados*, como se ela pudesse definir qualquer tipo de racionalidade, quando, ao contrário, a maneira como meios e fins são reiterados, em vista dos incidentes paulatinamente encontrados, afeta a racionalidade de cada jogo. Além do mais, a remissão ao limite pode fazer surgir uma racionalidade em vista do fim comprometida com o ocultamento daqueles sentidos mobilizados pelo exercício do padrão tomado pelos agentes. Vimos que, do ponto de vista de Marx, nas relações de troca o valor, principalmente quando se dá sob a forma de dinheiro, cria a ilusão de que o trabalho feito para obter esse dinheiro é processado por ele, de sorte que a relação de cada agente com *todos* os outros valores de troca se torna mediada por tais bens enquanto *produtos*. No exemplo de Kreps, mencionado acima, o limite é uma abstração teórica, embora os agentes aprendam a se adequar a ele, e nada indica que possa haver deslocamento de sentido parecido àquele que opera no fetichismo da mercadoria. A reflexão é sempre exterior, ao operar entre elementos relativamente simples. Mas para nossos propósitos importa sublinhar que essa passagem para o limite, para o ótimo, no momento de construção de um modelo, pode muito bem servir para legitimar um deslocamento de sentido que termina por legitimar uma contradição, vale dizer, uma racionalidade aparente. E convém não esquecer que a mera associação de um bem a um preço às vezes caminha nessa direção. Em poucas palavras, a passagem para o limite é legítima quando formas racionais pelas quais meios e fins intermediários se entrelaçam não são chapadas numa única forma de racionalidade. Mais ainda, quando ela não oculta a pergunta pela racionalidade da produção reiterada de bens, o que coloca em pauta a questão de como se pode racionalizar o metabolismo entre o homem e a natureza. Nesse plano, enquanto a produção for escassa, insuficiente para satisfazer as necessidades do homem, o tempo de trabalho não parece ser o padrão mais racional? Mas então é preciso explicar o sentido dessa insuficiência e o sentido social do próprio trabalho.

A *Crítica da faculdade de julgar* nos ensina a distinguir finalidade *externa*, que tem no trabalho seu paradigma, e finalidade *interna*, quando a parte está em função do todo. Quando se age em vista de um fim *representado*, quando, por exemplo, se esculpe para se oferecer uma estátua aos deuses, é possível escolher como meio o mármore ou o bronze, segundo convenha às circunstâncias. Desse ponto de vista, a análise é sempre regressiva, pois, se for introduzida uma variação dos fins, a variação dos meios só pode ser pensada em vista do objetivo *dado*. Mas a ação em vista do dinheiro, se é levada por uma finalidade *interna*, na medida em que esse dinheiro faz parte de todo o sistema produtivo, também se diferencia dela, pois o dinheiro como tal é *representante* de outros circuitos que não estão dados. Convém, pois, distinguir na finalidade interna a ação feita em vista de um fim *representado* e aquela que visa a um *representante*. O estômago funciona em vista do aparelho digestivo, que, por sua vez, se reporta ao organismo como um todo. Mas quando se age para obter uma representação, como no caso de ganhar dinheiro ou concorrer à Presidência da República, trata-se de uma atividade que culmina na conquista de uma posição estratégica, de onde podem fluir muitas outras ações. E o objeto representante aparece no cruzamento dessas ações. O dinheiro pode ser medida do valor, meio de pagamento, de entesouramento, de *status* social, de símbolo do poder, e assim por diante. Agir por dinheiro consiste em se apropriar de um meio capaz de cristalizar-se em fim em si mesmo, precisamente porque confere àquele que o possui múltiplas possibilidades de participar de circuitos sociais diferentes, reais ou simbólicos. Mas esses vetores, em situações específicas a serem examinadas, podem vir a ser contraditórios entre si. Nesse caso, o percurso de suas resoluções está marcado por incidentes, cuja integração no próprio percurso, na sua identidade, depende do exercício de deliberação e escolha, cujo âmbito está institucionalmente demarcado. Reconheço aqui vestígios de uma leitura de Talcott Parsons, mas não cabe desenvolvê-la agora. O que importa é perguntar: não empobrece a análise cunhar todas essas formas de sociabilidade sob o jugo de uma ação racional em vista de fins? Não se atribui à razão uma instrumentalidade rígida quando, de fato, estão operando diversas formas de síntese? Escolher objetos não é muito diferente de escolher objetos-signos? Para poder abraçar os caminhos virtuais inscritos neles, não é preciso estar aberto às suas vicissitudes?

3.4. MERCADORIAS SITUADAS

Para dar continuidade a nossas reflexões convém examinar rapidamente outro exemplo, retirado do livro de Gérard Debreu, *Theory of value, an axiomatic analysis of economic equilibrium* (Nova York, Wiley, 1959). Desde logo salta aos olhos que essa teoria pura do comportamento do consumidor considera um indivíduo ideal comprando bens e serviços por unidade de tempo num mercado, cujos preços ele não pode modificar de modo apreciável. Note-se que em geral se considera negativa a venda de bens e serviços pessoais na qualidade de compra. Debreu define a mercadoria por suas propriedades físicas, a data e o local em que estará disponível, sendo que a esse objeto se associa um número real chamado preço. Esse preço é a quantidade que o indivíduo deve pagar *agora* pela (futura) disponibilidade (*availability*) de uma unidade dessa mercadoria (Debreu, *Theory of value*, 28). Uma cadeira, comprada neste instante na loja ao lado de minha casa, é uma *mercadoria diferente* de outra cadeira do mesmo estilo que posso comprar amanhã em Nova York.

O foco da análise se debruça sobre a ação estratégica do agente econômico, determinada por suas preferências, tomando em conjunto *vários* objetos. Debreu define essa ação como um ponto a num espaço R^l, onde R representa o conjunto dos números reais e *l* o número finito de mercadorias. Esse é o *espaço de mercadorias (commodity space)*. Para qualquer agente econômico, um plano completo de ação, preparado no presente mas incluindo todo o futuro, fica constituído pela especificação de cada mercadoria na quantidade que o agente vai tornar ou que se tornará disponível para ele, isto é, uma lista completa da quantidade de seus *inputs* e *outputs*. Além de ações do tipo *a*, o espaço de mercadorias é constituído também por pontos representando os preços, sendo que p = (p$_1$... p$_n$), isto é, uma *n*-upla listando os preços das mercadorias individuais. O *valor* da ação *a* em relação ao sistema de preços *p* é o produto interno de *p* e *a* (*Theory*, 32-3).

Essa análise axiomática do equilíbrio econômico tem a vantagem de indicar muito claramente como a ação dos agentes é vista a partir de certos pressupostos que, sendo necessários para o edifício da teoria, levantam uma série de problemas muito interessantes para sua lógica. Note-se, em primeiro lugar, que só depois de definir mercadorias e preços é que são introduzidos os dois agentes principais duma economia, os produtores e os consumidores. Sob esse aspecto, muito próximo de como opera a Economia Política clássica, torna-se possível evitar o psicologismo dos primeiros teóricos da teoria da utilidade marginal, que partiam de preferências e escolhas individuais. Associar um sistema de preços às mercadorias empresta desde logo a essas escolhas caráter intersubjetivo e social. Mas o custo dessa decisão teórica vai ser pago no outro extremo da ação.

Todo agente é caracterizado pelo critério e pelas limitações de sua escolha (*Theory*, 37). Produtor é aquele agente econômico cuja função é escolher e levar a cabo um plano de produção. Este é constituído no presente, mas incluindo integralmente o futuro, conforme se especificam as quantidades de todos os *inputs* e *outputs* de cada agente, sendo os primeiros representados por números positivos e os segundos por números negativos. Graças a essa convenção, um plano de produção é representado por um ponto de R^1, do espaço das mercadorias. Um dado plano y_n é tecnicamente possível ou impossível para um produtor *n*-ésimo. O conjunto Y de todos os planos possíveis para esse produtor é o conjunto de sua produção e representa sua oferta. Note-se que um plano de produção é classificado como tecnicamente possível ou impossível para o *n*-ésimo produtor na base de seu conhecimento atual sobre a tecnologia presente e futura. Essa asserção de certeza implica que ele conheça agora qual vai ser a possível combinação de *inputs-outputs* do futuro, embora possa ignorar neste momento os pormenores dos processos técnicos que embasarão essa possibilidade (*Theory*, 38). Essa assunção de *conhecimento completo*, podemos assim dizer, é anterior ao produto interno desse plano de produção com determinado sistema de preços que configurará o lucro desse *n*-ésimo produtor. De modo semelhante, ao consumidor cumpre escolher um plano de consumo *completo*, o indivíduo sendo caracterizado pelo critério e pelas limitações de sua escolha (*Theory*, 50 ss.).

A extraordinária elegância desse modelo não impede que se indague pelo sentido dessa *completude* transtemporal da ação do produtor e do consumidor. Estes se definem como tipos, cujas dissimetrias na produção e no consumo são abolidas a fim de que a produção e a oferta possam ser globalizadas e assim definir um estado de equilíbrio. Ora, essa operação puramente matemática de totalização pode servir admiravelmente para o cálculo final dos resultados equilibrados de uma economia, mas deixa na sombra as possíveis diferenças no tipo das escolhas efetivas que operam no nível do consumo e no nível da produção. Mas a racionalidade do cálculo do investigador é a racionalidade do agente? Ao seguir as regras, racionais do ponto de vista do analista, que tipo de completude da ação os atores estão de fato pressupondo? Em suma, os fenômenos são tratados num nível de abstração em que a pergunta pelos limites temporais e espaciais do comportamento nem mesmo tem lugar, notadamente quando esse limite assume cunho qualitativo. Mas já no presente não é possível conhecer uma combinação de *inputs* e *outputs* sem que o indivíduo tenha sido treinado a agir de certa maneira para que um critério de correção possa ser aplicado. E nesse treinamento, do ponto de vista de Marx, reside uma referência assimétrica do bem, como mercadoria, ao dinheiro e o reconhecimento de que precisa partilhar a massa de bens obtidos com outros proprietários dos demais meios de produção segundo pressupostos definidos, dentre eles, a obediência a relações contratuais. Uma coisa é definir o metro padrão, outra saber medir com ele; uma coisa é estabelecer uma escala de preferências, outra é escolher segundo essa escala no contexto da economia mercantil, quando o dinheiro se converte em meio capaz de vir a ser fim em si mesmo. A mera formulação ou representação da regra não diz como essa regra vai ser seguida e aplicada; quando isso acontece, hábitos, instituições sociais, formas de vida são mobilizados. Estou assumindo a tese, amplamente elaborada por Wittgenstein, de que seguir uma regra de escolha é uma instituição e, por mais que dependa do exercício racional dessa escolha, sempre possui na retaguarda operações que se tornaram automáticas. No caso das trocas em que o dinheiro passa a ser o intermediário, isso se faz tornando necessário o condicionamento do agente para que ele possa atuar em vista de um objeto-signo de diversos sistemas simbólicos possíveis, sem precisar escolher qual deles vai seguir no momento. Dessa óptica, percebe-se que modelos como aquele de Kreps ou de Debreu cumprem perfeitamente a tarefa de desenhar um ideal completo de racionalidade, mas para isso precisam ter no horizonte a ideia de que uma ação social se completaria se o agente tivesse *conhecimento* de uma totalidade fora de seu alcance prático; no caso de Kreps, o conhecimento da situação de *todos* os bens considerados; no caso de Debreu, o conhecimento dos planos de consumo e de produção *completos*. Ora, essa completude teórica, cuja identidade é apenas pressuposta e vem atribuída aos agentes, não encobre outros tipos de racionalização que, se descritos, viriam explicar melhor o complexo de finalidades responsáveis por seus comportamentos? A abstração que chega a essa completude não deixa de lado precisamente outras abstrações menos lineares e mais rentes à prática cotidiana, que se cristalizaram nas instituições mais simples do mercado? Não seria de suma importância contrapor à análise científica uma análise genética e regressiva dessas instituições?

Convém notar que é precisamente nessa ideia de completude *teórica* que, já o vimos, Marx situa a raiz da *ilusão necessária* para que o valor se constitua como a medida comum a todos os valores de troca, por conseguinte, como o ponto irracional da racionalidade da troca mercantil. Se os produtores simples de mercadoria representam seus produtos sendo reportados a *todos* os produtos levados para o mercado, *praticamente* isso é feito graças à intermediação do dinheiro, que, na qualidade de equivalente geral, autonomiza a moeda de tal maneira que nem sempre o que é pressuposto é reposto, de sorte que a medida pressuposta do trabalho concreto passa a ser enquadrada na medida do trabalho abstrato. É crucial compreender essa subtração de sentido para que sejam entendidas as ações racionais efetivas dos agentes em causa, que passam a trocar por meio de um parâmetro imaginário que suspende socialmente a operosidade dos trabalhos reais. Desse modo, os agentes não se socializam em vista de suas expectativas racionais, mas submetendo-se a um processo automático de exclusão dos mais improdutivos, que controla a socialização dos produtos de seus respectivos trabalhos. O que é irracional do ponto de vista do contrato originário, feito para conservar a propriedade dos objetos trocáveis e a individualidade dos produtores.

Não se multiplica com grandes números sem que se saiba a tabuada de cor, ao menos sem o auxílio de uma calculadora. O princípio da completude, porém, nega esse requisito lógico — a tabuada inscrita nos hábitos ou a calculadora disponível —, deixa na sombra o modo como as ações individuais se socializam para serem colocadas como idealmente completas. Parte do pressuposto de que essas atividades já foram praticadas. Se o modelo passa do particular ao universal sem examinar como essa passagem de fato opera no real — ou pelos menos segundo condições mais concretas —, se deixa na sombra o processo de aquisição da regra e do critério, sem dúvida está pronto para servir de anteparo analítico ao qual o pesquisador reporta seus dados, mas isso não justifica impor esse tipo de racionalidade aos passos intermediários que os atores precisam dar até chegar à norma visível. E nada mais obscuro do que apelar para a metáfora da introjeção, como se o indivíduo aprendesse um sistema de regras graças à imagem mental dele. Disso tanto Kreps como Debreu estão conscientes, mas justificam essa *abstração* por ser necessária para a construção do modelo. Até aí nada há a contestar. O que não tem cabimento, porém, é tentar conceber a racionalidade do modelo como se ela fosse a racionalidade que *deve* articular o real, como se de fato os agentes econômicos estivessem se movendo tendo no horizonte, como ideias reguladoras, essas totalizações completas, como se o aprendizado do mercado um dia pudesse levá-los a ela. É contra esse princípio da determinação completa do conhecimento e da ação que Hegel se levanta, e Marx herda essa crítica. Para eles são outros os processos de totalização, notadamente porque muitas ações têm seu sentido subvertido pelo modo como os agentes estão sendo socializados. Caso se pretenda entender como a produção e o consumo não só estão mediados pelo dinheiro, mas ainda se determinam historicamente para que esse dinheiro meça toda a riqueza social posta em crescimento contínuo, então é preciso começar investigando o que significa a mercadoria como forma elementar dessa riqueza, elemento simples do real, e também ponto de partida da análise teórica dos sentidos. Pois só assim se compreende o tipo muito especial de racionalidade que demarca a ação dos trocadores de bens, bens a serem produzidos por eles mesmos. Por isso o objeto trocável, a mercadoria, revela desde logo sua face de ser produto, isto é, resultado de uma *atividade* específica. A troca é condição geral desse modo de produção, quer a troca de mercadorias simples, quer a compra e venda da força de trabalho. Não encontro no "mercado de ideias" outra formulação capaz de sublinhar essas diferentes formas de sociabilidade, por conseguinte, de racionalidade, capaz ainda de distinguir a racionalidade dos agentes, movidos pela intenção do lucro, e a racionalidade dos cientistas, movidos pela intenção do conhecimento. Se estes procuram formular modelos do real, não devem confundir o que pensam com aquilo que pensam os agentes estudados, embora o elo entre os dois níveis esteja dado pelo fato de a categoria ser tanto uma forma de pensar do ator como uma forma de pensar do analista.

Se tanto Kreps como Debreu e Marx tratam de procurar um ponto de equilíbrio (autores contemporâneos começam a fazê-lo por meio de curvas de indiferença), esse equilíbrio, levando em conta a intenção de valorizar inscrita nesse jogo de linguagem historicamente determinado, precisa ser constituído de tal maneira que sublinhe seu lado produtivo, vale dizer, a troca equilibrada de produtos do processo de trabalho, ocultando a luta pela socialização do produto. Mas desde logo fica marcada a diferença dos projetos inscritos nas ações dos atores. As teorias que mencionamos procuram construir modelos capazes de explicar o funcionamento de *fenômenos* a fim de prever como se darão no tempo seguinte, ou se contentam em demarcar parâmetros de comportamento em relação aos quais é possível analisar os desvios de conduta. Mas precisam tomar como dadas as instituições requeridas, responsáveis pelo processo de socialização. Na linha da tradição marxista, entretanto, cabe antes de tudo elucidar o sentido de tais instituições a partir daqueles elementos simples que constituem os fatores da produção de um tipo determinado de excedente historicamente determinado, o capital, na qualidade de padrão de conduta, primeiramente da troca especificamente mercantil, em seguida, das relações de dominação pelas quais os trabalhos individuais são socializados. Cumpre assinalar que a análise crítica deixa de ser científica segundo os padrões usuais para transformar-se numa lógica do social: em determinadas condições históricas, que *sentido* possuem conceitos como "mercadoria", "capital", "salário", "lucro", "renda", e assim por diante? O analista deve *conhecer* como os atores os tomam na qualidade de formas de pensar e de atuar por elas. Mas, se os agentes operam com as categorias complexas que pautam suas possíveis escolhas, o pesquisador crítico desenha a gênese dessas categorias partindo de elementos simples até chegar aos mais complexos. Tomando, porém, o cuidado de reconhecer, em cada processo racional de formação de equilíbrio, o lado irracional que ele encobre.

Deixou de existir aquela competição entre a economia neoclássica e a economia marxista, se é que de um ponto de vista epistemológico estrito ela de fato existiu. A noção de valor-trabalho tornou-se inútil para o tratamento científico dos problemas econômicos da atualidade, conforme o sentido que esses fenômenos já possuem. Não se segue daí, entretanto, que deixou de ter sentido uma crítica lógica das próprias teorias econômicas, uma análise da prosa pela qual é exposta e em cujo contexto é praticada. Uma lógica que se resolve na gênese dos objetos-signos mediadores — ligados por conseguinte por uma gramática — a partir das atividades que requerem para poder existir no sistema. Examinam-se os sentidos que os fenômenos *necessitam* possuir, a fim de cumprir o jogo formal no qual as coisas, como produtos, estão metidas. E assim se avalia o sentido de equidade que essas relações formais prometem ao fazer das trocas relações contratuais, em que cada um se determina pelo que leva para o mercado e retira dele. E não há motivo para assumir desde logo que questões de significabilidade e de racionalidade precisam ser ao menos conformadas previamente antes de se estudar a significação e a racionalidade das atuais relações sociais de produção. O sentido brota do balanço entre o jogo formal e suas condições de existência.

3.5. CONTRA OS FRANKFURTIANOS

Não se pode prever se a teoria econômica do futuro recuperará a categoria do valor-trabalho, mas até hoje nada nos indica que isso possa acontecer. A crítica de Marx à Economia Política de seu tempo, entretanto, desperta mais interesse do que mero objeto de museu. Que sentidos podem adquirir aqueles conceitos que servem para armar um discurso verdadeiro sobre a maneira como os seres humanos produzem e distribuem a riqueza social? Da óptica da produção, não é preciso conceitualizar essas atividades levando em conta o metabolismo que os seres humanos mantêm com a natureza e entre si? Para que a palavra *homem* tenha significado unívoco, nos ensinou Aristóteles, é preciso supor que existe algo idêntico, que tanto distinga os seres humanos de outros seres como permita que o conceito homem se articule com outros conceitos correlatos. Mas como será essa identidade pressuposta, se na forma como os homens distribuem o produto de seus respectivos trabalhos se encontra a remissão de cada produto a uma totalidade imaginária de outros produtos, que só se apresentam como objetos trocáveis, independentemente de quem os produziu e como? Noutras palavras, que sentido podem ter os objetos produzidos *exclusivamente* para o mercado? Se a identidade social de cada produto passa a depender de como se efetiva essa remissão de um a todos, cumpre dar sentido a essa totalidade muito peculiar, pois ela se mede depois que as trocas visadas foram efetuadas numa equação diferente da que se estava pressupondo. Se essa identidade é juízo coletivo cuja verdade está na negação da estabilidade pressuposta, por conseguinte, na dependência dos resultados das ações que a efetuam, ela é então a identidade entre a identidade e a diferença. Nesse juízo prático a remissão a um todo imaginário — o qual, além de existir para os atores, ainda se efetiva reformulando o parâmetro inicial — se oculta para que a totalidade apareça já feita, *como se* fosse um valor *dado*, identidade a que o discurso cotidiano se refere. Além do mais, é preciso ainda estudar, nesse jogo de linguagem *sui generis* pelo qual determinados atores interagem entre si, como se relaciona a oposição entre trabalho morto e trabalho vivo, inerente a qualquer sistema produtivo. Em outras palavras, a produção da riqueza social se faz por meio de formas de sociabilidade que devem ser estudadas caso a caso. O modo capitalista de produção não é apenas um deles, mas aquele em que estamos mergulhados e no qual culmina o desenvolvimento das forças produtivas iniciado com a história da divisão do trabalho. Como recusar essa perspectiva quando se indaga pela racionalidade do processo de produção? Esse não é o desafio que Marx nos lança na cara? Se a teoria econômica contemporânea caminha noutra direção, não é por isso que essa problemática morreu.

Para repensá-la é preciso percorrer o caminho inverso daquele trilhado pelos filósofos da Escola de Frankfurt. Vejamos muito rapidamente para onde eles apontam. Como nos lembra o recente livro de Marcos Nobre, *A ontologia do estado falso*, um dos pilares da crítica de Horkheimer e Adorno depende da tese heterodoxa de Friedrich Pollock, segundo a qual os novos desenvolvimentos do mecanismo de reposição do capital mostraram que o mercado não pode mais funcionar sem a intervenção direta do estado. Aliás, é de notar que, do ponto de vista histórico, capital e estado sempre estiveram ligados, separando-se apenas da óptica do desenvolvimento das categorias. No entanto, em vez de perguntar como todas as categorias do modo de produção capitalista passam a ser redefinidas em função desse novo estado como fator interveniente, Pollock simplesmente conclui que, "junto com o mercado autônomo, desaparecem as assim chamadas leis econômicas" (*Stadien*, 73). O novo desafio não mais consiste, portanto, em perguntar pelo colapso do sistema, mas em mostrar que desaparecem os limites para esse capitalismo de estado e sua difusão: "Precavidos como estamos, não podemos descobrir quaisquer forças econômicas inerentes às coisas, quaisquer 'leis econômicas' de velho ou novo estilo, que possam ser obstáculo ao funcionamento do capitalismo de estado" (*Stadien*, 91, em Nobre, 17).

É evidente que a noção de lei econômica empregada por Pollock é totalmente diferente daquela proposta por Marx. Não se trata mais de investigar o processo de individuação dos elementos simples do modo de produção capitalista, a categoria de mercadoria ou de trabalho, de mercado ou até mesmo de estado, na qualidade de "formas de pensamento" que o investigador reproduz quando pensa o pensamento prático dos agentes, mas tão só de procurar novos espaços em que se dá a crise do capital, já que a Economia Política "perdeu seu objeto". Aceito esse pressuposto, compreende-se por que Horkheimer e Adorno, seguindo as pegadas de Pollock, tratam de desviar o foco de sua crítica para os domínios do espírito e da cultura, transformando o fetichismo da mercadoria, cuja análise econômica foi perdida, mas conservada do ponto de vista cultural, na mais potente arma capaz de analisar a sociedade contemporânea: "A partir do momento em que as mercadorias, com o fim do livre intercâmbio, perderam todas as suas qualidades econômicas, salvo seu caráter de fetiche, este se espalhou como um parasita sobre a vida da sociedade em todos os seus aspectos" (Adorno/Horkheimer, *Dialética do esclarecimento*, Rio de Janeiro, Jorge Zahar Ed., 1985, 40).

Esse conceito de fetichismo não precisaria, porém, ser inteiramente redefinido, quando perde o sentido *econômico* que Marx lhe atribui? No entanto, basta-lhes o fetichismo em geral, da mercadoria em geral, sem que se faça necessária a análise de como essa categoria é reposta e sobredeterminada na reflexão dos juízos práticos pelos quais a sociabilidade capitalista se conforma. E o pior é que outros escritores da Escola de Frankfurt também se veem desobrigados da crítica do capital, seja do ponto de vista da antiga Economia Política, seja da sua forma específica de sociabilidade, contentando-se com generalidades que legitimam a análise particular apenas porque são gerais.

Parte-se do dado de que há uma repolitização do quadro institucional sem que tenha havido passagem para o socialismo. Ao retomar os fios dessa tradição, Habermas recoloca a questão crítica segundo novo paradigma. Como tudo o que é dito sobre a crise está determinado em vista de adquirir uma validade cognitiva, prática ou expressiva, qualquer explicação fica na dependência de uma teoria da ação comunicativa, pressuposto de qualquer forma de expressão. E assim ele evita as dificuldades de admitir o capital como contradição existente. Com isso Habermas pretende levar ao limite o desafio proposto por Adorno:

> A forma de valorização do capital em termos de economia privada só pôde manter-se graças aos corretivos estatais de uma *política* social e econômica estabilizadora do ciclo econômico. O quadro institucional da sociedade foi repolitizado. Hoje, já não coincide de forma imediata com as relações de produção, portanto, com

uma ordem de direito privado que assegura o tráfico econômico, nem com as correspondentes garantias gerais de ordem do estado burguês. Mas, assim, transformou-se a relação do sistema econômico com o sistema de dominação: a política já não é apenas um fenômeno superestrutural. Se a sociedade já não é "autônoma" — e era esta a novidade específica do modo de produção capitalista —, se ela já não se mantém se autorregulando como uma esfera que precede e subjaz ao estado, estado e sociedade já não se encontram na relação que a teoria de Marx definira como uma relação de base e superestrutura. Mas, se é assim, uma teoria crítica da sociedade não pode também ser levada a cabo na forma exclusiva de uma crítica da Economia Política. [*Technik*, 75; trad., 68-9; em Nobre, 27]

Em vez de uma dialética negativa, uma teoria do discurso que sirva de tela a que se reportem as críticas das sociedades. Tanto Adorno como Habermas dispensam o núcleo da crítica marxista, segundo a qual a crítica histórico-prática se processa no nível do metabolismo do homem com a natureza e dos homens entre si, vale dizer, no nível da dialética entre as relações sociais de produção e o desenvolvimento das forças produtivas. Todo o meu esforço caminha no sentido de mostrar que a repolitização do capital depende de uma crise interna a essa dialética.

Nas suas grandes linhas nada há a contestar a respeito da nova repolitização do movimento do capital. Mas igualmente nada nos obriga a acompanhar os passos que levaram Adorno a substituir a dialética marxista por uma dialética negativa, na qual o conceito, pensado como nome e matriz de identidade, deve ir além de si mesmo. Muito menos nos enveredar na reconstrução habermasiana dos conceitos marxistas, porque, se o trabalho for uma relação técnica do homem com a natureza, ação tão só racional em vista de um fim dado — tese que ponho em dúvida logo de início —, a única saída é avaliar a sociabilidade capitalista na base da racionalidade proposta pela ação comunicativa. Por que não retomar a óptica de Marx, que vê nessa sociabilidade um lógos prático, cuja racionalidade já contém um grão de irracionalidade? Por que não dissecar essa forma de racionalidade, operando de fato no nível dos principais atores do sistema, em vez de julgá-la a partir do eclipse da razão iluminista ou dos parâmetros etéreos de uma comunicação transparente?

Mas convém lembrar desde já que, para Marx, a autonomia do movimento do capital em relação ao estado é puramente categorial, pois ninguém ignora que, do ponto de vista histórico, o sistema capitalista só se desenvolveu encostado a ele. Ora, a dificuldade não surge então na maneira como o metabolismo entre o homem e a natureza se torna mediado pela política? Além do mais, nunca Marx imaginou que as leis econômicas fossem apenas aquelas que regem os movimentos dos mercados. Não é essa a perspectiva teórica do que chama de "economia vulgar"? E se por certo confere, como Smith e Ricardo, autonomia ao ciclo econômico, convém lembrar que essa autonomia é relativa, e ademais ela se esgarça progressivamente conforme avança o próprio desenvolvimento do conceito de capital, isto é, conforme essa categoria vai sendo reposta graças à exploração da mais-valia relativa ligada ao desenvolvimento tecnológico. Não é à toa que no plano de redação d'*O capital* o estado entra como categoria econômica, vale dizer, pertencente ao modo de produção capitalista:

> Nesta seção, na qual são considerados valores de troca, dinheiro e preço, as mercadorias aparecem sempre presentes. A simples determinação formal. Sabemos que exprimem determinações da produção social, mas esta mesma é pressuposta. Mas *não* são postas nessa determinação. E assim, de fato, aparece a primeira expressão unicamente como expressão do excedente, que não determina e apreende o todo da produção. É o excesso *presente* de uma produção total, que

permanece fora do mundo dos valores de troca. Desse modo, ainda na sociedade desenvolvida ele também comparece na superfície como mundo das mercadorias imediatamente à mão. Por meio dele mesmo, esse [mundo] aponta para fora, para as relações econômicas, que são postas como *relações de produção*. A articulação interna da produção forma assim a segunda seção, o resumo no estado, a terceira, a relação internacional, a quarta, o mercado mundial, o encerramento, onde é posta a totalidade da produção assim como cada um de seus momentos, mas onde ao mesmo tempo todas as contradições são processadas. [G, 138-9]

Esse texto indica muito claramente a linha do desenvolvimento das categorias econômicas proposta por Marx. O modo de produção simples de mercadoria é a face exterior do círculo reflexionante do capital, penetra nesse círculo pelo lado exterior do excedente econômico, mas então suas categorias são redefinidas no seu circuito reflexionante. Dessa maneira, se num primeiro plano toda sorte de dominação aparece como contrato, na forma mais desenvolvida a contratualidade é apenas aparência de uma dominação a ser fundada na apropriação da mais-valia. Por sua vez o excedente, para dirigir-se ao mercado internacional, necessita da intermediação do estado, que finalmente se integra na totalidade da produção mundial. Somente nesse plano as contradições que animavam as estruturas menos complexas terminam por se expor como tais. A relação de dominação, que no segundo momento possui a aparência do contrato mas se funda na busca do excedente econômico, não deve então ser redefinida quando o estado passa a ser parte integrante da realização da mais-valia no plano do comércio internacional? Não é a irracionalidade interna dessa razão que há de ser pensada e conhecida? Ora, se o desenvolvimento de novas tecnologias e de novas formas de financiamento do capital redefine o papel econômico do estado, não é o caso de se perguntar o que significam então essas novas relações de produção? A pergunta continua pertinente, já que o desafio da produção material não desaparece, e com ele toda a problemática do inter-relacionamento dos seres humanos, para darem conta de sua autoprodução diante da natureza.

Reconheço, como os frankfurtianos, o fato da repolitização das relações econômicas, mas não me convence a maneira como perguntam por seu sentido. Se as categorias requeridas para pensar esse fato devem ser, como creio, reformuladas segundo o papel que desempenham no contexto da reposição do capital, se esse projeto deve ser levado adiante até que se mostre impotente para compreender novos fatos, não vejo a necessidade de abandonar de vez a problemática do metabolismo entre o homem e a natureza, inclusive dos homens entre si, e lançar mão de outros paradigmas explicativos. Não se perdem assim tanto o caráter muito peculiar do fetichismo do capital, apontado por Marx, como seu caráter histórico propriamente dito? Vimos, no início deste capítulo, ser essencial para o método marxista que os elementos simples referidos pelo discurso crítico somente confirmem sua relativa simplicidade no sistema de sua reposição. Se sua verdade leva em conta os resultados das representações e das medidas pressupostas, há que se distinguir os traços do sistema que vêm a ser essenciais, porque repostos, e aqueles outros que apenas colaboram para que uma formação social se instale, sem integrar sua reflexão interior. Separando-se com nitidez a história categorial e a história do vir a ser de um modo de produção, convém tomar todo o cuidado para não extrapolar os sentidos determinados no interior do sistema para outras estruturas sociais apenas análogas a ele. É precisamente o que fazem Horkheimer e Adorno.

Vejamos a lógica desse procedimento, pois é precisamente o inverso daquilo que pretendo desenvolver. Para Adorno a identidade é uma estase que, tendo sua matriz no valor de troca opondo-se à variedade do consumo, fixa um conceito e por isso mesmo deixa na sombra a vida que o anima. Daí a necessidade de pensar contra o conceito. Mas pensar é identificar (*Negative Dialektik*, Suhrkamp, 1966, 15), a saber, ossificar. É preciso citar e examinar esta longa passagem no pormenor:

> O pensamento como tal, antes de todo conteúdo particular, é negação, resistência contra o que lhe é imposto; isso o pensamento herdou de seu arquétipo [*Urbild*], a relação do trabalho com seu material. Hoje a ideologia incita sobretudo o pensamento à positividade; assim ela regista espertamente que essa [positividade] é precisamente contrária ao pensamento e assim necessita do conselho amigável da autoridade social a fim de habituar-se à positividade. O esforço implícito no próprio conceito de pensar, como contraparte da intuição passiva, já é negativo, insurreição contra a pretensão de curvar-se diante de qualquer imediato. Já contêm em si germes críticos o juízo e a inferência, as formas de pensar indispensáveis para a crítica do pensar; sua determinidade é sempre ao mesmo tempo exclusão do que não é alcançado por ela, e a verdade, que eles querem organizar, nega, mesmo com direito duvidoso, o que não é cunhado por eles. O juízo de que algo é assim exclui potencialmente que a relação entre seu sujeito e seu predicado seja diferente daquela expressa nesse [mesmo] juízo. As formas de pensar [*Denkformen*] pretendem ir além do que está meramente presente, "dado". O cume que o pensar alcança contra seu material não é apenas o controle espiritualizado da natureza. Quando o pensar comete violência contra suas sínteses, desperta um potencial à espera no seu oposto e obedece inconscientemente à ideia de remodelar as peças que ele mesmo compôs; na Filosofia esse sem-consciência vem a ser consciente. [Adorno, *Negative Dialektik*, 28-9]

O amálgama entre o pensamento objetivo, vale dizer, os pensamentos em curso numa sociedade dada, e o pensamento formal é completo. Como para o jovem Marx, a lógica é a moeda do espírito, moeda, porém, desprovida de qualquer articulação própria. Tudo advém do conteúdo, da primazia do objeto. Mas como é impossível pensar sem conceitos cabe ao filósofo pensar a contrapelo, garimpando o que a síntese da identidade deixou de sobra. Trata-se de uma filosofia muito aparentada àquela elaborada por Schelling, sem o Absoluto, pois qualquer circunscrição do ente alinha uma síntese entre forma e conteúdo da qual escapa pelas bordas um conteúdo proteiforme. É sintomático que Adorno possa ter sido aproximado dos "pensadores" pós-modernos. Mas, se a razão é ir além do que a própria razão instalada articula, esse discurso infeliz nada mais pode além de incansavelmente tentar enxergar a face oculta da Lua. Não possui outro aparato a não ser a negação do determinado, embora entre o que é cunhado pelo pensamento e o que escapa dele sempre apareça a sombra de um fio condutor, a mimese.

Obviamente Adorno e Horkheimer não podem aceitar aquela diferença, para mim essencial na análise de qualquer estrutura social, entre a história contemporânea — constituída por aquela reflexão das categorias, de formas de pensar, que repõe o próprio pressuposto — e a história do vir a ser de um modo de produção. Marx a explicita quando faz a história do capitalismo e Wittgenstein a trabalha, embora atribuindo-lhe sentido muito mais amplo, quando, num jogo de linguagem, distingue seu modo de representar dos meios de sua apresentação (*Philosophische Untersuchungen*, Suhrkamp, 1960, § 50). Essa diferença permite descrever o desdobramento formal das categorias, uma gramática, enquanto parâmetro dos comportamentos econômicos, que a dialética meramente negativa só pode negar. Sem essa armação que confere determinações específicas aos sentidos, que define o âmbito de seus empregos legítimos, a análise gira em falso porque carece de ponto de apoio e cai numa estética libertina. Que sentido pode ter o "fetichismo das mercadorias" quando as categorias econômicas perderam seu significado crítico? Para aqueles que emprestam uma significação historicamente datada à sociedade civil burguesa, não é estranhável discernir um "elemento esclarecedor burguês" em Homero, elemento que, segundo Adorno e Horkheimer, foi detectado pelos românticos alemães e por Nietzsche, e que transforma Ulisses no primeiro herói da dialética do esclarecimento? O personagem da *Odisseia* não funciona nem como tipo ideal nem como exemplo para mostrar um sentido, mas serve de contra-argumento para aqueles que tratam de entender o empreendedor moderno antes de tudo como tipo encastoado na trama das categorias do modo de produção capitalista. Em vez de uma História atenta às soluções de descontinuidade do fluxo do tempo, surge uma Filosofia que pretende pensar o avesso de cada nome, de cada juízo, de cada inferência, mas sempre tomando como fio condutor o conteúdo visado. Como se põe, entretanto, esse conteúdo, a não ser pela reflexão do juízo, pela sua práxis? Pensar contra o conceito não abre as portas para toda sorte de analogia, muito próxima da "bricolagem", característica do pensamento primitivo?

Por certo os próprios juízos deixam restos. E muito amplamente entendo aqui por "juízos" qualquer conjunto de expressões ligadas à bipolaridade do falso e do verdadeiro, do correto e do incorreto. Mas é no interior deles que o novo emerge e cobra sentido. Não duvido que uma cor, por exemplo, só tenha significado se aplico ao real toda a gramática das cores. Mas, se pretendo distinguir o azul-marinho do azul-cobalto na gama dos azuis, é mister quebrar a identidade meramente expressiva do azul e buscar na prática cotidiana a amostra quer do marinho, quer do cobalto, que evidenciem o que pretendo distinguir. Desse modo, o pensamento do novo, se mobiliza velhos pensamentos, vai além deles, sem romper todavia o leito do que pode e do que não pode ser pensado no horizonte do que está sendo pensado. Admito que pensar é identificar, no sentido muito amplo de conformar uma matriz regulando o dizer do verdadeiro e do falso e, por isso mesmo, supondo uma linguagem capaz de descrevê-la. Mas para quebrar a estase dessa identidade devo chegar até a amostra do que pretendo exprimir, sendo que a relação dessa amostra com a regra a ser instalada é assimétrica, assimetria do mesmo tipo daquela que opera entre o valor de uso e o valor de troca, visto que "valor de uso" e "valor de troca" são tanto conceitos, formas de pensamento, como indicam realidades empíricas pensáveis. Por que fazer do valor de troca um conceito e dos valores de uso o material vivo que escapa a qualquer conceito? Importa a dialética entre a matriz pensante e o incidente; se este escapa dela é porque ela mesma marcou o limite e a estratégia da escapada.

4. A contradição travada

4.1. RELAÇÕES SOCIAIS COM SENTIDOS CONTRADITÓRIOS

O modo de produção capitalista se caracteriza por fazer crescer continuadamente a riqueza social, cuja forma elementar é a mercadoria. A sequência M — D — M mantém-se operando nas relações de troca tramadas na sua superfície, mas a significação global do sistema muda por completo, pois todo ele está voltado para produzir um excedente. Do ponto de vista lógico, pouco importa se o modo de produção simples de mercadoria tem ou não existência histórica; interessa, isto sim, que captura apenas a face mais aparente das relações de troca entre valores, a partir do momento em que a circulação de mercadorias passa a ser feita sob a pressão de gerar mais-valor, incluindo o próprio trabalho vivo na qualidade de mercadoria medida como trabalho morto. Assim sendo, o modo de produção capitalista encontra seu fundamento, sua razão de ser, na possibilidade socialmente efetiva de medir, por uma abstração, o trabalho vivo como produto. Essa forma de homogeneizar os processos de trabalho dá a este seu caráter histórico e datado, empresta determinações formais ao contínuo metabolismo entre o homem e a natureza.

A contrariedade entre trabalho vivo e trabalho morto, presente em qualquer modo de produção, ao ser posta sob forma de valor, converte-se na identidade do capital que compra não só força de trabalho medido como trabalho morto (capital variável), mas também os outros fatores de produção (capital constante); identidade, pois, que se diferencia em polos opostos. A maneira *sui generis* de compor essas duas determinações empresta ao modo capitalista de produção um sentido contraditório muito peculiar. Posta a forma, ela requer como condição de seu vir a ser, isto é, sua condição histórica, a preexistência, de um lado, do dinheiro acumulado, de outro, do mercado de trabalho livre das peias das sociabilidades pré-capitalistas. Mas é o desenvolvimento categorial do sistema, sua própria *Entwicklung*, que ilumina a história de seu vir a ser, as categorias mais estruturadas servindo de ponto de referência para as categorias que interpretam essa evolução. Desse ponto de vista, a troca mercantil começa a corroer por fora as antigas comunidades, nunca entretanto sendo capaz de submeter toda a produção a sua medida. No plano formal, o modo de produção simples de mercadorias desenha uma estrutura cujo movimento, todavia, não traz em si o empuxo de fazer do dinheiro o capital. Não é porque se pode cortar de fora a sequência M — D — M — D..., tomando D como ponto de partida, que se passaria para o modo de produção capitalista. Trocar dinheiro por dinheiro somente tem sentido se houver aumento do capital, o que implica uma fonte do excedente que o desenvolvimento formal encobre.

Também para Hegel uma categoria ou uma figura do Espírito gera-se a partir das anteriores, graças a uma mudança de sentido, mas sempre se remetendo ao absoluto do sujeito analista (note-se a função do "für uns" no desdobramento de toda a *Feno-*

menologia do Espírito) como representante do Espírito Absoluto. O capital, constituindo-se como processo reflexionante formalmente delineado pela identidade do capital que se amplia graças à contradição entre capital constante e variável, também desenha um círculo que se alimenta a si mesmo. Mas essa boa infinidade exprime e dá sentido a um modo de socialização do produto que, para se manter, necessita do apoio e da garantia do estado, isso sem falar das crises apenas indicadas pelo desdobramento categorial, cujo mapa aponta para os lugares de sua inserção. Daí a análise formal ser pontilhada por descrições históricas que mostram como ela se gera concretamente. No entanto, a boa infinidade do capital, sua clausura formal, porque ainda está exprimindo o movimento histórico de destruir os modos de produção anteriores, também fecha a evolução histórica da humanidade, de sorte que o salto para o comunismo deveria iluminar o passado, transformando-o em pré-história daquela história que o homem saberia traçar depois de ser liberado dos constrangimentos impostos por um metabolismo natural que se faz sob comando alheio. Marx, ademais, concebe as *categorias* do sistema capitalista como "formas de pensamento socialmente válidas, e portanto objetivas" (*gesellschaftlich gültige, also objektive Gedankenformen*), "[válidas] para relações de produção *desse* modo social de produção *historicamente determinado*" (*K*, I, 23, 90). O que significa então "validade", já que esse pensamento objetivado, não sendo aquele do analista, opera antes de tudo no nível das ações dos próprios agentes, as quais por isso mesmo devem ser, de uma perspectiva universalizada, tomadas como corretas ou incorretas? Em que condições uma forma de pensar objetivada no fetiche, por conseguinte numa ilusão necessária, logra submeter, com a força de lei natural, atividades práticas sob o crivo da bipolaridade? Com o intuito de seguir as pegadas da lógica hegeliana Marx deverá, para desdobrar a contrariedade em contradição, separar o positivo do negativo até transformá-los em polos em si. Como poderá ocorrer essa tensão quando a forma, relação social de produção, apenas *exprime* o conteúdo de forças produtivas, nas quais se inclui igualmente a forma da luta pela apropriação do excedente, sendo que a forma relação social não se transforma em lógos sem deixar resíduos? Nossa tarefa consiste, pois, em verificar se a permanência desses obstáculos não bloqueia a metamorfose da contrariedade em contradição posta em xeque, se o impedimento da completa espiritualização do conflito afeta ou não o próprio modo das categorias se entrelaçarem. Essa presença constante da história no desdobramento categorial, nele expressa pela interferência repetida de categorias exógenas, cuja possibilidade apenas tinha sido desenhada, sem que fossem efetivamente postas pelo próprio desdobramento formal, essa correção do caráter idealista da análise, como diria o próprio Marx, não termina por alterar o desdobramento da contradição originária? Hegel se livra dessas reflexões exteriores porque fala da perspectiva do Saber Absoluto. A óptica do proletariado lograra, contudo, desempenhar o mesmo papel? Como veremos, a classe operária se conformará pelo travejamento das ações que mantêm no horizonte a contradição originária do capital, mas, para que elas possam se medir por essa contradição, pôr-se como a negatividade dele, é preciso que os polos opostos em si cheguem a se pôr para si. O desdobramento da categoria capital, pontuado por categorias exógenas, manterá a identidade reflexionante dos opostos a fim de que a luta de classes possa se dizer ela mesma contradição, cumprindo a tarefa histórica que por isso haveria de assumir? Corrigido o caráter idealista da análise de categorias que se exprimem umas pelas outras unicamente porque estão determinando formalmente o desenvolvimento das forças produtivas, inclusive as novas formas de sociabilidade, manterá o capital aquela circularidade fechada sobre si mesma que o transforma em alvo? Nas suas formas mais desenvolvidas manterá o capital sua capacidade de se medir tanto ele mesmo como a força de trabalho, segundo o mesmo parâmetro homogêneo? Se perder essa capacidade, não é o próprio sentido do antagonismo das classes que começa a escapar da contradição, por conseguinte, de seu próprio sentido original? Não ficaria assim comprometida a função avaliadora, judicativa do capital como medida da socialização do trabalho?

No início da conjunção entre conteúdo (forças produtivas conformadas para serem expressas sob a forma-valor) e forma (relações sociais de produção), ambos se ajustam graças ao processo efetivo de exprimir-se um na outra. Marx espera, contudo, que o próprio desdobramento categorial revele como os dois polos se separam, até que as forças produtivas, cujas formas de desenvolvimento vinculam-se a esse modo, consigam romper seu invólucro, o qual, de espaço cheio de virtualidades, se transformará em dique barrando sua expansão. Essa incapacidade de exprimir o novo haveria, pois, de resultar numa contradição, que faria explodir o sistema num movimento revolucionário. A negatividade em si do sistema capitalista destruiria o tipo de dominação em que se baseia. Mas se essa negatividade em si não chegar a ser por si, se não desenhar nela o novo positivo de que o proletariado seria o herdeiro, não cairia por terra o projeto da Revolução radical, tantas vezes reiterado pelos fundadores do marxismo? Como sustentar, numa luta política constante, que o novo já está entranhado no velho, se a este falta o espírito de sua superação?

4.2. VICISSITUDES DA CONTRADIÇÃO

Se para o capital só vem a ser produtiva aquela atividade capaz de criar mais-valor, convém ainda lembrar que ela se efetiva na medida em que se apoia em outros trabalhos socialmente indiferentes. Quando o operário fabrica aquele cesto que o patrão vende no mercado, sua atividade é objetivamente reconhecida e computada na venda do produto a ser então consumido ou transformado em meio de produção. Isso não acontece com o trabalho de quem prepara sua marmita, lava sua roupa, arruma sua casa e assim por diante. Esse trabalhador, além do mais, está mobilizando instrumentos e matérias-primas que, assumindo igualmente a forma-valor, se defrontam com sua ação como se fossem trabalho morto. As relações sociais de produção capitalista são demarcadas, dessa maneira, por três oposições: a primeira, de natureza técnica, entre trabalho vivo e trabalho morto; a segunda, de natureza mais sociológica, entre trabalho social e associal, cuja fronteira é dada pela oposição formal entre a força de trabalho mercantilizada e outras atividades geralmente desenvolvidas na esfera doméstica; finalmente, aquela oposição entre trabalho produtivo e improdutivo, característica formal do modo de produção capitalista. A oposição técnica ocorre em qualquer estágio da humanidade em que o trabalho vivo opera com instrumentos fabricados, mas unicamente vem a ser contradição quando seus termos estão postos sob a forma-valor e quando o trabalho vivo ele mesmo passa a medir-se socialmente como trabalho morto, em suma, quando se determinam como capital variável e constante. A contradição entre capital e trabalho implica, pois, primeiramente, a possibilidade da reconciliação técnica entre trabalho morto e trabalho vivo; em segundo lugar, requer sua expressão em termos de valor; finalmente, pressupõe o processo totalizante do capital, sua boa infinidade, subordinando a produtividade técnica às condições impostas pela dominação econômica. Nesse nível, só se tornam produtivas aquelas atividades capazes de incrementar a quantidade de valor pressuposta, fazendo diminuir, além do mais, aquela parte de trabalho necessária para compensar o que se paga ao trabalhador a fim de aumentar a parte de trabalho não pago. O que então se mede socialmente é sempre um diferencial crescente de valor, contraposto a outros valores que são conservados por ele.

Cabe desde logo sublinhar as alterações de sentido por que passa o processo de efetivação do processo de trabalho. De um ponto de vista técnico, a produtividade do trabalho é definida pela quantidade de produtos obtida num determinado intervalo de tempo. Mas essa abstração razoável, como diria Marx, se repõe no modo de produção capitalista de tal forma que só vem a ser produtivo aquele trabalho capaz de gerar mais-valia. Para isso o trabalho precisa estar determinado *duplamente*: de um lado, como atividade de transformar e conservar o trabalho posto nos meios de produção à medida que ela lhes agrega novo trabalho; de outro, como atividade congelada, trabalho abstrato, comprada pelo capitalista e mobilizada sob seu comando. Assim sendo, o processo natural de conformar o objeto para que se torne útil adquire, em virtude de se dar sob condições históricas e sociais muito peculiares, novas determinações que situam tanto o objeto como a própria atividade num plano do real em que se mesclam o sensível e o suprassensível, sentidos e hieróglifos.

Examinemos a especificidade desse processo. O ato, por exemplo, de fiar um chumaço de algodão conserva o trabalho prévio de quem o plantou; se isso não acontecesse o algodão seguiria seu curso natural. Sendo, porém, relevante apenas o lado abstrato de tais trabalhos, porque resulta da atividade de indivíduos cuja marca social advém de serem substituíveis no mercado — um agente fia, outro fabrica móveis, e assim por diante —, torna-se possível em tese somar, graças à mediação da troca mercantil, o tempo de trabalho social necessário para a produção do algodão ao tempo de trabalho social necessário para a produção do fio. Noutras palavras, o trabalho de produzir e aquele de tecer se tornaram *comensuráveis* socialmente. Daí ser possível dizer que o tempo socialmente necessário para produzir o fio soma-se ao tempo necessário para fiar o algodão na composição do valor do produto final. "Portanto, em virtude de sua *propriedade abstrata* geral, como dispêndio de força de trabalho humana, o trabalho do fiandeiro agrega *novo valor* aos valores do algodão e do fuso e, em virtude de sua propriedade *concreta, particular*, útil, como processo de fiação, *em geral*, transfere o valor desses meios de produção ao produto e *recebe* assim seu valor no produto. Daí a *dualidade* de seu resultado *no mesmo instante*" (*K*, I, 23, 215; trad., I, 166).

Note-se que, do ponto de vista da produtividade do trabalho, desde que esta seja computada pela quantidade de produtos para a troca, é o trabalho *na sua abstração* que agrega valor ao valor já constituído, embora unicamente o trabalho vivo, produtor de valor de uso, seja aquele que transfere trabalho morto para o produto. Daí esse apresentar-se, no mesmo instante, determinado duplamente. Em suma, é a *atividade* de produzir valor de uso, trabalho concreto, que conserva o trabalho anterior e agrega novo trabalho morto ao produto. Mas ela se processa sob *condições formais*, vale dizer, sociais, previamente determinadas, que colocam o trabalho unicamente como dispêndio natural de energia, e seu resultado — o tecido conservando o fio conservado na qualidade de parcela de valor —, como integrante da única substância que atravessa os produtos acabados. A atividade transformadora, contudo, posta como fruto do trabalho abstrato porque está sempre disponível no mercado, *aparece como* se resultasse da *única qualidade* característica de todos esses trabalhos sociais. Por isso a identidade do capital constante com o capital variável se exerce por suas diferenças, graças ao jogo no qual a qualidade de ser trabalho abstrato e homogêneo se realiza por suas diferenças entre a mesma qualidade em quantidades diversas. Além do mais, visto que essa conjunção peculiar do trabalho vivo com o trabalho morto somente se faz se novo valor for acrescido, o capital, graças a seu lado de fetiche, se vê autorizado a produzir o resultado final como se o gerasse a partir de si mesmo, em virtude de sua qualidade de crescer continuadamente como quantidade mensurável. É de notar que o trabalho efetivo cria as condições materiais para que a forma, na qual se expressa, surja como capacidade de pôr seu caso; a autoposição da forma depende do metabolismo entre o homem e a natureza, mas escondendo o ato efetivo de transformação da coisa. Pondo, contudo, concretamente a *diferença* e o caso sob condições que escapam da esfera de sua atuação, de todas aquelas operações coadjuvantes que fogem do movimento do valor, o faz de tal modo que o processo parece resolver-se exclusivamente numa atividade expressiva e formal: "O trabalhador conserva tanto mais valor quanto mais valor agrega, mas não conserva mais valor porque *agrega* mais valor, mas por agregá-lo sob condições invariáveis e independentes de seu próprio trabalho" (*K*, I, 23, 217; trad., I, 167).

Lembre-se que a abstração assegura homogeneidade a todos os processos de trabalho integrantes do sistema produtivo como um todo, pois no início eles são redutíveis a unidades relativamente simples. O trabalho mais qualificado há de ser decomposto nessas unidades. Até quando, porém, se conserva esse pressuposto de *homogeneidade*, se o sistema parece moto-contínuo que faz crescer, a cada rotação, a base de onde parte? O capital constante empregado deixa traços de sua presença, o terreno laborado, a casa construída vão transferindo aos poucos seus respectivos valores conforme acolhem novos períodos produtivos. Daí a necessidade de distinguir capital fixo de capital circulante, aquele sendo os meios de produção sob a forma-valor, transferindo-se parceladamente ao produto, conforme seu ciclo produtivo, este sendo formado por outros fatores, inclusive a nova força de trabalho, inteiramente consumidos em cada ciclo. Mas dessa nova perspectiva, a despeito de todos os trabalhos absorvidos serem postos como abstratos, isto é, dependerem do mercado da força de trabalho, cada novo ciclo, forçado pela premência tanto de diminuir a parte responsável pela remuneração do trabalho necessário como de aumentar aquela outra parte promotora do trabalho não pago, tende a operar com taxas crescentes de produtividade. Até quando se manterá o pressuposto dessa homogeneidade, a condição de que todo trabalho complexo se resolva na soma de trabalhos simples? É possível empregar o mesmo padrão para medir o ato de fiar utilizando a roca ou o tear computadorizado? Na qualidade de capital fixo, não estão a roca e o tear introduzindo diferenças, desequilíbrios de produtividade que tendem a afetar a expressão do produto em termos de valor? A oposição entre capital fixo e circulante sempre manterá o jogo entre qualidade e quantidade no interior de um único espaço homogêneo, condição para que esse jogo possa ser pensado como desdobramento paralelo àquele da contradição especulativa? Se isso não for possível, haveria ainda uma contradição? De que tipo?

A análise gramatical e ontológica do capital termina interpretando as crises econômicas como aqueles momentos históricos em que o capital destrói seu próprio fundamento de valor, para continuar cabendo no quadro das relações sociais capitalistas. As crises evidenciam a irracionalidade da razão do sistema e podem prenunciar novas formas racionais de juntar trabalho vivo com trabalho morto, em vista de nova distribuição racional da riqueza social. Não fica então patente a necessidade de uma ideia muito clara do tipo de racionalidade que está presidindo a congeminação de forças que se faz sistema e a análise teórica que acompanha esse processo? Essa análise depende do uso do conceito de contradição, que diz respeito a processos sociais conflitantes que se expressam por meio de signos, os valores, idênticos nas suas diferenças. Marx, como já sabemos, nem sempre toma o cuidado de separar nitidamente contrariedade de contradição, muitas vezes se deixa levar pela prosa da dialética especulativa, para a qual toda contrariedade conflui num processo contraditório.

É preciso, pois, começar examinando como a "contradição em processo" (*prozessierender Widerspruch*) entre capital e trabalho, movida pela luta de classes e expressa, na superfície dos fenômenos sociais, pela oposição entre trabalho produtivo e improdutivo, configura tanto logicamente, graças ao aprofundamento do perfil gramatical dos termos opostos, como material e politicamente o movimento das forças produtivas. Quais são, porém, os limites desse desdobramento formal efetivo? Desde logo convém ter presente que, se Hegel pode reduzir todas as ligações formais ao movimento do Conceito, Marx deve, de uma parte, lidar com categorias que demarcam o campo de atuação dos agentes como *a priori* materiais historicamente determinados e postos como condições intransponíveis das ações individuais; de outra, deve frisar o lado efetivo da transformação das forças produtivas, inclusive aquela importantíssima provocada pelo mero fato de os indivíduos se associarem de determinada maneira. Há de considerar, primeiramente, como indivíduos se socializam por meio de determinadas regras graças aos signos em que elas se inscrevem. Em virtude dessa mediação tudo se passa como se a regra determinasse seus casos. Esse tipo de exercício da forma é diferente da passagem de uma categoria para outra. O capital, por exemplo, *deve* cindir-se em capital fixo e circulante, o mais-valor em lucro, renda e juros, e assim por diante. Necessidade que diz respeito às figuras da aparência do modo de produção capitalista, cujos conteúdos, porém, constituem toda a riqueza da sociedade. A esse desdobramento das categorias se contrapõe, por fim, um terceiro modo de conexão necessária, aquela que mostra como a operação em que a categoria determina a multiplicidade dos processos de trabalho ainda demanda outras atividades que, sendo devidas ao funcionamento do sistema, escapam todavia ao enquadramento da forma expressiva. Em particular, convém sempre insistir, Marx distingue o desdobramento categorial, a história contemporânea do capital, dos requisitos necessários para que essa história perdure como objetidade social. Em primeiro lugar, a forma pressuposta e reposta, determinando necessariamente os comportamentos e a passagem de uma categoria a outra; em segundo, os incidentes históricos que instalam essa reflexão como formação existente num tempo e num espaço determinados. É de notar, entretanto, que esses determinantes podem acontecer uma única vez, como a fuga dos servos para a cidade na qualidade de condição para que se forme o mercado de trabalho europeu; ou podem ser reiterados como todos aqueles modos de trabalho que escapam do mercado, mas sem os quais a força de trabalho não pode se exercer como mercadoria. E tais requisitos reiterados, não pela forma mas ao lado dela, fazem a ponte entre o desdobramento categorial e o mundo cotidiano. Assim como o exercício do jogo de xadrez requer que se opere com peças ou sinais perduráveis, objetos do mundo cotidiano que estão ali, indiferentes ao jogo, o exercício do capital demanda um conjunto de atividades que escapam à linguagem do sistema. Esse traço será muito importante para a dialética que se ancora na identidade da identidade e da diferença entre relações de produção e forças produtivas, e fundamental para o estudo da racionalidade do próprio sistema. Mas desde logo se percebe que o sistema simbólico e as práticas que o sustentam estão travadas por formas *a priori* que vão muito além das meras determinações proposicionais ou representativas. O funcionamento do modo de produção capitalista está travejado por regras reflexionantes que, ao se confirmarem por seus resultados, de um lado, requerem outras atividades necessárias ao seu desempenho, de outro, depositam na natureza um saber que inviabiliza seu movimento circular contínuo.

4.3. TRINDADE DOS OBJETOS-SIGNOS

Marx estuda o desenvolvimento das categorias do capital a partir da sequência Dinheiro/Mercadoria/Dinheiro-Aumentado (D — M — D'), tratando de mostrar como a reflexão desse processo vai clivando os termos simples, conforme suas possibilidades de se projetarem uns em outros formam oposições e contradições, que representam obstáculos naturais e sociais a serem superados e integrados no seu movimento circular de reposição. Desenha assim, a partir de seus elementos simples, a gênese daquelas categorias complexas que operam na superfície da experiência capitalista. Para abreviar, vamos esboçar o caminho inverso, tomando as categorias mais superficiais, embora complexas do ponto de vista lógico, e investigar como apontam para seu fundamento.

O capitalista individual relaciona de imediato sua produção a seus custos, ao quanto ele paga pelos fatores que mobiliza para obter mercadorias a serem vendidas no mercado. Mas para compreendermos o lado místico dessa riqueza geral é preciso *ir além* do encantamento e da inversão que se dá no nível das trocas mercantis, do mero fetiche das mercadorias. Os indivíduos participam dessa riqueza social conforme eles próprios são *proprietários* de um pedaço dela, a qual surge então como totalidade representada coletivamente. O conjunto dos atores principais do sistema se diferencia, pois, da seguinte maneira: o primeiro grupo se dirige diretamente para um ramo produtivo esperando que seu investimento lhe propicie *lucros*; o segundo aluga sua terra ou sua casa na expectativa de obter *renda*; o terceiro vende sua força de trabalho por *salário*; o quarto compra mais barato para vender mais caro, retirando para si *lucro comercial*; e o quinto, finalmente, deixa seu dinheiro no banco, na certeza de mais tarde receber *juros*. O capital enquanto processo de autovalorização se *diferencia*, pois, à medida que produz lucro, renda, salário, lucro comercial e juro, em suma, diferenciações quantitativas que identificam as atividades desenvolvidas por grupos de atores. Como veremos logo adiante, essas figuras não possuem os mesmos graus de independência, sendo lucro, renda e salário as três categorias principais. Mas agora não insistiremos nesse ponto, pois, sem a dedução a partir do simples, a diferenciação se faz empiricamente. Importa-nos apenas sublinhar que a busca do lucro marca a intencionalidade da reflexão do capital como um todo. Em vista *dessa* intenção imediata que visa a seu fundamento, a totalidade aparente do novo capital obtido se distribui segundo três vias elementares:

> No capital/lucro, ou melhor, no capital/juro, na terra/renda fundiária, no trabalho/salário, nessa trindade econômica, enquanto conexão das partes constitutivas do valor e da riqueza em geral juntamente com suas fontes, completa-se a mistificação do modo capitalista de produção, o crescimento conjunto e imediato das relações materiais de produção com suas determinidades sociais e históricas: o mundo encantado, invertido e posto de cabeça para baixo, onde Monsieur le Capital et Madame la Terre, como caracteres sociais e de modo igual e imediato como meras coisas, impulsionam seu espectro. [*K*, III, 25, 858]

O fetiche do capital, sujeito universal, substância mística pondo-se a si mesma na sua diferenciação, perfaz-se nessa trindade distributiva, onde a identidade da riqueza surge de imediato por meio de três fontes, o capital, a terra e o trabalho, alimentando os rios caudalosos do juro, da renda e do salário. Estes desenham o mapa-múndi de ações efetivadas em vista do panorama de ilusões necessárias, cujo produto, porém, é a riqueza capitalista. Sem essa dualidade entre atividade e padrão de comportamento projetado como princípio dela, como razão de seu ser, a objetividade do capital se dissolveria no ar. Mas desse modo a distribuição não aparece como responsável pela produção?

Por certo o dinheiro se torna autônomo diante de todos os sistemas produtivos em que impera a produção de mercadorias (*K*, III, 25, 532). No entanto, cabe lembrar que o capital-dinheiro (*Geldkapital*) é particularmente fictício, na medida em que alimenta a ilusão de que sua mera existência possui a virtude de produzir juros. Mas esse fetiche não teria subsistência se, de um lado, não fosse alimentado por ações reiteradas, de outro, não se mantivesse graças a relações formais em que cada figura se imbrica numa gramática totalizante, conformando a carapaça das relações sociais de produção. Só assim o fetiche do capital-dinheiro, forma complexa do fetiche do capital, se diferencia de uma alucinação subjetiva. E tal estrutura se resolveria na reiteração de seu lado místico, se não se revelasse como aquela *identidade* da aparência que se liga à *atividade* de conformar coisas e, por esse esforço, diferenciar-se. Isso ocorre além da mera superfície expressiva, pois só assim a reflexão do capital se resolve num *processo* produtivo no sentido mais lato. Sem congeminar ações determinadas e gramática da ilusão, o materialismo de Marx se converteria numa caricatura, em que o fetichismo da mercadoria resumiria a complexidade das manifestações do capital numa única fórmula simplificada. Mas a estruturação do dinheiro e aquela do capital são diferentes, seu processo de diferenciação, diverso. Basta, para perceber essa diferença, levar em conta que, no modo de produção simples de mercadoria, as alterações de produtividade do trabalho estão pressupostas, enquanto no capitalismo são êmbolo do processo. Não atentando para essa diferença, volta-se à dialética hegeliana e rebate-se a potência constituinte do trabalho para o lado do Conceito, de sorte que, ao reunir universalidade e substância, o fetiche, enclausurando as representações dos agentes, se transformaria na efetividade da Ideia. Na verdade, o processo de reificação, a projeção das relações sociais nas coisas sociais, consiste precisamente nesse esvaziamento da base técnica e do processo efetivo do trabalho, de tal maneira que o comando concreto que o capital exerce sobre ele aparece como se resultasse do processo místico de autovalorização do valor. Dessa óptica, os três modos originários de distribuição, ligando-se a momentos do processo produtivo — capital, terra e trabalho —, tornar-se-iam responsáveis por todo esse processo de autoposição, como se proviesse da particularização do Conceito.

ESPELHAMENTO DA BASE TÉCNICA NA EXPRESSÃO VALOR 4.4.

A lógica de Marx cairia nas armadilhas da lógica especulativa se não se demorasse na destruição desse engano, se não retrocedesse para o nível mais profundo, em que operam os processos sociais efetivos pelos quais a proporcionalidade entre o trabalho morto e o trabalho vivo passa a ser traduzida em termos da proporcionalidade do cálculo operado pelos agentes. Ora, isso só pode ser compreendido se a composição desse mesmo capital revelar seu duplo sentido. Da perspectiva do valor, ela é determinada pela proporção em que esse capital se reparte em capital constante, valor dos meios de produção, e capital variável, valor da força de trabalho. Da perspectiva da matéria, porém, cada capital se divide em meios de produção e força viva do trabalho ligados numa devida proporção; de um lado, a massa dos meios de produção utilizados e, de outro, o montante de trabalho exigido por seu emprego. De uma parte, composição-valor, de outra, composição técnica do capital, ambas em estreita correlação. E a composição-valor, enquanto é *determinada* pela composição técnica e à medida que *espelha* suas modificações, constitui o que Marx denomina composição orgânica do capital (*K*, I, 23, 640).

Deixar de atentar para esse processo efetivo de espelhamento e separar, de um lado, o esquema do trabalho e, de outro, o procedimento do fetiche, como querem alguns, resulta em perder precisamente os elos intermediários que dão sentido ao processo, em tomar apenas as duas pontas do movimento como um todo, atribuindo-lhes por fim maior autonomia do que possuem na realidade. Sem essa mediação, perdem-se as peculiaridades do fetichismo do capital, que se vê reduzido à forma primitiva do fetiche da mercadoria. E nada mais simplório do que imaginar que as expressões mais complexas da cultura contemporânea possam se encaixar nesse esquema elementar, em suma, emprestar ao fetichismo da mercadoria o que é devido ao fetichismo do capital, como se a mera mercantilização da força de trabalho pudesse oferecer a chave para compreender as figuras mais complexas da vida cotidiana de nossos dias.

Cabe então insistir nessas determinações recíprocas e examinar como as pontas da distribuição — lucro, renda e salário —, se na verdade desenham o mapa da consciência capitalista, só se mantêm como aparência articulada do movimento mais profundo de projetar a composição técnica, o lado material do processo produtivo, na composição orgânica do capital. Conforme esse processo se desenvolve, mais longe o capital parece ficar dos meios produtivos que ele mobiliza, particularmente dos diversos atos de trabalho que o compõem. Isso se compensa pela ilusão de que o processo produtivo se efetivaria como se estivesse estruturado pelos três momentos dos processos singulares de trabalho: atividade orientada (trabalho), instrumento (capital), objeto (terra). Tudo se passa como se os processos produtivos seguissem a mesma matriz.

No que consiste essa determinação, esse espelhamento? Não se dá, por certo, como se os elementos da base técnica e do trabalho fossem diretamente remetidos para o plano do valor, graças a um método de projeção adotado previamente. Não ocorre, por exemplo, mediante procedimento semelhante àquele pelo qual a sequência das estações do metrô se exprime nos pontos coloridos de um segmento de reta. Uma expressão de valor não *afigura* a realidade que ela exprime, pelo contrário, o espelhamento se faz pela projeção da proporcionalidade da base técnica, válida entre os meios de produção e a força viva de trabalho, para o plano de suas expressões como capital constante e capital variável, identidade marcada por uma contradição. Para se mover uma quantidade de meios de produção é preciso empregar certa quantidade de trabalho vivo, por exemplo, tantos teares requerem a operosidade de tantos trabalhadores. Mas essa congeminação é *calculada* pelo capitalista como a soma dos preços que ele paga por esses meios e pelos salários, as duas partes, portanto, sendo colocadas no mesmo universo homogêneo.

Vejamos isso mais de perto. Um fabricante de tecidos reúne, *grosso modo*, quantidades diversas de fios, teares e trabalhadores. O produto final se iguala à soma da quantidade de fios, mais a parcela da quantidade dos teares gasta nesse ciclo, acrescida finalmente da quantidade das horas de trabalho, todas as três multiplicadas respectivamente pela unidade de seus preços relativos. O modelo simples desse processo estabelece uma correspondência entre cada fator e sua expressão algébrica. Continuando na tradição hegeliana, Marx, porém, recusaria esse tipo de abstração, pois os elementos precisam, além do mais, provar-se reprodutíveis e trocáveis, necessitando, pois, estar unidos para compor um processo produtivo permanente, que por sua vez só se move com a finalidade de produzir excedente econômico. A síntese dos fatores se faz, portanto, tendo como fundo processos efetivos de trabalho, os quais, sendo reprodutíveis e trocáveis, são abstratos e homogêneos. Tanto os fios como os teares devem ser vistos dessa perspectiva que articula a *razão* de todo o sistema. Daí a necessidade de cada fator apresentar-se como parcela do valor total do produto total, sendo desprezadas todas aquelas atividades que não conseguem se exprimir socialmente nesse encadeamento de valores. No entanto, se a finalidade de toda atividade produtiva é produzir mais-valor, se, de todas as parcelas de valor que se integram no produto final, somente o valor da força de trabalho, por causa da efetivação por seu valor de uso, é capaz de criar mais--valor, então unicamente a parte do valor crescente constitui o fundamento, a razão do processo. Noutros termos, a parte do valor não pago a um dos fatores, correspondente a um trabalho efetivo não pago, move o processo reflexionante, de sorte que a expansão ou retração do capital como um todo determina a absorção ou expulsão da força de trabalho do conjunto do sistema produtivo. Como explicita Marx: "São esses movimentos absolutos da acumulação do capital que se refletem como movimentos relativos na massa da força de trabalho explorável e, por isso, parecem se dever ao movimento próprio desta última. Para usar uma expressão matemática, a grandeza da acumulação é a variável independente; a grandeza do salário, a dependente, e não o contrário" (*K*, I, 23, 648; trad., 2, 192).

Vale a pena demorar no sentido desse "refletir" (*widerspiegeln*), pois ele indica a chave do método de projeção das forças produtivas nas relações de produção. O modo de acumular marca o ritmo de todas as atividades que dispõem as mercadorias para a síntese do trabalho. As variações do capital disponível determinam as variações da massa de trabalho integrada; por sua vez, seu volume determina a quantidade das forças produtivas sendo mobilizadas segundo suas conexões técnicas. Estas últimas serão adequadas ou não ao movimento autônomo do capital, que assim se torna êmbolo e limite de todo o processo. Mas sem a *tradução* dessas forças em termos de valor elas não têm meios de ser postas em exercício. Não há dúvida de que o capitalista opera com preços de mercado, cujo vínculo com os valores respectivos talvez não seja possível calcular; importa-lhe economizar o custo dos fatores, sobretudo pressionando para baixo, quanto puder, o salário, a variável que lhe parece dependente. Mas, do ponto de vista do sistema como um todo, o trabalho morto coagulado nos meios de produção somente pode ser reposto e movimentado ao entrar em contato com o trabalho vivo numa *determinada proporção*, constituída pelo próprio mercado de capitais. Nessa altura da análise, está se pressupondo que este seja concorrencial e que, no final do ciclo produtivo, haja excedente econômico. É *pressuposto* permanente da produção capitalista que certa quantidade de tempo de trabalho imediato se confronte com a quantidade de trabalho congelado nos meios de produção, mas esse pressuposto é reposto mediante a intervenção da atividade de vários agentes ajuizando suas possibilidades de ação e igualmente mediante o peso do capital fixo que se avoluma conforme o processo produtivo se reproduz. Ora, até que ponto esse pressuposto quantitativo será posto em xeque por essa reiteração?

SENTIDOS ROUBADOS 4.5.

Atentemos primeiramente para os agentes responsáveis pela produção da riqueza capitalista e que atuam tendo em vista leis a eles se impondo como segunda natureza. Por que a reflexão do capital os *determina* como se fossem *suportes* de um processo cujo sentido lhes escapa? Vejamos como se dão os processos sociais pelos quais se realiza socialmente a composição orgânica do capital. Os agentes se apresentam desde logo como proprietários de mercadorias, mas igualmente como proprietários de partes do processo produtivo, meios de produção, terra, dinheiro, e força de trabalho, que somente se dispõem para o real se a propriedade inicial for valorizada. Note-se que isso também vale para os assalariados, que cuidam de transformar sua mercadoria em dinheiro. Já na estrutura mais simples, vigente entre produtores de mercadoria, as primeiras trocas somente podem deixar de ser *acidentais* quando encontram o padrão do equivalente geral e passam a ser feitas mediante o dinheiro já constituído (*K*, 1, 23, 102). Do mesmo modo, os trabalhadores só colocam suas respectivas forças de trabalho sob a forma de valor depois que estas forem reiteradamente trocadas. Mas, na medida em que conformam sua força de trabalho para a troca, eles ficam impedidos de perceber a relação de dominação a que se submetem. A exploração se oculta ao assumir a forma de troca de equivalentes, da qual se torna privilégio participar. E só obtém emprego quem está livre das peias das sociabilidades pré-capitalistas ou é capaz de enfrentar a concorrência feroz de outros desempregados.

Do lado dos capitalistas, a propriedade do capital, mesmo quando se encontra efetivamente sob forma da posse de meios de produção, virtualmente sempre se coloca sob a forma de dinheiro, que se valoriza aparentemente se for investido na terra, na fábrica, no comércio, num serviço etc. ou aplicado no mercado financeiro. Essas *opções* estão no nível da *vontade* e do *cálculo* dos capitalistas individuais, sendo que agem, pois, tendo em vista taxas de retorno previamente *representadas*. Mas essa equivalência representada das opções é falsa da óptica sistêmica, porquanto *no todo* não se realizariam se parte considerável dos agentes não se inserisse na diversidade reflexiva do capital produtivo. É impossível todos ganharem investindo dinheiro a juros. No fundo, deve haver uma fonte de valor alimentando essa distribuição da nova riqueza social gerada. Isso significa que o *sentido* de cada ação é *roubado* pela maneira como ela se efetiva no contexto gramatical de outras ações. O sentido subjetivo de cada comportamento — e aqui *subjetivo* não diz respeito apenas ao lado mental mas ainda àquela maneira pela qual uma representação se liga a uma categoria que se personifica na superfície das relações de produção — vai sendo subvertido pelo *sentido* que os *produtos* vão adquirindo na configuração de um processo *total* responsável pela reposição do sistema em funcionamento. No horizonte Marx está sempre imaginando que essa subtração de sentido das ações dos representantes de cada categoria do sistema será integralizada pela categoria de capital social total, quando todos os agentes, no que respeita ao lado representativo e gramatical de seus comportamentos ligados às suas respectivas propriedades, estiverem sendo subsumidos ao movimento de perequação da taxa de lucro, vale dizer, da uniformização do processo de autovalorização. Em poucas palavras, a reposição do pressuposto quantitativo, a despeito da ramificação crescente dos incidentes mediadores, estaria assegurada pela identidade congelada do capital como substância capaz de se autovalorizar e de encontrar sua própria medida.

Convém demorar-se no que estou chamando subtração de sentido. Os agentes agem efetivamente, de acordo com certos parâmetros vigentes, diante das opções que lhes são oferecidas; suas ações por sua vez resultam respectivamente em lucro, renda ou salário, ou ainda numa das configurações derivadas dessas categorias elementares da diferenciação do capital. Mas para que o representado na ação real seja logrado é preciso que certas mediações também se realizem, as quais em contrapartida vão dando sentido diferente ao sentido visado e aparentemente obtido, conforme elas ligam os *produtos* àqueles processos que os conduzem a seus respectivos destinos sociais. Os meios de produção devem, em última instância, estar vinculados a processos de trabalho que, por sua vez, somente se efetivam se forem, primeiramente, postos sob forma-valor, depois, integrados no processo mais geral de autovalorização do valor. Mas o arredondamento dessa reflexão está supondo falsamente, primeiro, que o caminho da mediação não esteja criando atritos e deixando rastros, os quais, por fim, viriam pôr em xeque a mensuração representada e requerida; segundo, que a formação de cada agente como suporte da nova categoria seja capaz de evitar que esse indivíduo se comporte de modo inadequado. Não reside aqui a chave da ilusão daqueles que acreditam no ajuste contínuo da oferta e da demanda, conforme a lei de Say? A mera intervenção de nova categoria — no caso mais simples, a troca de mercadorias passando a ocorrer em virtude da mediação do dinheiro — abre o espaço restrito de uma ação incorreta. Por isso Marx encontra a matriz *formal* da crise, já no modo de produção simples de mercadorias, na possibilidade de interromper a cadeia M — D — M, quando, por exemplo, alguém entesoura dinheiro e bloqueia sua capacidade de pagamento, impedindo assim a finalização do valor. Desse modo, oferta e demanda ficam sem poder de efetivação (*K*, I, 23, 128; *TMW*, 3, 510). É de notar, porém, que o comportamento certo e aquele errado hão de ser julgados no nível em que a razão da troca se efetiva. Se outras indagações sobre a racionalidade do sistema são possíveis, não é por isso que sua racionalidade pode ser avaliada do ponto de vista da reflexão exterior.

No entanto, assim como a cristalização da sequência M — D — M oculta para a representação dos agentes a primeira possibilidade formal da crise, criando a ilusão de que o processo reflexionante se faz sem risco e sem solução de continuidade, também a formalização das relações do capital com o lucro, da propriedade fundiária com a renda, do trabalho com o salário cria a ilusão de que lucro, renda e salário nada mais seriam do que resultantes naturais do processo de trabalho. Se o aumento da riqueza aparece como processo natural, também é natural que cada trabalho receba sua remuneração. As relações profundas responsáveis pelo movimento de cada categoria do capital como um todo, porque o sentido de cada categoria está sendo roubado pelo movimento de seu *produto*, *aparecem* então exclusivamente como se fossem determinadas tão só pelos momentos do processo de trabalho, isolado de seu movimento de socialização. Tudo se passa como se a reflexão do capital estivesse sendo mobilizada pelo esforço do assalariado, do capitalista e do proprietário fundiário, representantes dos três momentos do processo de trabalho. A racionalização da exploração irracional do trabalho alheio aparece, pois, como atividade racional em relação a fins.

Graças a esse movimento e a essa ocultação, fecha-se, do lado gramatical, o processo de exprimir forças produtivas em relações sociais de produção. Vimos que ele se inicia com a constituição do valor, quando forças produtivas passam a ser medidas pelo tempo socialmente necessário à sua reposição, medida que, na sua completude ilusória, oculta tanto as diferenças de produtividade do trabalho individual como as próprias atividades sob a capa de uma coisa sensível/suprassensível autoproponente. No circuito do capital, as forças produtivas determinam-se pela composição técnica desse capital e se exprimem sob a forma de sua composição orgânica; esta expressa na forma de valor a proporcionalidade daquela. No final desse processo de determinar o sentido das atividades dos proprietários dos respectivos meios de produção, as atividades dos principais agentes do modo de produção capitalista se determinam como se nada mais fossem além de operações empreendidas por eles em vista da obtenção de um valor. O jogo de linguagem do capital aparece, pois, articulando uma sequência de figuras significativas que oculta os significados mais profundos ligados à contradição capital-trabalho.

CONSTITUIÇÃO DAS INDIVIDUALIDADES SOCIAIS   4.6.

O sentido social das ações por meio das quais as categorias mais simples do sistema estão sendo repostas vai se perfazendo à medida que outras ações passam a repor as novas categorias esboçadas pelo desdobramento lógico das primeiras. Mas na esteira desse movimento de determinação de ações também os indivíduos se determinam. Se o desenvolvimento dos conceitos econômicos, vistos criticamente, consiste na projeção de todos esses comportamentos no movimento dos produtos-valores, os indivíduos agentes também se desenham, antes de tudo, como personagens, máscaras, portadores desses conceitos. No entanto, a ação é anterior a seu conceito. "No seu embaraço os nossos possuidores de mercadoria pensam como Fausto. No início era a *ação*. Por conseguinte já agiram antes de ter pensado" (*K*, I, 23, 101). Isso não implica, porém, que essas ações não pareçam se resolver em pensamentos, pois no final são determinadas praticamente pelo movimento objetivado na categoria, ocultando assim, no relacionamento entre os signos-valores, a atividade efetiva que se exerce por meio deles. Ao cumprirem, entretanto, a tarefa de resguardar as categorias, os agentes ainda mantêm entre si relações de *reconhecimento*, no interior do circuito dos signos no qual tais relações se projetam:

> Para que essas coisas se refiram umas às outras como mercadorias, é necessário que seus guardiões se relacionem entre si como pessoas, cuja vontade reside nessas coisas, de tal modo que um, somente de acordo com a vontade de outro — portanto, cada um apenas mediante um ato de vontade comum a ambos —, se aproprie da mercadoria alheia enquanto aliena a própria. Eles devem, portanto, se reconhecer reciprocamente como proprietários privados. Essa relação jurídica, cuja forma é o contrato, desenvolvida legalmente ou não, é uma relação de vontade, em que se reflete a relação econômica. O conteúdo dessa relação jurídica ou de vontade é dado por meio da própria relação econômica. As pessoas, aqui, só existem reciprocamente como representantes e, por isso, como possuidores de mercadorias. [*K*, I, 23, 99-100; trad., I, 79-80]

Esse texto, que se refere à troca mercantil, não deve ser estendido às trocas mais complexas do capital? Assim sendo, a atividade do agente não se resume a carregar a categoria. Imediatamente depois de examinar a constituição do objeto sensível e suprassensível do valor, Marx trata, como dirá em outras passagens, de corrigir o matiz idealista de sua análise. Voltando-se para o ato efetivo da troca, cuida de mostrar como as relações projetadas no produto alienado continuam operando para sustentar a forma e seus movimentos de posição. E o faz sublinhando que os agentes, embora na qualidade de suportes de categorias, ainda mantêm entre si relações de vontade, de caráter jurídico, mesmo sem estarem formuladas por estatutos legais. Esse contrato prático, travado por juízos práticos, é a contrapartida cotidiana à idealidade alienada do valor e demarca o terreno daquelas ações sociais efetuadas por aqueles personagens que foram liberados de outras formas de sociabilidade. Depois de armado esse conteúdo, tecido pela trama do condicionamento econômico, torna-se então possível formulá-lo em lei promulgada. Os agentes são tanto promotores da categoria valor como mantenedores de relações de *reconhecimento* que os especificam como proprietários coagidos juridicamente, obrigados a respeitar a propriedade alheia, cujo caráter privado encontra seu sentido no intervalo da troca de valores. O exercício da vontade não põe assim o eu no objeto, mas se dá no reconhecimento intersubjetivo em que cada eu se define primeiramente como aquele que reconhece o outro e a si mesmo como proprietário, não de coisas, mas de objetos sensíveis e suprassensíveis. Desse modo, se a primeira condição formal da crise consiste na interrupção da sequência M — D — M, mediante o ato inadequado de entesourar, é porque no nível da práxis alguém está preparado e educado para aplicar a relação jurídica relativa a um novo tipo de propriedade. Convém notar que, se o estado capitalista, como categoria econômica, intervirá somente num momento muito posterior do desenvolvimento dos conceitos, não é por isso que não tem suas raízes em processos muito simples responsáveis pela armação do valor.

Esse exemplo não indica como são complicadas as relações de infra e superestrutura? Relações infraestruturais requerem que os agentes se reconheçam entre si conforme atuam neste ou naquele ponto da estrutura demarcada logo de início pela divisão do trabalho. Mas esse reconhecimento, ao ser feito pela mediação do signo-valor, que coloca os agentes no plano de uma troca equitativa, serve para encobrir a luta específica travada por eles. No caso das trocas mercantis, aquele combate que exclui do mercado os produtores menos produtivos; no caso da venda e compra da força de trabalho, a dominação implícita do capital na qualidade de comando sobre o trabalho alheio. Desse modo, o reconhecimento tácito nessas relações de poder formula uma igualdade que oculta o poder efetivo, sustentado pela apropriação dos meios de produção, cuja violência é encoberta em virtude de estar mediada por relações contratuais que articulam a troca de valores. Precisamente o contrário do que ocorre na dialética hegeliana do senhor e do servo, quando a luta é superada pelo reconhecimento de que o outro, depois de ser educado no serviço do trabalho, além de vencer a última batalha, traz à luz sua superioridade espiritual. Para Marx a legitimidade do poder oculta uma violência originária, específica de um dado modo de produção.

 Percebe-se que as relações de propriedade constituem a outra face da moeda em que estão cunhadas relações sociais de produção. Mas essas estruturas congeladas nada seriam se não fossem sustentadas por ações concretas de indivíduos que, além de carregar os andores por onde circulam as categorias do capital, ainda se determinam e se educam como atores capazes de desempenhar suas respectivas funções. É preciso separar os dois planos em que a análise se processa. No primeiro, os símbolos pelos quais a expressão valor se desenvolve vão revelando suas relações gramaticais, internas, um objeto se projetando no outro como sua regra, a demarcar assim o mapa das diversas formas desse sistema expressivo. De novo encontramos, no plano mais complexo do capital, a história contemporânea da mercadoria. No segundo, apresentam-se as ações e as individualidades requeridas e necessárias para sustentar tais formas significativas, as maneiras pelas quais indivíduos em circunstâncias históricas determinadas vão se conformando a fim de manter o mapa determinante. Note-se que operam duas reflexões. Primeiramente, aquela da gramática que mostra o desdobrar contraditório das determinações valor de uso e valor de troca, mas que *determina* seu modo de apresentação, fazendo dos indivíduos suportes das formas, agindo, de um lado, à medida que os sentidos subjetivos estão sendo roubados por um sentido social que deles escapa; de outro, tomando consciência da interação especificada no seu respectivo nível. Para que as regras possam ser seguidas, é preciso que os próprios indivíduos se reflexionem e se determinem como pessoas, proprietários dotados de vontade e tomando consciência do caráter contratual de seus atos. Para poderem seguir a regra fetiche, virem a ser efetivamente compradores e vendedores, os agentes devem desenvolver determinações próprias, conformar-se para poder cumprir seus papéis. Em resumo, a *determinação* dos agentes como suportes, casos da categoria, ainda se associa à sua *reflexão* como proprietários capazes de estabelecer entre si relações contratuais. No entanto, se a *representação* das forças produtivas e a *apresentação* das condições necessárias para manter a face categorial, nos primórdios de um modo de produção, caminham harmonicamente, a despeito da luta interna que a forma oculta, crescem paulatinamente as forças sociais que excedem sua forma social até que se instale o período revolucionário. Então novas reflexões abririam o caminho da história.

Encontra-se o mesmo tipo de análise no fim d'*O capital*: depois de ter descrito as três formas de rendimento e de suas fontes, Marx investiga como se especificam os proprietários da força de trabalho, do capital e da terra. Eles se conformam e se apresentam como membros das três classes fundamentais do sistema. Mas infelizmente esse capítulo não foi terminado. No entanto, as páginas iniciais indicam que uma classe não se constitui exclusivamente pelos indivíduos alinhados segundo o mesmo tipo de rendimento, como se essa forma cunhasse diretamente um conteúdo. Assim como na troca mercantil os atores não se determinam apenas como compradores e vendedores, pois desse modo uma regra estaria sendo transposta para o plano da ação ignorando a mediação do fetiche, também as relações mais aparentes do sistema capitalista não servem de imediato como parâmetro para determinar a identidade dos agentes coletivos. Não foi esse tipo de projeção, entretanto, o grande erro do marxismo vulgar? Se o mesmo tipo de rendimento determinasse uma classe, médicos e funcionários constituiriam classes diferentes, tudo dependendo do nível de desagregação em que o grupo fosse considerado (*K*, III, 25, 892). A problemática das classes não se resolve, pois, na mera descrição de grupos de indivíduos movidos por interesses confluentes, em contraposição àqueles de outros grupos. É notável que a determinação de suas respectivas identidades não seja capturada pela descrição empírica dos interesses, daí sendo deduzido o tipo de ação daqueles que procuram realizá-los. Pelo contrário, antes de tudo se descreve o desenvolvimento das categorias, da forma de objetos-ideogramas, enfim, das regras pelas quais os atores se pautam, mas sublinhando a inversão de sentido por que passam as formas expressivas mais simples conforme vão se tornando mais complexas. Quando se atinge o ponto culminante da autonomização dessas formas, a autonomia relativa de cada uma se completa quando as formas de distribuição aparecem como se fossem momentos do processo de trabalho. Mas, nesse movimento de parecer cunhar a atividade correspondente, os agentes precisam determinar-se reflexivamente para serem capazes de mover a forma expressiva que lhes corresponde. Assim como compradores e vendedores de mercadorias devem pôr em movimento suas próprias vontades, igualmente operários, capitalistas e proprietários fundiários necessitam, além de colocar em movimento as determinações que já possuem enquanto operam com valores, desenvolver outras determinações que os capacitem a valorizar suas respectivas propriedades. A determinação em si se completa com determinações para si. Nada mais falacioso, portanto, do que a análise sociológica que liga interesse a conhecimento, pois o reconhecimento do indivíduo como membro de um grupo passa pela mediação de objetos-signos, os quais, se, de um lado, pedem que sejam reconhecidos e levados em conta, de outro, servem para encobrir a violência responsável por esse tipo de relação social.

É nesse nível das condições requeridas para o funcionamento da estrutura que a problemática das classes deve ser colocada, pois só assim o estatuto ontológico do fenômeno haverá de ser compreendido. Uma classe não é um agrupamento de indivíduos nos quais se ressaltam certas notas características, tampouco o grupo daqueles indivíduos que recebem uma mesma forma de rendimento e têm interesse em mantê-lo. Os atores se constituem em classe à medida que se conformam para efetivar essa forma, para conseguir colocar sob a forma de valor (*verwerten*) a força de trabalho, o capital e a propriedade da terra (*K*, III, 25, 893). A contradição entre o capital e o trabalho não se realiza, pois, sem essa conformação de agentes coletivos e, particularmente, sem esse deslocamento do processo de representação. Note-se que essa conformação não segue o mesmo caminho para quem apenas exerce seja o capital industrial ou a renda, seja o salário; para este último a forma é valor e exercício desse valor no confronto direto com a natureza. No nível mais elementar, um valor de uso encontra noutros seus valores de troca, o vendedor o *vê como* caso do valor. No nível mais complexo, até o trabalhador *vê* sua força de trabalho *como* algo a ser posto sob a forma de valor no contexto mais amplo de autovalorização da riqueza social. No entanto, *vê* também seu trabalho para obter salário *como* se fosse momento do trabalho coletivo de que participam igualmente capitalistas e proprietários fundiários. Mas, para que essa representação se torne efetiva, o trabalhador ainda se *vê como* associado a outros trabalhadores, embora em concorrência com eles, tratando por conseguinte de perfazer tais vínculos. A gramática mais complexa do capital constrói uma ilusão necessária, ao mesmo tempo que abre para os protagonistas a possibilidade de tomar consciência de suas respectivas situações; estas estão demarcadas por formas de sociabilidade que se praticam antes de que sejam cientes. Esse complexo de ilusões necessárias e práticas correspondentes se estabilizaria num organismo harmônico, a contradição entre as determinações gramaticais se colocaria como oposição entre grupos sociais atuantes, escondida, porém, sob o manto das identidades da forma-valor e do contrato, se todo o processo não fosse sacudido por crises intermitentes. Mas seus efeitos, em vez de conduzir tais grupos ao *exercício* de práticas, cuja articulação propiciasse tomar consciência de suas respectivas individualidades sociais no conjunto do processo de produção, vale dizer, do papel que cada um cumpre no movimento de exploração do trabalho, tendem, como veremos em seguida, a solapar o próprio processo de individuação desses agentes coletivos. Sem a crise, a ilusão se fecharia na boa infinidade do absoluto aparente, e o saber prático--teórico da ilusão se confirmaria como espécie de reino animal do espírito. Mas vamos mostrar que ela termina por afetar o próprio processo de exprimir forças produtivas em relações de produção, sem entretanto gerar nessas relações as prefigurações *consistentes*, do ponto de vista prático, capazes de gerar novo sistema. Porque, em suma, a estruturação antiga não promove outra capaz de exprimir as novas forças produtivas, fibrilam as articulações do modo capitalista de produção, sem que se realizem as esperanças de Marx de que o novo já estivesse inscrito no velho. Sua racionalidade será posta em xeque sem que um grupo social se individualize como proletário e assuma a responsabilidade pela demolição do sistema. Este não é o preço que Marx teve de pagar por ter tido a coragem de fazer do Absoluto uma ilusão necessária?

OBSTÁCULOS AO MÉTODO DE PROJEÇÃO 4.7.

Estamos tentando, depois de sublinhar a importância daquela dualidade que já aparece no início d'*O capital*, entre a análise genética da *expressão-valor* e a descrição da *atividade* da troca, compreender como o estudo das formas dos rendimentos, da trindade lucro, renda fundiária e salário, deve ser completado pelo exame das ações com sentido capazes de sustentar o movimento dessas formas. Mas também cumpre indicar como essas ações, pelas quais as categorias se realizam socialmente, implicam conformar individualidades sociais. No nível da circulação simples, elas se formam como pessoas dotadas de vontade e capazes de manter relações contratuais; no nível mais complexo do modo capitalista de produção, essas mesmas pessoas ainda tendem a se socializar em classes, aliadas para manter a carapaça categorial, travejada por contradições à medida que suas ações têm seus sentidos roubados por um processo objetivo de circulação de produtos-signos, responsável pela ruptura daquela equidade pressuposta na troca mercantil. O que acontece, entretanto, com os elementos simples desse jogo simbólico?

No modo de produção capitalista o desenvolvimento da produtividade do trabalho deve necessariamente exprimir-se numa estruturação do valor, de tal maneira que a taxa média da mais--valia corresponda a uma taxa de lucro declinante. O que determina essa taxa de mais-valia? A proporção entre a mais-valia produzida e o capital variável empregado. Se para R$ 90,00 de salário exercido se obtiver R$ 90,00 de mais-valia, a taxa é de 100%, mas se o mesmo salário produzir R$ 180,00 a taxa é de 200%. Se, em vez de essa mais-valia ser referida ao capital variável, ela o for ao capital global, então passa a funcionar como lucro e a relação da mais-valia com esse capital global vem a ser a taxa de lucro. Visto que o aumento da produtividade do trabalho provoca o crescimento contínuo do valor do capital constante, permanecendo constante a taxa de mais-valia, a taxa de lucro decrescerá proporcionalmente. Em princípio, sendo que, com o desenvolvimento tecnológico, aumentaria o valor do capital constante em relação ao capital variável, único responsável pela produção de mais-valor, já que diversos setores de produção, cada um operando com sua própria composição orgânica, terminariam por igualar suas diferentes taxas de lucro numa taxa comum a todo o sistema, esse crescimento contínuo da produtividade do trabalho *se expressaria* na tendência decrescente dessa taxa de lucro comum e na formação de uma população excedente. Como seria possível esse modo de produção sem o lucro que é sua razão de ser? Por fim surge o êmbolo a empurrar o sistema para a crise final.

No entanto, o próprio Marx estuda como esse esquema se diversifica ao se aproximar da realidade histórica. Em países diferentemente desenvolvidos do ponto de vista capitalista, a taxa de mais-valia oscila na relação inversa desse desenvolvimento. Ainda é possível ocorrer que uma taxa de lucro regional seja calculada integrando fatores reproduzidos fora das condições capitalistas estritas. Mas essa diversidade empírica deveria estar sendo suplantada pela tendência geral do sistema, que haveria de igualar, no nível da expressão, as diferentes produtividades do trabalho. Só assim se manteria a lei segundo a qual, dado um *quantum* determinado de capital social médio, os meios de trabalho (trabalho morto) aumentam de valor em relação à parcela de trabalho vivo (*K*, III, 25, 225; trad., 165-6). No entanto, pergunto, o que aconteceria se diversos setores produtivos passassem a integrar insumos de alta concentração tecnológica, computadores, por exemplo, cujos preços não estariam vinculados ao tempo necessário à sua produção? Basta considerá-los sendo produzidos por empresas que mantenham o monopólio da invenção tecnológica, de sorte que seus produtos têm preço sem ter valor. Um instituto de engenharia encarregado de desenhar projetos de plantas industriais a serem vendidas no mercado não guarda a sete chaves o segredo da alta qualidade de seus produtos? E não trata de se preparar para, a cada descoberta de seus concorrentes, melhorar ainda mais seu sistema produtivo? É de notar que se trata do monopólio da invenção da óptica do social. Sabemos que uma patente hoje em dia é de curta duração, tal a concorrência que se dá na produção de novos conhecimentos. Além do mais, em geral esse novo conhecimento surge em pequenos centros de pesquisa, mas logo é absorvido por firmas monumentais, ou o pequeno se transforma em monumento, de sorte que uma nova fórmula ou uma molécula se socializam depois de atravessar o enredo gigantesco de uma empresa quase sempre multinacional. Esta é a grande monopolizadora do saber social.

O capital operado nessas condições escapa daquele movimento de perequação da taxa de lucro, de sorte que o capital social total fica impedido de se exprimir como identidade reflexionante. Assim sendo, como os mais variados capitais fixos podem encontrar uma medida comum? Nesse caso, a produtividade do trabalho cresceria exponencialmente sem que a lei da queda tendencial da taxa de lucro encontrasse condições de funcionar, porquanto ela perderia a medida homogênea que engloba todos os capitais. Faltar-lhe-ia o método de projeção capaz de exprimir essa força produtiva em termos de valor-trabalho determinado pela totalidade do sistema, pois lhe falta também aquela abstração responsável pela homogeneização de todas as formas de trabalho.

Além do mais, esse modo de representação espera ser capaz de separar nitidamente, no processo de produzir a totalidade da riqueza social, de um lado, o trabalho assalariado produtor de mais-valia, por conseguinte, produtivo da óptica do capital; de outro, todas as demais atividades dos vários agentes do sistema, tão só dividindo entre si essa massa de mais-valia já criada. Sem essa oposição, que empresta o sentido social à rica diversidade dos processos de trabalho, a contradição entre capital variável e capital constante emperra, perde o movimento *interno* de seu desdobramento quantitativo.

O próprio Marx já notara que o crescimento acelerado das forças produtivas provocado pelo capital desarruma aquela proporcionalidade que está no cerne de sua composição orgânica: "O capital é igualmente o constante pôr e o superar da *produção proporcional*. A proporção existente deve ser sempre superada pela criação do mais-valor e do aumento das forças produtivas. Mas a exigência de que a produção deva ser ao mesmo tempo e *simultaneously* ampliada na *mesma proporção* coloca exigências externas ao capital, que de modo algum surgem a partir dele; ao mesmo tempo, o sair da proporção dada num modo de produção empurra todas elas para fora delas e em proporções desiguais" (*G*, 317).

Até que ponto essa desproporcionalidade sistêmica, resultante do avanço tecnológico, não altera os elementos simples desse modo de expressão?

INVERSÃO DO SENTIDO TRADICIONAL DO TRABALHO 4.8.

Examinemos as condições desse emperramento. Para que a tendência declinante da taxa de lucro seja responsável pela implosão do sistema, os capitais mobilizados devem se assegurar de seus processos efetivos de medida. No entanto, o próprio Marx percebe que o desenvolvimento do capital começa a corroer seu método de expressão numérica. Dez anos antes da publicação do primeiro volume d'*O capital*, entre 1857 e 1858, ao redigir os textos hoje conhecidos sob o título *Grundrisse der Kritik der Politischen Ökonomie*, Marx antevê que esse estranho modo de produção termina pondo em xeque a própria forma elementar da riqueza capitalista, a forma mercadoria na sua expressão valor. Já vimos que aqueles materiais e meios de produção, cujos valores no interior de um dado circuito da produção são diretamente transferidos para o produto, configuram o capital circulante, enquanto aqueles fatores, igualmente medidos em termos de valor, servindo de base para novo circuito, determinam o capital fixo. Graças a essas novas operações formais, o trabalho morto, remanescente de um ciclo produtivo, pode conservar sua forma-valor, integrar-se na produção do capital estendida no tempo, permitindo assim que novas forças produtivas sejam subsumidas a ele. O capital fixo se insere no processo de produção porque faz valer seu valor de uso como qualquer outro meio produtivo, mas, ao permitir que as ciências se transformem na base tecnológica para o capital, desenha um agente com características próprias. Ao ser integrado na reflexão do capital, o processo de trabalho aparece como material-trabalho (isto é, a matéria-prima sob forma de valor), meio de trabalho e trabalho vivo, valores de uso do capital sendo postos em atividade segundo suas formas (*G*, 582-3). Enquanto capital fixo, porém, esse *meio de trabalho* sofre modificações progressivas, transformando-se no "sistema automático da maquinaria".

Suas peças agora se articulam segundo aquelas propriedades abstratas que as ciências nelas encontram, de sorte que um impulso energético mínimo desencadeia um fluxo fantástico de informações inscritas nas coisas. Desse modo, todo trabalho morto incorporado a essas máquinas se determina como se fosse o próprio processo produtivo, diante do qual o trabalho vivo se restringe a vigiar a continuidade do autômato: "O trabalho objetivado aparece de imediato na maquinaria não apenas na forma do produto ou desse produto empregado como meio de trabalho aplicado, mas como a própria força produtiva" (G, 585-6). É de notar que o meio de trabalho se converte em seu objeto, o que subverte por completo toda a racionalidade imposta por esse processo nas suas formas mais simples. Por certo o capital precisa dessa vigilância para dar continuidade a seus movimentos mas, se pondo socialmente como a produtividade da própria sociedade, relega o processo de trabalho na sua forma mais simples a mero incidente que um dia poderia ser dispensado. "O trabalhador surge como supérfluo, na medida em que sua ação não está determinada pelo carecimento" do capital (G, 586).

Nessa alteração formal, que faz do capital fixo a medida da produtividade da sociedade, convém ressaltar dois aspectos. Em primeiro lugar, o trabalhador se torna supérfluo, porquanto sua atividade está escapando do controle *formal* do capital, embora tudo o que ele faça esteja sendo determinado *materialmente* por ele. Tanto é que constitui o exército industrial de reserva, vale dizer, disponível para o capital conforme suas necessidades. O operário especializado continua sendo empregado por meio da venda e compra da força de trabalho, conforme a nova proporção determinada pela produtividade recém-instalada, sempre em função de fazer aumentar para o empregador a parte de trabalho não pago, mas também esse trabalhador é instrumento de exclusão ao expulsar para o exército industrial de reserva todos aqueles que não estão em condições de competir com ele. Por certo os operários lutam para diminuir a jornada de trabalho ou aumentar o número de turnos que fazem o capital fixo funcionar reiteradamente, mas essa luta permanece subordinada à racionalidade do capital, que só emprega tendo em vista satisfazer suas necessidades de lucro e ocupar espaços estratégicos com o intuito de fazer crescer seus rendimentos. Mas essa identificação dos meios de trabalho com seus objetos traz à oposição capital-trabalho novas dimensões. O capital fixo aparece como a forma mais adequada do capital em geral, porquanto tudo se passa como se estivesse sempre se relacionando consigo mesmo; em contrapartida, é o capital circulante que se apresenta dessa forma, pois tudo depende dele para se pôr em movimento (G, 586). De um lado, o capital se enaltece a si mesmo como a grande força do progresso social, de outro, promove o trabalho criador da ciência, ou aquele feito por ela, na qualidade de seu grande associado, como se a criação do exército industrial de reserva nada tivesse a ver com ele. Toda a acuidade de Marx se concentra na procura da contraparte organizacional dos operários, o trabalhador social total, que corresponderia a esse novo movimento de integração do capital.

No fundo, porém, a atividade do trabalho, potencializada ao máximo para que dela se extraia mais-valia relativa criada por alguns poucos, se objetiva na progressiva autonomização do desenvolvimento tecnológico sob a forma de capital fixo. A maquinaria organiza o sistema produtivo numa armação automática, da qual o trabalhador participa como elemento consciente, e acelera aquele processo de transformar meios de produção, no que diz respeito até mesmo a seus respectivos valores de uso, em resultados do capital, totalmente separados da atividade do trabalho. As partes da máquina e da organização se ligam por aquelas propriedades mais íntimas que as ciências reconhecem nelas. Essas ciências vêm a ser, desse modo, força produtiva, e o processo de produção distancia-se ainda mais do processo simples de trabalho, já que também suas partes são socializadas por atos de vontade baseados no conhecimento das entranhas do real. O trabalhador converte-se no mero órgão consciente distribuído em diversos pontos de um processo objetivo, unificado pela complementaridade de suas partes, cuja produtividade parece criar a medida daquilo que a sociedade produz. Assim se *inverte* a relação de sentido do trabalho vivo com o trabalho morto (G, 584-5). Esse ponto me parece crucial para o fundamento da racionalidade do sistema produtivo como um todo. Nas novas condições, "a produtividade da sociedade se mede pelo capital fixo, que existe nele sob forma objetivada; em contraposição, a produtividade do capital se desenvolve com esses avanços de que o capital se apropria gratuitamente" (G, 586). Até que ponto a produtividade da sociedade se separa da produtividade do capital? Vindo a ser apenas vigilante de um processo automático, o trabalhador deixa de mediar sua atividade pelo instrumento, pois é o próprio capital fixo que vem a ser produtivo, enquanto o trabalho apenas dá o piparote inicial de um movimento que se faz por si mesmo; ele se torna supérfluo na medida em que sua ação não está inteiramente conformada pelo empuxo do capital.

No entanto, em virtude do extraordinário aumento da produtividade do trabalho, que provém antes de tudo do fato de a ciência assumir a forma de segunda natureza, as categorias mais elementares do capital começam a fazer água:

> Na mesma medida em que o tempo de trabalho — o mero *quantum* de trabalho — é posto pelo capital como o único elemento determinante, igualmente desaparecem o trabalho imediato e sua quantidade como o princípio determinante da produção — a criação de valores de uso —, [esta] sendo quantitativamente rebaixada à proporção mínima, assim como qualitativamente a um momento in-

dispensável mas subalterno, em oposição, de um lado, ao trabalho científico em geral, aplicação tecnológica das ciências naturais, de outro, à força produtiva geral, proveniente da articulação social da produção total — [produtividade] que aparece como dom natural do trabalho social (a despeito de ser um produto histórico). O capital trabalha, por conseguinte, para sua própria dissolução como forma dominante de produção. [*G*, 587-8]

Graças a um movimento muito parecido com aquele do Conceito, o capital sublinha o trabalho científico e reduz à sua expressão mais simples, mero dispêndio de energia física, a atividade do trabalhador desqualificado. Mas essa clivagem não começa a corroer o funcionamento da lei do valor-trabalho e a colocar obstáculos a seu próprio desdobramento? Por certo o capital mantém a massa de trabalho especificada quantitativamente, um *quantum*, como pressuposto de todas as suas ações, mas o desenvolvimento tecnológico perturba a mensuração efetiva desse *quantum*, o qual, como sabemos, se realiza na outra ponta do processo, na realização do valor pelo consumo em geral. Desse modo, a riqueza social é pressuposta como quantificável sem que sua posição torne esse pressuposto efetivado. Em suma, a dificuldade de transformar valor em preço, encontrada por Marx no seu estudo da perequação da taxa de lucro, mostra-se como um obstáculo intransponível, visto que a quantidade pressuposta fica impedida de se exprimir num único *quantum* social. Isso não põe em perigo todo o desdobramento dialético das categorias, cuja ênfase repousa no processo social da *medida* da riqueza social?

A autonomia do desenvolvimento tecnológico termina por enervar a lei do valor. A medida ilusória, pela qual a produtividade dos trabalhos individuais encolhe ou se potencializa conforme seus produtos se socializam, começa a fazer água diante da desmedida da potência do conhecimento instalado. Na ponta da Revolução

Industrial Marx localiza efeitos no processo produtivo e no mundo cotidiano, provocados pela transformação da Ciência em tecnologia, que somente cem anos mais tarde se tornarão evidentes e assustadores com a revolução da informática. No entanto, em vez de a oposição entre o trabalho morto e o trabalho vivo transformar-se em contradição, porque seus polos se disseram de si, de sorte que o positivo do negativo se faria presente, ocorre a reificação do próprio conhecimento num processo automático, em vista do qual as diferentes produtividades do trabalho perdem sua medida universal.

Vejamos esse processo com mais detalhes. A generalização da troca de trabalho vivo por trabalho morto é o último desenvolvimento das relações de valor e da produção baseada nele. Pressupõe permanente aquela massa de trabalho imediato que, conforme a produtividade da grande indústria vai se acelerando ao se apropriar do progresso tecnológico, passa a criar riquezas progressivamente menos dependentes do tempo e do *quantum* de trabalho efetivamente realizados. Essa criação depende cada vez mais do progresso tecnológico, tendendo a relegar o processo efetivo de trabalho a mero serviço de vigilância e regulamentação da cadeia produtiva. Ocorre, pois, uma desproporção (*Missverhältnis*), um desequilíbrio quantitativo, entre o tempo de trabalho empregado e seus produtos, e outro, qualitativo, entre o trabalho reduzido à pura abstração e a violência dos processos de produção agora empregados. Essa desproporção não é a própria riqueza social em movimento? Em primeiro lugar, ocorre uma transformação de sentido do trabalho vivo. Na sua forma mais simples, mera atividade do indivíduo, esse trabalho se resolve no esforço para alcançar um fim ponderando meios e transformando objetos. Medido pelo valor, passa a integrar a finalidade maior de fazer crescer o bolo da riqueza social. Quando, porém, converte-se na operação de vigilância, como veremos em seguida, vale mais pela forma de associação com outros do que pela relação do indivíduo com o objeto.

Como homem de seu tempo Marx pensa em termos de energia. A manufatura reunira num todo articulado vários processos individuais de trabalho. A grande indústria, por sua vez, vem dissolver esses processos de trabalho e seus respectivos instrumentos num mecanismo autônomo, cujas partes passam a ser associadas por algumas de suas propriedades abstraídas pelas ciências, reduzindo então a atividade do trabalho ao ato de vigiar e controlar o processo produtivo, mas também vigiada e controlada pela organização científica que o capital lhe destina. Mas, do mesmo modo como na máquina automática circula energia ligada a uma fonte exterior, no complexo das atividades produtivas sedimenta-se a atividade do trabalho na sua expressão mais simples, mero dispêndio de energia corporal. Desse esquema, entretanto, Marx retira consequências muito interessantes a respeito da oposição entre trabalho vivo e trabalho morto e indica como se torna possível pensar essa mesma oposição quando a máquina automática é substituída pela máquina informatizada. Mas, nessa última, uma energia mínima desencadeia fluxos de informação inscritos em estruturas moleculares, cujos efeitos quase nada têm a ver com o impulso inicial. Qual é o sentido então de procurar na diversidade dos processos de trabalho aquele dispêndio de energia que lhes imputa homogeneidade social?

Se já na grande indústria o trabalho morto inscrito na máquina automática dificilmente pode ser considerado homogêneo ao trabalho vivo que o mobiliza, não fica inteiramente perturbado o processo de projeção pelo qual a composição técnica do capital se exprime na sua composição de valor? Para Marx o automatismo tem como consequência transformar a apropriação da força produtiva geral do trabalhador, de seu entendimento capaz de dominar a natureza por meio de seu corpo social, no fundamento da produção e riqueza capitalista:

Na medida em que o homem se comporta muito mais como vigilante e regulador do processo de produção, o trabalho já não aparece como encerrado no processo de produção [...]. Já não é o trabalhador que introduz a coisa natural modificada como elo entre si mesmo e o objeto, mas é o processo natural, que ele transformou em processo industrial, que é introduzido por ele como meio entre si próprio e a natureza inorgânica que ele domina. Ele comparece ao lado do processo de produção em vez de ser seu agente principal. Nessa transformação não é nem o trabalho imediato, executado pelo próprio homem, nem o tempo em que ele trabalha, mas a apropriação de sua própria força produtiva geral, seu entendimento e sua dominação da natureza por meio de sua existência como corpo social — numa palavra, o desenvolvimento do indivíduo social é que aparece como o pilar fundador da produção de riqueza. *O roubo do tempo do trabalho alheio, sobre o qual hoje se assenta a riqueza*, parece um fundamento miserável se comparado com a nova riqueza gerada pela grande indústria recentemente desenvolvida. Tão logo o trabalho, na forma imediata, tenha deixado de ser a grande fonte de riqueza, o tempo de trabalho deixa e precisa deixar de ser a sua medida, e portanto o valor de troca, [a medida] dos valores de uso. O *sobretrabalho das massas* deixou de ser condição da riqueza em geral, assim como o *não-trabalho de poucos* [deixa de ser condição] do desenvolvimento dos poderes gerais do cérebro humano. Com isso entra em colapso a produção apoiada sobre o valor de troca, o processo de produção material despe-se ele próprio da forma da necessidade premente e do antagonismo. [G, 592-3; trad., 83]

Surpreende a atualidade dessas observações, mas nessa longa passagem ainda encontramos elementos preciosos para nosso estudo da contradição marxista. No núcleo da produção capitalista original residia a troca aparentemente equitativa do trabalho vivo por trabalho objetivo, feita sob o comando do capital, de sorte que, ao ser integrado no processo produtivo, o trabalho se reflexiona e se mede por todos os outros trabalhos capazes de reproduzir a força de trabalho mercantilizada. Aqui se encontra a base que permite tanto distinguir capital variável de capital constante como identificá-los na boa infinidade do capital. A mesma reflexão permite ainda separar na jornada de trabalho aquela parte destinada à reprodução do trabalhador e aquela outra de que o capitalista se apropria pelo simples fato de ser proprietário do capital inicial. Em resumo, obtém-se a medida objetiva e científica da exploração feita pelo capital. Dessa maneira igualmente se desenham os elementos simples do sistema produtivo em que impera a exploração capitalista. O crescimento do capital fixo, porém, altera profundamente a própria natureza da conversão do processo de trabalho em processo produtivo. Se antes o trabalhador inseria o instrumento entre sua atividade e seu objeto, quando o processo produtivo se torna automático o novo operário faz da máquina aquele objeto que ele vigia e regula, de sorte que uma segunda natureza se converte na pauta das atividades individuais. A natureza articulada pelas ciências faz crescer, de maneira antes inconcebível, a produtividade do sistema produtivo, que engole os atos individuais como se fossem momentos de seu desenvolvimento, como se a máquina fosse responsável pela socialização deles. Em contrapartida, nessa condição de vigilante o trabalhador também se desenvolve como parte do indivíduo social, daquele ser humano que se apropriou da possibilidade de travar novas formas de sociabilidade além das relações sociais imediatas. Do mesmo modo como a circulação de mercadorias determina o agente como pessoa e proprietário e as formas trinitárias preparam o terreno para o antagonismo das classes, o fantástico desenvolvimento do capital fixo e do capital variável ligado a ele performa o trabalhador como indivíduo social, pronto a fazer valer as virtualidades das novas formas de organização que ele representa. É de notar que o princípio de individuação desse trabalhador total é a contraparte da unidade do próprio capital social total. O estilhaçamento deste não provocará o mesmo efeito naquele? A organização do trabalho, força produtiva principal segundo Marx, vem a ser, na grande indústria, o trabalho de vigiar e regular a si mesma. Desse modo, o "que vale para a maquinaria também vale para a combinação da atividade humana e para o desenvolvimento das relações humanas" (G, 592), já que ambos os lados aumentam seu poder produtivo graças a novos modos de articulação de suas partes. E no jogo da medida do valor dessas partes, ao diminuir o valor do trabalho necessário para aumentar o valor do trabalho não pago, o fator força de trabalho muda de sentido.

> O capital é ele mesmo a contradição em processo, conforme impede que o tempo de trabalho se reduza a um mínimo, e simultaneamente torna o tempo de trabalho a única medida e fonte de riqueza. Por conseguinte, ele diminui o tempo de trabalho sob a forma necessária para multiplicá-lo sob sua forma supérflua. [...] Se, de um lado, ele apela para todas as forças da ciência e da natureza, para as combinações e para os intercâmbios sociais, com o objetivo de tornar a criação da riqueza independente (de modo relativo) do tempo de trabalho empregado para sua criação, por outro lado, ele pretende medir, pelo tempo de trabalho, as imensas forças sociais assim geradas e impeli-las aos limites requeridos para manter o valor já criado como valor. [G, 593; trad., 83-4]

Está inscrito na gramática do capital que o processo produtivo somente se move se uma parte do trabalho não pago, expressa sob a forma de valor, em suma, por uma quantidade de tempo de trabalho socialmente necessário, chega às mãos do capitalista sob forma de lucro. Mas como medir utilizando o mesmo padrão o trabalho simples e as imensas forças sociais que agora compõem o novo capital tecnologicamente avançado? A pretensão de medir, inscrita no sentido das relações em curso, consegue chegar a bom termo? Para Marx não há dúvida de que o desdobramento dessa contradição implode as fronteiras no interior das quais se dá o crescimento da produtividade do trabalho, cria tempo disponível para a sociedade, o qual, ao continuar a ser intencionalmente medido pelo tempo socialmente necessário, isto é, pelo valor-trabalho, se torna, na aparência, benefício para todos, embora esteja a serviço do capital. Esse impasse será superado quando "a massa de trabalhadores apropriar-se de seu sobretrabalho. Feito isso, o *disposable time* deixa de ter assim existência *contraditória*" (G, 596; trad., 87). Então o tempo de trabalho necessário passaria a ser medido pelos carecimentos do indivíduo social, ampliando-se o tempo disponível coletivamente.

A impossibilidade da medida terminaria impondo novo padrão, visto que o desenvolvimento das forças produtivas, notadamente o novo indivíduo social, continua precisando regular seu metabolismo com a natureza. Mas a destruição do padrão antigo se assenta ainda noutro pressuposto: o desenvolvimento tecnológico deve se espraiar pela sociedade como mancha de óleo, a luta entre os próprios capitalistas terminaria dando a todos eles acesso às novas invenções. Ora, é precisamente nesse ponto que o processo de homogeneização do trabalho faz água, pois o monopólio da invenção científica cliva tanto o mercado de capitais como o mercado de trabalho. A unificação do sistema capitalista em escala mundial passa então a depender muito mais do fluxo do capital financeiro, que sustenta a diversidade dos capitais produtivos conforme estes se tornam capazes de operar com taxas de mais-valia e de lucro diferenciadas, do que da constituição do capital social total, ainda vinculado a um processo contínuo de socialização dos processos de trabalho. Mas se esses processos perdem o ponto de fuga, onde se encontrariam então as condições capazes de identificar e tecer o novo indivíduo social responsável pela subversão total do sistema? "As forças produtivas e as relações sociais — ambas diferentes aspectos do desenvolvimento do indivíduo social — aparecem ao capital apenas como um meio e são para ele apenas um meio para produzir, partindo de seus fundamentos limitados. Na verdade, porém, elas são as condições materiais para explodi-los" (G, 593-4; trad., 85).

Em que condições, todavia, se dará essa explosão? Ora, se o próprio capital se torna incapaz de perfazer o desenho de sua identidade ilusória, igualmente o novo indivíduo social perde o padrão de sua identidade, porquanto esta depende daquela como ponto de referência da luta de classes. A unidade substantiva do capital se esgarça, mantendo sua capacidade de continuar comandando trabalho alheio, muito mais, porém, em virtude das posições estratégicas que ocupa no mundo da produção e das finanças do que na capacidade de medir como trabalho morto o trabalho vivo de que se alimenta, por conseguinte, de se medir legitimamente como a força produtiva principal. Em poucas palavras, mantém-se a qualidade do capital continuar crescendo, sua substancialidade, embora a quantificação pressuposta não logre encontrar sua expressão numérica, pois lhe falta aquele padrão social geral, cuja constituição se dá, como sabemos, no fim do ciclo, quando a medida esperada se confirma na demanda efetiva. Por certo, embora todo trabalho incorporado dependa da venda e da compra da força de trabalho, não desaparece aquela tendência de subsumi-lo à mesma abstração. Mas esse pressuposto reafirmado no nível dos preços não se realiza por completo no nível dos valores que integram o circuito totalizante do capital social. Note-se que também o mercado de trabalho se cliva em virtude do monopólio das qualificações, de sorte que a concorrência dos trabalhadores entre si — que, nas formações normais do capital, está alinhavada por uma única taxa de exploração, resultante da homogeneização dos vários processos produtivos — põe em xeque a unidade social do proletariado.

DIALÉTICA CONSTRANGIDA 4.9.

Tudo isso resulta num impasse. O tempo disponível, supérfluo, em vez de ser orientado para a livre formação dos indivíduos, fomenta a matriz da dispersão e do desperdício. A segunda natureza criada pelo trabalho faz com que o trabalho abstrato perca sua função mensuradora efetiva, impondo-se sobretudo por sua dimensão ilusória, sendo então posto para medir sem lograr medir. Lembre-se que a medida do valor é *post festum*, comprova o caráter social do trabalho depois de o valor realizar-se no consumo, produtivo ou não. Quando o consumo produtivo não consegue inteirar-se no capital social total, o que vale a proposta da medida? Como pode funcionar essa "contradição em processo" se deixa de cumprir a determinação completa que permite sua superação? Em vez da esperada proletarização das massas, isto é, a totalização correspondente à unificação dos capitais numa única substância, recriam-se corporações que cotidianamente colocam em xeque a ideia reguladora do indivíduo social. Além do mais, o capital, para poder crescer desmesuradamente, trata de continuar impondo de fora um padrão de medida que não cabe mais nos seus casos, exportando miséria para fora de seu movimento reflexionante, cuja circularidade depende agora de toda sorte de irracionalidade externa. O próprio Marx já percebera que o desenvolvimento tecnológico tende a substituir trabalho onde existe força de trabalho excedente (G, 589), vale dizer, nos setores em que as forças produtivas estão mais desenvolvidas, de sorte que o novo capital passa a ser originariamente responsável por um desemprego externo à trama do sistema ou que circula nos seus poros. Se crescem as forças produtivas é porque uma parte da força produtiva dos trabalhadores é projetada para fora, de tal maneira que, em vez do tempo disponível, criam-se indivíduos sem nenhum vínculo social prévio, mas incapazes de chegar ao nível de formação requerido pela nova sofisticação do capital.

Tudo se passa como se a face idêntica da contradição entre capital e trabalho, ao perder a nitidez de seu perfil, porque a contrariedade interna de seus fatores também se esfarela, continuasse a ser reposta mediante imagens retorcidas. Quando, como ocorre hoje em dia a olhos vistos, nas forças produtivas avulta o peso das ciências e da inteligência do próprio trabalhador, onde se encontra o fio que alinhava suas formas de organização? A riqueza social se avoluma conforme aumenta sua capacidade de dispensar trabalho vivo. Isso, porém, é feito de tal maneira que "se reduz ao mínimo o *quantum* de trabalho necessário para a produção de determinado objeto, mas para que um máximo de trabalho seja aproveitado [*verwertet*] para o máximo de tais objetos. Esse primeiro aspecto é importante, pois aqui o capital — totalmente sem querer — reduz o trabalho humano a um mínimo, a dispêndio de força. Isso vem beneficiar o trabalho emancipado e é a condição de sua emancipação" (G, 589). Mas para que essa revolução ocorresse, seria preciso que o novo indivíduo social pudesse tomar consciência de que seu trabalho foi reduzido ao mínimo denominador comum do dispêndio da energia natural, que a diversidade de suas formas estivesse soldada por conteúdo material mínimo. Para Marx a contradição vai ao fundo quando expõe o nervo vivo da relação material do homem com a natureza, quando o polo negativo, porque submetido ao comando do capital, evidencia sua positividade, sua brutal dependência física. Além do mais, visto que o trabalho social também é trabalho de organizar-se socialmente, vale dizer, processo reflexionante, ficaria aberta a possibilidade de que o trabalhador se *reconheça* como parte de nova identidade social, o proletariado. Mas onde reside o princípio de individuação desse reconhecimento, a pauta de seu aprendizado, quando a trama das relações sociais, em vez de indicar seu fundo, seu fundamento material, passa a sublinhar a particularidade e o privilégio do conhecimento científico, vale dizer, espiritual?

Em vez de empurrá-los para os limites da oposição, o novo capital solta os indivíduos de sua reflexão determinante para deixá-los girando em volta do circuito interno do sistema, como se fossem asteroides desgarrados de seu centro. Por certo, todos habitam o campo de sua gravitação universal, embora os dispensáveis sintam sua presença de modo tão fraco que se tomam como se estivessem subordinados ao acaso. Não se imaginaria, além do mais, que reinventariam nos poros do modo de produção capitalista formas pré-capitalistas de trabalho informal, distantes da influência direta do movimento do capital, da força centrípeta de sua substância-sujeito. O que lhes restará como princípio unificador a não ser uma forma de consumo? Desse modo, a oposição ao capital, quando surge, não se põe *exclusivamente* em termos de uma contradição entre forças produtivas e relações de produção, como se as primeiras não pudessem comportar a individualidade positiva do proletariado. Além do mais, os periféricos miseráveis que o capitalismo continua produzindo em grau cada vez maior e a massa de consumidores vorazes, que tudo fazem menos se conformar a uma individualidade social, não constituem forças produtivas diretas do capital, precisamente porque foram excluídos praticamente do universo do trabalho moderno. Cria-se, pois, enorme capacidade de trabalho desobrigada de crescer, sem pôr em xeque a divisão entre trabalho necessário e trabalho dispensável, embora a fronteira entre essas duas partes oscile continuadamente, incapaz de configurar-se num padrão de medida homogêneo.

A contradição básica esgota seu empuxo interno, sem desenhar o novo em suas entranhas. Um tema que já estava na pauta do próprio Marx por volta de 1858 se dá para nós hoje em dia como enorme desafio: "*Dialética dos conceitos: força produtiva (meios de produção) e relações de produção, dialética* cujos limites estão por determinar e não suprime as diferenças reais" (*G*, 29; trad., 129).

É desse modo que, no final da Introdução de *Para a crítica da Economia Política*, Marx lista as grandes dificuldades que terá de enfrentar. A relação dialética das forças produtivas com as relações sociais de produção possui limites a serem determinados, não pode ser tomada como panaceia universal capaz de explicar todo tipo de sentido das relações sociais. Da substância capital começam a escapar forças produtivas e relações sociais de produção que não mais se subordinam à sua boa infinitude ilusória, sem que esse estilhaçamento do sistema capitalista prefigure seu avesso. Pela primeira vez na história da humanidade, a multidão dos assalariados poderia satisfazer suas necessidades básicas e gozar do lazer que os distanciaria do reino de necessidade. No entanto, em vez daquela esperada diminuição substantiva da jornada de trabalho, primeira condição para reduzir a corveia do metabolismo com a natureza, as relações sociais de produção continuam a ter como parâmetro, ideia prática reguladora, o crescimento ao infinito da riqueza social, ainda que isso custe maior desigualdade na sua distribuição. O imenso desenvolvimento da produtividade do trabalho se confirma apenas em certos pontos de um sistema produtivo que se globaliza reforçando a injustiça social. Nessas condições, porém, que sentido ainda pode manter a categoria capital, na sua qualidade de substância e de sujeito?

Teria Marx tomado consciência desses impasses? No prefácio ao segundo livro d'*O capital* Engels nos informa que o núcleo do terceiro livro foi escrito por volta de 1865 ou de 1867, trabalho que foi interrompido para terminar o primeiro livro, publicado nesse último ano. Depois disso, em virtude de seus compromissos políticos e do estado de saúde que se agrava, Marx somente consegue trabalhar intensamente durante períodos curtos, que vão até 1878. Mas para aprontar o terceiro livro, no qual esses impasses são retomados, embora já apareçam luminosamente durante a redação dos textos publicados pelos *Grundrisse* (1857-8), Engels precisou escolher uma dentre várias versões, às vezes privilegiando redações mais antigas. É de notar que, nos tempos em que a doença se agrava, Marx se dedica ao estudo de "agronomia, relações agrárias americanas e notadamente russas, mercado da moeda, estruturas bancárias e, por fim, ciências naturais: geologia e fisiologia, em particular, estudos matemáticos" (*K*, II, 24, 11). Esforço impressionante para um doente. Não há dúvida de que Engels fez um monumental trabalho de edição; contudo, para arredondar o texto, não foi obrigado a desprezar aquelas versões que precisamente desviavam da linha geral do argumento mas que para nosso entendimento histórico de seu trabalho de pesquisa seriam aquelas de maior importância? Somente uma análise detalhada desses manuscritos, infelizmente muitas vezes quase ilegíveis, poderá determinar aqueles limites encontrados pelo próprio Marx no esforço de alargar sua pesquisa. No entanto, o estudo cuidadoso dos textos atualmente disponíveis conduz, isto me parece inegável, a impasses que nos obrigam a repensar toda a arquitetura de sua construção. Uma obra de gênio é como uma cidade, cujo plano o autor traça, mas cujos meandros vão sendo paulatinamente descobertos por seus comentadores. Não é isso que lhe dá vida? Puxando o fio dos argumentos, estou tentando mostrar que, nos limites dos muros da cidade, Marx se envolve em aporias que, em vez de diminuírem sua grandeza, fazem dele um autor que pensa até o extremo, nas fronteiras de seu próprio pensamento. De meu ponto de vista, prefiro essa herança a tentar a todo custo fechar o sistema a golpes de machado. O limite que mais impressiona é aquele encontrado pelo próprio desenvolvimento das categorias, que, como era previsto, esgota sua capacidade de exprimir o desenvolvimento das forças produtivas até então medido por elas. Em poucas palavras, "os limites da *dialética dos conceitos: força produtiva (meios de produção) e relações de produção*". Disso não há que duvidar, pois o texto é explícito. Não dizem eles respeito ao esgotamento da capacidade da lei do valor-trabalho medir essas forças produtivas?

Marx está, pois, indicando que, conforme os meios passam a ser infiltrados pelas ciências, nem toda produção social vem a ser completamente conformada pela lei do valor-trabalho, por conseguinte, que o capital como substância alienada perde sua capacidade de *quantificar* a riqueza social como um todo. O capital como riqueza social se distancia da riqueza da sociedade. Ao enervar, porém, a matriz quantitativa unificadora dos processos produtivos, não retirava igualmente do horizonte do proletariado a matriz capaz de fundar sua própria unidade social? Sem esse contrapeso o capital poderia crescer indefinidamente por saltos e crises, aprofundando a anarquia da produção, sem projetar, contudo, a figura salvadora do trabalhador total. O compromisso político, assumido nos tempos em que ainda pensava segundo os parâmetros da dialética hegeliana, não se legitima por aquela contradição *desenvolvida* que Marx esperava encontrar por meio da crítica da Economia Política. As categorias se dissolvem sem que a contradição entre capital e trabalho se reforce como diferença, em que cada parte seja empurrada para formar um elemento simples que anseia por autonomia, pronto para absorver a contradição levada a cabo. No jogo desses conceitos nada assegura a tomada de poder de uma das partes como representante da nova totalidade. Pelo contrário, a luta pode desaguar numa guerrilha, numa transgressão de individualidades moles, muito diferente da tese do colapso final do capitalismo.

Desse ponto de vista, para continuar mantendo pelo menos o princípio de sua crítica, a denúncia da positividade postiça do capital, seu último recurso, como já vimos na sua crítica aos ricardianos, seria insistir no caráter substantivo do capital, finalidade em si mas sem rumo.

UMA OBRA FEITA POR VÁRIOS CAMINHOS 4.10.

Tal como aparecem, os dois últimos volumes d'*O capital*, arredondados por Engels, tratam em linhas gerais de apontar para o colapso do modo de produção capitalista. Para esse propósito a lei da taxa declinante de lucro serve às mil maravilhas, pois, em primeiro lugar, se arma a partir do modo das categorias se quantificarem umas em relação às outras; em segundo lugar, converte esse modo de quantificar no crescente obstáculo à expressão de sua base, apontando assim para a derrocada definitiva. Todo o marxismo centrou seu fogo nesse alvo, mas os resultados foram pouco satisfatórios.

Em 1932 vêm à luz os *Manuscritos econômico-filosóficos* de 1844, redigidos quando Marx ainda se iniciava na crítica da Economia Política, por conseguinte, sem ter posto à prova seu método crítico, naquela época muito próximo da dialética feuerbachiana. Esse texto abre o caminho para toda sorte de marxismo humanista. A partir de 1939 começam a ser publicados os *Grundrisse*, como indica o nome, feixe de notas explorando caminhos nem sempre convergentes. Essas duas publicações servem de base para o processo de implodir o *corpus* marxiano, liberando em geral as mais díspares interpretações. Como se encontra hoje, a obra de Marx forma um arquipélago cujas ilhas podem ser ligadas por viagens diferentes, e não houve moda no pensamento do século XX que não tivesse sua contrafação marxista. A circularidade da dialética marxista não se fecha numa *Enzyklopädie der philosophischen Wissenschaften*, nem sua leitura cheia de obstáculos nos leva a perceber no final que os caminhos de Swan e dos Guermante formam um círculo, a despeito de se contraporem na geografia da infância. Um lado da obra inacabada de Marx aponta para a dissolução das determinidades relativamente simples em que as forças produtivas se projetam; outro, para o enrijecimento das proporcionalidades quantitativas que bloquearia o lucro, razão de ser do sistema. Apostar na primeira direção terminaria por retirar do capital aquelas determinações pelas quais uma contradição, no sentido hegeliano da palavra, encontraria o fundamento evanescente de sua superação. Marx se encontraria assim na difícil situação de pregar o socialismo científico sem ter logrado estabelecer as bases consensuais de sua crítica científica. Não é natural que procure incessantemente formular com precisão a lei interna que leve ao colapso o modo capitalista de produção, vale dizer, a lei da taxa declinante do lucro?

Para compreender melhor essa última aposta é preciso retomar a gênese das categorias que marcam a superfície da realidade capitalista e, embora muito brevemente, voltar ao problema da transformação do valor em preço. Uma questão crucial para os economistas da época, adeptos da teoria do valor-trabalho, era explicar como diversos processos de trabalho, atuando em diferentes esferas produtivas — por conseguinte, dotados de diferentes produtividades —, conseguem formar uma taxa de lucro única abraçando todo o sistema, que, caso contrário, explodiria em forças centrífugas. Interpretando a diferença entre capital constante e capital variável como contradição, Marx pretende mostrar que a mais-valia resultante de cada um dos setores operando com produtividade particular tende a se distribuir entre eles, de tal modo que o excedente econômico total seja relacionado às parcelas do capital investido. Se os capitalistas, na busca incessante de maiores rendimentos, estão sempre se deslocando para as áreas mais produtivas e, desse modo, também assegurando a diversidade de produtos de que eles e a sociedade precisam, todo o sistema precisa então operar tendo em vista o mesmo parâmetro de uma única taxa de lucro. Mas como fazer a ponte entre valores e preços de mercado? Acontece que, para formular os esquemas numéricos de transformação de valor em preço, os bens de produção só podem ser calculados pelos preços de produção, não por seus valores; a quantificação desses últimos fica assim encoberta pela concorrência intersetorial. Não são apenas os críticos de Marx que logo percebem essa dificuldade formal do modelo, ele mesmo a reconhece, embora lhe dê pouca importância para a discussão em que está engajado:

> Do mesmo modo como o preço de produção pode se desviar do valor de uma mercadoria, assim também o preço de custo de uma mercadoria, no qual esse preço de produção de outra mercadoria está incluído, pode estar acima ou abaixo da parte de seu valor global que é formada pelo valor dos meios de produção que a constituem. É preciso não perder de vista essa significação modificada do preço de produção e portanto lembrar que, quando numa esfera particular da produção o custo da mercadoria é equiparado ao valor dos meios de produção consumidos em sua produção, sempre é possível que haja um erro. Para nossa investigação presente não é necessário examinar mais de perto esse ponto. [K, III, 122]

No fundo, opera o pressuposto de que a riqueza total de uma sociedade tem seu fundamento no valor a ser expresso por preços variantes, a saber, na sua qualidade de poder se quantificar sem precisar demonstrar no pormenor os meandros do processo de mensuração. No final das contas, se cada mercadoria tem seu preço, o somatório desses preços indica a massa das mercadorias que, sendo massa de produtos, estão determinadas como parcelas do tempo que uma sociedade gasta para obtê-las. Mesmo que a quantidade total desses valores seja *post festum*, visto o caráter reflexionante do processo de produção, nesse movimento de totalização preços por definição *exprimem* valores. A dificuldade é que somente Marx endossa esse caráter reflexionante do processo, que aliás é o fundamento de sua crítica à postiça positividade do capital. Seus adversários políticos o negam por completo.

4.11. CONTRA OS RICARDIANOS

Esse tópico, porém, que Marx, pelo menos naquele momento, acreditava poder deixar na sombra, transforma-se no centro de uma polêmica ferrenha travada entre marxistas e não marxistas, os primeiros procurando encontrar modelos matemáticos mais sofisticados para explicar essa passagem do valor ao preço, outros tratando de evidenciar os limites da teoria valor-trabalho.

Até os anos 80, quando a polêmica deixou de interessar, provavelmente por causa da derrocada da economia socialista, o modelo mais sofisticado, salvo engano meu, a tentar resolver o problema tinha sido proposto por Sraffa. De inspiração ricardiana, pois os valores são inteiramente determinados pelas relações de troca, essa solução atinge em cheio o significado da teoria do valor-trabalho, ao mostrar que, no sistema de equações, as grandezas de valor-trabalho podem ser substituídas por quantidades físicas das diversas mercadorias. Em suma, é indiferente que os termos da equação sejam postos como produtos de trabalhos diferenciados ou como trabalhos diferenciados. Não carece de sentido, pois, o método de projeção da composição técnica do capital em sua composição de valor, núcleo da composição orgânica do capital que demarca a lei geral de seu desenvolvimento?

No entanto, é possível vislumbrar a resposta que Marx daria a essa questão, a partir das críticas endereçadas a Ricardo e a seus seguidores. No que respeita aos esquemas de transformação de valores em preços, argumenta que a soma total dos valores tem como pressuposto o tempo que uma sociedade dispõe para produzir o que necessita, de sorte que, em última instância, essa soma há de coincidir com a soma total dos preços, num momento de equilíbrio da produção e da troca:

> A concorrência, em parte dos capitalistas entre si, em parte dos compradores das mercadorias com os primeiros e entre si, faz com que o valor de cada mercadoria singular, em sua esfera particular de produção, seja determinado pela *massa total do tempo de trabalho social*, que requer a *massa total das mercadorias dessas esferas sociais de produção particulares* e não por aqueles valores individuais das mercadorias singulares, ou o tempo de trabalho, que uma mercadoria custou para o produtor ou comprador particular. [*TMW*, 2, 197]

Esse recurso à *massa total do tempo de trabalho social* só pode ter sentido, contudo, no contexto reflexionante da reposição do próprio capital, pois só assim os processos produtivos particulares passam a participar de uma totalidade *socialmente* determinada. Por certo cada ciclo produtivo parte dessa base já constituída, mas o caráter social do que está sendo produzido não há de ser confirmado no fim do processo? Essa massa não é simplesmente um dado, os valores não são, para Marx, quantidades empíricas, coisas configuradas por suas determinações quantitativas, mas essências, cujas respectivas realidades residem no modo de aparecer em relações que rebatem para uma igualdade posta mas que requer o trabalho aventuroso de reposição. Isso faz, porém, com que a parcela da riqueza social seja sempre *pars totalis*, expressão do todo. Assim como o sentido de uma proposição está ligado ao funcionamento da linguagem na sua totalidade, é a riqueza material *socializada* como um todo, não apenas uma de suas partes, que se exprime sob a forma-valor. Da mesma maneira, os trabalhos não se diferenciam por uma reflexão externa a ser detectada pelo investigador, mas o fazem mediante seus produtos, cuja realização em valor conforma as estimativas pressupostas. Cada valor individual nada mais será do que reflexo de um valor de uso em *todos* os valores de troca que lograrem perseverar no mercado, seja lá qual for sua origem, mas esse todo será socialmente determinado. O valor não é, pois, como já vimos (2.3), relação meramente quantitativa entre duas coisas, entre dois algos, mas forma de expressão de algo qualitativo comum. Se um modelo de transformação de valor em preço é útil para que se percebam as possibilidades lógicas de combinação dos elementos, é preciso não tomar esse modelo como silhuetas do real, porquanto o próprio ato de modelar retira do processo seu sentido mais íntimo. É como se ele transpusesse para o nível do entendimento aquilo que se efetiva no plano da razão, só que agora essa razão é a irrazão do capital, tendo por base a massa do trabalho vivo como um todo, confrontando-se com a massa do trabalho morto igualmente como um todo, para que ambas articulem uma contradição. Por isso Marx censura Bailey quando este concebe o valor como relação entre duas coisas, incorrendo assim no mesmo erro de Ricardo:

> A última objeção decorre da exposição defeituosa de Ricardo, que não investiga de modo algum o valor segundo sua forma — a forma determinada que o trabalho assume como substância do valor — mas apenas as magnitudes-valores, as quantidades desse trabalho [que é] universalmente abstrato e social graças a essa forma, que produz a diferença nas quantidades de valor

das mercadorias. De outro modo Bailey teria visto que a relatividade do conceito de valor não é de modo algum superada, na medida em que todas as mercadorias, enquanto são valores de troca, são apenas expressões relativas do tempo de trabalho social e que sua relatividade não é de modo algum constituída pela relação segundo a qual elas se trocam mutuamente, mas segundo a relação de cada uma com o trabalho social como sua substância. [*TMW*, 2, 163]

A mera *combinatória* dos fatores de produção os pensa cometendo o mesmo engano daqueles que veem a relação de troca como simétrica, tornando-se, por conseguinte, incapazes de distinguir a forma-valor do próprio valor. Esse erro, na sua forma mais desenvolvida, coloca os fatores de produção numa equação em que eles se relacionariam indiferentemente entre si, sem o fundamento que legitima essa simetria (cf. *TMW*, 3, 510; trad., 313). Para melhor compreender o sentido profundo dessa objeção vale a pena examinar as equações mais simples com as quais Sraffa tenta recuperar a perspectiva de Ricardo. Imaginemos uma sociedade em que apenas duas mercadorias sejam produzidas, o trigo e o ferro. As operações de um ano podem ser tabuladas do seguinte modo:

280 arrobas de trigo + 12 t de ferro = 400 arrobas de trigo
120 arrobas de trigo + 8 t de ferro = 20 t de ferro

Nada foi acrescentado, pela produção, ao pecúlio dos proprietários iniciais, sendo quatrocentas arrobas de trigo e vinte toneladas de ferro consumidas e produzidas na mesma quantidade. Nesse esquema, o valor de troca requerido é de dez arrobas de trigo para uma tonelada de ferro. Se esse sistema produtivo produzir a, b... k mercadorias, sendo A, B... K as totalidades relativas de cada mercadoria, chamando ainda de $p_a, p_b ... p_k$ os valores unitários, a matriz será formulada da seguinte maneira:

$$A_a p_a + B_a p_b + ... + K_a p_k = A p_a$$
$$A_b p_a + B_b p_b + ... + K_b p_k = B p_b$$
$$..$$
$$A_k p_a + B_k p_b + ... + K_k p_k = K p_k$$

Nessas condições, sendo que o sistema se repõe em equilíbrio, obteremos as equações parciais: a soma dos $A_i = A$, dos $B_i = B$, ..., dos $K_i = K$. Tomando uma mercadoria como medida de valor e igualando seu preço à unidade, obtém-se um sistema de k − 1 incógnitas. Visto que, no total das equações, as mesmas quantidades aparecem em ambos os lados, é possível inferir uma das equações a partir da soma das demais. Um sistema de k − 1 equações lineares independentes é univocamente determinado por k − 1 preços.

A introdução de um excedente torna o sistema *autocontraditório*. Somando todas as equações, o lado direito da equação-soma resultante (ou produto nacional bruto) conterá, além de todas as quantidades que se encontram no lado esquerdo (meios de produção e de subsistência), alguns dados adicionais. Como o excedente deve ser distribuído proporcionalmente aos meios de produção usados em cada indústria, e tal proporção depende da taxa de lucro, que não pode ser determinada antes de serem conhecidos os preços dos bens, como, além do mais, não se pode aceitar a separação do excedente antes do conhecimento dos preços, os quais vão ser determinados pela taxa de lucro, o "resultado é que a distribuição do excedente deve ser determinada mediante o mesmo mecanismo e ao mesmo tempo em que se determinam os preços das mercadorias". Esse novo sistema de equações montado por Sraffa torna-se semelhante ao anterior se cada membro esquerdo de cada equação for multiplicado por 1 + r, sendo *r* a nova incógnita que representa a taxa de lucro. Essa matriz possui então k equações independentes que determinam os k – 1 preços e a taxa de lucro. Para resolvê-la, basta que se introduza uma mercadoria--padrão, inteiramente determinada por seu tipo (Sraffa, *Produção de mercadorias por meio de mercadorias*; caps. I e II, coleção Os Economistas, Abril Cultural, 1983). O que Marx contestaria nesse elegante modelo? Sraffa procura solucionar o problema clássico graças ao artifício de imaginar uma mercadoria-padrão que viabilize o sistema de equações, evitando por conseguinte a contradição e dando sentido a um modo de produção capaz de produzir excedente. Mas continua procurando resolver a questão do valor unicamente no nível da proporção das trocas, quando estas, além do mais, pressupõem algo em comum, sua homogeneidade *qualitativa*, expressão do fundamento que reside em forças produtivas. Por isso, antes de tomar duas mercadorias isoladas como se fossem dois bens desejáveis, é preciso examinar a relação de cada uma delas com essa substancialidade, cada uma vindo a ser parte expressiva do todo, cuja universalidade se contradiz então nessa particularização dessa mesma substância. Em vez de evitar a todo custo a contradição, Marx a toma como característica do próprio sistema, que assim não se fecha mediante a combinatória dos fatores de um modelo quantitativo, mas se perfaz por meio da ilusão necessária do valor, *como se* cada fator, cada insumo, por ser ao mesmo tempo trocável e reprodutível — ao resultar de um trabalho abstrato e homogêneo —, pudesse ser reportado a todos os outros do mercado, cuja retaguarda estaria sempre preparada para repor a mercadoria faltante. Se a lei de Say, segundo a qual a oferta cria sua própria demanda, é por conseguinte inerente à representação imediata do sistema, que pensa o mercado como se estivesse sempre regulado pelo ideal do equilíbrio, nem por isso se deve aceitar essa aparência como sua essência e deixar de lado todo o processo social contraditório de constituição desse equilíbrio. Não é difícil, porém, adivinhar a linha de resposta de Sraffa: Newton já dizia que as ciências não tratam das essências, mas se contentam em mostrar, por meio de modelos reduzidos, como o real se comporta; essa busca do fundamento apenas atrapalha o fotograma da realidade desenhado em vista das previsões futuras. A dificuldade, creio eu, é que esses modelos dos fenômenos econômicos, além de sua restrita capacidade de previsão — falha que o futuro talvez viria sanar —, servem ainda como modelo da racionalidade dos comportamentos sociais em geral, cuja história também seria alinhavada por esse tipo de razão. No fundo da modelagem proposta por Sraffa continua a operar o pressuposto de que o desenho da racionalidade econômica há de ser totalmente capturado pelo trabalho do entendimento que arma uma estrutura de equações, de sorte que qualquer erro somente poderia advir da inépcia do analista. Ao insistir na substancialidade do valor, Marx quer indicar que o sentido dessas equações já traz uma contradição operando no nível da atuação dos agentes. Desse modo, o sentido contraditório *exprime* uma forma específica de dominação, aquela que se faz pela medida do trabalho vivo pelo trabalho morto. O erro passa a ter fundamento *in re*, o que requer uma análise que ponha em xeque a própria positividade do fenômeno.

Nesta altura convém fazer uma pausa e notar, como curiosidade, que, em 1936, John Maynard Keynes revela o defeito intrínseco da lei de Say, ao mostrar que, se, de fato, a venda dos fatores de produção produz os rendimentos respectivos, não é por isso que se pode concluir daí que todos os custos de produção serão necessariamente cobertos pelos produtos das vendas, porquanto os rendimentos dessas vendas dependem tanto da demanda de bens de inversão como da demanda de bens de consumo, o que abre uma brecha entre o que a comunidade deseja consumir e a produção que ela é capaz de prover, na base tanto de seu capital fixo como do crédito de que ela dispõe. Mas se uma análise mais fina da demanda separa aquela por bens de inversão e aquela outra por bens de consumo, se a preferência pela liquidez se transforma, na macroeconomia keynesiana, num importante fator capaz de desequilibrar inversão e consumo, não é precisamente porque o entesouramento do dinheiro aparece como forma de fechar a incerteza de nossas previsões? Essa descrença nos mecanismos automáticos do mercado não abre uma brecha a ser sanada pelos investimentos estatais para que eles voltem a funcionar? Ao manter saldos ociosos estamos agindo não em relação a um fim existente, mas a todos os fins indefinidos que o dinheiro representa. Não é essa, porém, a racionalidade que a análise do fetichismo da mercadoria denuncia? Essa representação da clausura, dada pelo caráter sensível e suprassensível do valor, em suma, por seu fetichismo, faz com que os agentes ajam como se as condições de reprodutibilidade do sistema, a despeito de suas incertezas, pudessem um dia ser superadas, a despeito das disparidades que Keynes vem denunciar. Em outras palavras, para Marx, os fatos econômicos são deuses bifrontes, uma face visando a representações, outra a circuitos de socialização dos produtos, que roubam os sentidos mentados anteriormente. Quantas vezes as políticas intervêm no plano produtivo para assegurar o equilíbrio das representações? Algumas intervenções do estado operam justamente no sentido de recuperar a "crença no mercado", como se a taxa de lucro dependesse apenas dos preços, quando, na verdade, depende do relacionamento concreto de agentes atuando segundo medidas cuja racionalidade é roubada pela sua forma de socialização baseada na feitura e circulação de produtos-signos. Toda reprodução dos fatores econômicos está subordinada à recuperação do trabalho morto pelo trabalho vivo, mas, no modo de produção capitalista, esse processo se faz por meio do pressuposto de que o trabalho vivo se torne mensurável pelo trabalho morto. Para o sistema como um todo, o preço do trabalho não pode ser determinado como se a força de trabalho estivesse sendo leiloada, sendo que no final essa mercadoria poderia ser posta ao lado das outras tão só da óptica das determinações quantitativas que o leilão determinou. A lógica da apropriação das mercadorias se aplica apenas na aparência à apropriação da força de trabalho pelo outro, ainda é preciso considerar a "produtividade histórico--social dessa força", como se coloca no mercado estrategicamente, graças às suas próprias instituições e ao estado; igualmente, do lado do capital, como é conformada ou expulsa por ele.

Torna-se, assim, *irracional* pensar a distribuição do excedente na proporção dos capitais avançados, segundo uma *dada* taxa de lucro, *antes* de a força de trabalho se quantificar *depois* da luta de classes, seja qual for a forma histórica dessa luta e a maneira como essas classes se constituem. Se a taxa pressuposta antecipa um *quantum* a ser distribuído segundo os investimentos, o *quantum* a ser distribuído efetivamente está na dependência de como a riqueza se torna social pela distribuição do produto e dos postos de trabalho. Por sua própria natureza o sistema de equações do capital se fecha, no longo prazo, graças à ilusão necessária de que uma única taxa de lucro se formará, no próprio processo produtivo, como sua ideia reguladora. Mas do mesmo modo como, no plano mais elementar da circulação das mercadorias, a continuidade do sistema pode ser colocada em xeque pela ação inesperada do entesourador, ou, numa situação mais complexa, em virtude de sua preferência pela liquidez, a circularidade reflexiva do capital pode ser quebrada por meio da ação subversiva do grevista, ou pela incursão intempestiva de trabalhadores estrangeiros. Para explicar essa irracionalidade do fundamento da taxa de lucro, torna-se necessário mostrar que essa quantificação do trabalho vivo pelo trabalho morto se assenta no cálculo e na ação conflituosa dos atores, vale dizer, na sua forma mais simples, na contradição entre capital constante e capital variável. Em poucas palavras, a racionalidade aparente na "crença no mercado" só pode ser compreendida quando se revelam as razões para que se oculte o desequilíbrio, inerente a um sistema econômico baseado na luta. A questão que se levanta agora é o sentido dessa luta. Cada mercadoria associada a um preço precisa encontrar seu fundamento racional na irracionalidade da forma-valor. No exemplo anterior de circulação simples, se dez arrobas de trigo são trocáveis por uma tonelada de ferro, desde que essa trocabilidade seja vista também da óptica de sua reprodutibilidade, a produção do trigo e a do ferro devem levar em conta que o trabalho morto inscrito nesses produtos só poderá ser recuperado pelo trabalho vivo quando — sendo a circulação simples posta em função da criação do excedente, processo reflexionante que converte os atos finalizados externamente num processo posto como um fim em si mesmo — esse trabalho vivo determinar-se igualmente como morto. O ferro é um bem de produção e o trigo, um bem de consumo, mas de um consumo que só pode ser efetivo se o modo de produção fechar seu ciclo. A simultaneidade dessa predicação esconde, graças ao caráter fetiche da mercadoria, o processo reflexionante pelo qual a determinação quantitativa pressuposta não se repõe sem violência. A modelagem, ao passar da produção simples para a produção de excedente, apenas incluindo a variável taxa de lucro no sistema de equações anterior, trata unicamente de encontrar uma racionalidade sem avaliar a racionalidade dessa variável do ponto de vista de sua reprodução reflexionante. Para tanto é preciso retornar à forma-valor, como expressão da temporalidade do trabalho social capitalista, manifestação de uma substância que se esgotaria nessa sua aparição se não trouxesse vantagens para os capitalistas e seus associados, assim como, além dos limites de sua dialética, se não provocasse extraordinário desenvolvimento das forças produtivas.

No entanto, sabemos que o avanço tecnológico transforma essas forças numa segunda natureza, permitindo a distribuição cada vez mais desregulada dos frutos desse desenvolvimento. A teoria do valor-trabalho pretende antes de tudo explicar o sentido da sociabilidade posta pelo capital, examinando como certa massa de trabalho vivo deve mobilizar a massa de trabalho morto. Não é porque desde cedo começa a falhar nas suas configurações quantitativas particulares que ela necessariamente deixa de ter *sentido*, se este provier daquela contradição mais profunda entre a mensurabilidade do trabalho vivo e a mensurabilidade do trabalho morto, ainda que cada processo de medida pressuposto e representado não consiga se realizar como *quantum* efetivo. Desse ponto de vista, a quantificabilidade é pressuposta e reposta, mesmo no caso de a medida se perder no meio do caminho reflexivo. O problema a ser resolvido é explicar como cada *produto* se relaciona com o trabalho social como sua substância, vale dizer, como essa sua expressão particular, no modo de produção capitalista, se liga à totalidade dos produtos enquanto expressão de todo o trabalho *socialmente* necessário. Se nesse processo de expressão as determinações *quantitativas, mensurantes,* se esfumam, segue-se que o problema desapareceu?

Que Marx pensa nessa direção se comprova pelo fato de que, para ele, superar o modo de produção capitalista não implica superar a lei do valor-trabalho, pelo contrário, reafirma sua problemática no seu grau máximo: "[...] depois da abolição do modo de produção capitalista, mas com a manutenção da produção social, a determinação do valor continuará predominante, no sentido de que a regulamentação do tempo de serviço, a distribuição do trabalho social entre diferentes grupos de produção e, por fim, a contabilidade disso se tornarão mais essenciais do que nunca" (*K*, III, 25, 859; trad., 293).

A lei do valor-trabalho exprime a necessidade dos agentes sociais quantificarem o tempo social a ser gasto no seu relacionamento com a natureza, assim como de distribuir a produção social entre os grupos sociais. Se isso é feito, no capitalismo, mediante a expressão dos valores de uso em valor, em suma, graças à crença no automatismo do mercado e à aparente equidade contratual da compra e venda da força de trabalho, daí não se segue que desapareça a tarefa de manter e distribuir uma produção escassa quando a forma mercadoria for posta em xeque. Numa sociedade comunista, quando o metabolismo com a natureza perderia seu império sobre o homem, a reflexão poderia ser exterior e os planejadores centrais talvez pudessem então pensar como os ricardianos.

OUTROS PROBLEMAS COM A TAXA DE LUCRO 4.12.

Marx não conhece outra maneira de lidar com esses problemas senão por meio da teoria do valor-trabalho, em contraposição a uma regulação consciente feita pelos próprios agentes. Mas quais serão as instituições dessa consciência? Sua crítica da Economia Política pretende substituir essa teoria por uma *ciência* crítica, em que a modelagem lhe parece ser instrumento secundário, pois importa sobretudo compreender o desdobramento dialético atual das categorias, o jogo contraditório de seus respectivos sentidos. Dessa óptica, de uma forma ou de outra, é preciso estabelecer o elo entre a massa de trabalho social pressuposta e a massa de produtos reposta. Daí a importância de gerar os preços a partir de suas bases de valor. No entanto, dada a preocupação com o estatuto ontológico dessas categorias econômicas cujas contradições são evidenciadas para que sejam traduzidas em processos, importa a forma pela qual o trabalho vivo disponível numa sociedade opera a totalidade da massa de trabalho morto em condições sociais previamente estipuladas. Desse modo, cobrir o intervalo entre valor e preço é uma questão técnica a ser resolvida dentro dos parâmetros críticos em que sua análise se coloca. Se a teoria econômica contemporânea deixa de lado a lei do valor-trabalho na armação de seus modelos formais, se lida predominantemente com preços, continua posto o desafio, levantado por Marx, de mostrar como se estruturam os processos produtivos numa totalidade social cuja finalidade continua sendo extrair excedente econômico. Por isso cumpre ir além da análise rente aos conceitos positivos para se ater sobretudo aos *sentidos contraditórios* das relações sociais de produção, distantes de suas aplicações empíricas. A questão formulada pela lei do valor-trabalho resolve-se assim no problema da racionalidade do sistema econômico como um todo, determinada seja pela intenção do lucro, seja pela intenção daquela equidade pressuposta nas relações de compra e venda da força de trabalho. Mas, note-se bem, de uma racionalidade que deve encontrar em si mesma seus próprios padrões, sem apelar para reflexões exteriores ao espaço onde se move. Se a produtividade do trabalho inscreve-se numa segunda natureza, se ela já se encontra socializada nos instrumentos de que dispomos no cotidiano, cumpre então perguntar por que a racionalidade das relações sociais de produção ainda deve estar sob o signo do lucro e do aumento desesperado da produtividade dessa segunda natureza, como se ela fosse o deus a que tudo, coisas e homens, deve ser imolado. A lei do valor-trabalho assim reformulada se transforma numa questão de distribuição da riqueza social segundo o parâmetro de equidade proposto pela aparência do mercado de trabalho, enfim, numa questão de justiça social.

É dessa perspectiva que cumpre, a meu ver, considerar os limites da dialética entre as relações de produção e o desenvolvimento das forças produtivas, que, no modo de produção capitalista, se apresentam categorialmente como a lei da queda tendencial da taxa de lucro. A lei, porém, *exprime* um fundamento que dela escapa: "A tendência progressiva de queda da taxa geral de lucro é apenas *uma expressão peculiar do modo de produção capitalista* para o progressivo desenvolvimento da produtividade social do trabalho. Não se diz com isso que a taxa de lucro eventualmente não possa também cair por outros motivos, mas fica demonstrado como necessidade indiscutível que, no seu desenvolvimento, em virtude da essência do modo capitalista de produção, a taxa média geral da mais-valia deve se exprimir numa taxa geral de lucro decrescente" (*K*, III, 25, 223).

Convém insistir que se trata de um fenômeno de *expressão*: o desenvolvimento das forças produtivas se exprime sob a forma capitalista num movimento que o inibe. Um vetor histórico, o desenvolvimento contínuo das forças produtivas graças à introdução permanente de novas tecnologias, assume a forma capitalista da qual em seguida procura desvencilhar-se. Como o capital poderia funcionar quando, a despeito de conservar o lucro como intenção primeira, passa a ver diminuir a base dessa intenção?

Acontece, porém, que o próprio Marx, ao longo de seus estudos, descobre novos e novos fatores capazes de contrabalançar essa tendência, de sorte que essa necessidade abstrata, do ponto de vista categorial, cada vez mais se torna improvável do ponto de vista empírico. Nunca, aliás, Marx esperou que a lei do valor-trabalho possuísse validade empírica. Engels nota que o valor "não aparece no fenômeno das relações de troca das mercadorias produzidas sob forma capitalista; ele não vive na consciência dos agentes capitalistas de produção; não é um fato empírico, mas um fato pensável e lógico; o conceito valor, na determinidade material [que assume] em Marx, nada mais é do que a expressão econômica para o fato da produtividade social do trabalho como fundamento da existência econômica" (*K*, III, 25, 904).

No entanto, conforme as análises quantitativas vão se complicando, cada vez mais a superfície dos fenômenos capitalistas deixa de *exprimir* a substância fundamental de que dependem, desse "fato pensável e lógico", cuja estrutura é o fio condutor de nossas análises. No coração da forma expressiva não reside um processo de medida social? A variedade e a complexidade da trama nos levam a perguntar se algum fenômeno novo não terminaria por bloquear esse processo expressivo. Nunca Marx imaginou que os mercados funcionariam de fato na base da concorrência perfeita; pelo contrário, estuda os mecanismos pelos quais os capitais se concentram e formam monopólios. Mas também acabamos de verificar que esse processo de totalização é atravessado por uma mudança de sentido das categorias — que deveriam exprimir o desenvolvimento das forças produtivas conforme seu desenvolvimento tecnológico perturba a diferença essencial entre trabalho vivo e trabalho morto, tornando impossível determinar a diferença entre trabalho produtivo e improdutivo para o capital.

Na sua totalidade o capital depende da unificação de setores que operam com diferentes taxas de produtividade do trabalho social, depende de relações sociais efetivas cujo princípio de totalização, porém, remete a um parâmetro único, ilusão necessária que funciona como espécie de ideia reguladora do mercado. Visto que essa ideia se configura no processo reflexionante da produção do capital em geral, visto que esse mesmo capital destrói os princípios em que se assenta, não seria o caso de indagar se seu empuxo básico, o desenvolvimento das forças produtivas, ao mudar de patamar tecnológico — que altera o sentido social do processo de trabalho —, não cria uma situação em que o papel regulador da ideia fica comprometido nas suas condições de exercício?

4.13. CONTRADIÇÃO TRAVADA

Sendo que essa normatização está na dependência do real funcionamento das relações sociais de produção, cuja face mais aparente são as relações de propriedade, vale a pena estudar como estas últimas se comportam quando o modo de produção capitalista atinge alto grau de diversidade e dispersão. O próprio Marx percebe que a natureza das relações sociais se altera com a crescente complexidade do sistema. Exemplifica-o a maneira como interpreta o desenvolvimento do crédito e do capital por ações. Como vê essa socialização do capital privado, que deixa de ser comandado pelo empresário individual, em que o lucro é distribuído entre diversos acionistas?

Isso é a superação do modo de produção capitalista no interior do próprio modo de produção capitalista e, assim, portanto, deve ser uma contradição superando-se a si mesma, a qual *prima facie* se apresenta como mero ponto de passagem a uma nova forma de produção. Também na aparência ela se apresenta como tal contradição. Estabelece o monopólio em certas esferas e por conseguinte exige a intervenção do estado. Reproduz uma nova aristocracia financeira, nova espécie de parasitas na figura de projetistas, fundadores e meros diretores nominais, fraudadores e mentirosos no que respeita aos empreendimentos, despesas de comércio com ações. É a produção privada sem o controle da propriedade privada. [K, III, 25, 454; trad., IV, 333, modificada]

Deixemos de lado a acuidade dessa descrição para atentar exclusivamente para seu aspecto lógico. O que significa "uma contradição que se supera a si mesma" sem abolir o caráter contraditório de seu fundamento, de sua produção, mas reforçando o caráter de embuste, de farsa, de todo o processo?

Antes de tudo uma contradição fenomênica, aparente, sem contestar seu fundamento, sentido complexo cujos termos antagônicos mais simples ainda não têm força de ir ao fundo, de diluir a contraditoriedade originária desse antagonismo, e precisando, para manter-se como identidade viva, do embuste e de forças externas, principalmente aquela do estado como garantia dos contratos. A ilusão necessária perde sua idealidade intransponível para revelar seu caráter de farsa, instrumento *ad hoc* de exploração. Por sua vez, concentração de capitais e formação de monopólios, associadas à autonomização do capital financeiro, tornam obsoleta a figura do empreendedor. A empresa constitui uma unidade coletiva, mas que se particulariza no tipo de competição que estabelece com as outras e com o estado. Operando com diversas taxas de produtividade do trabalho, ou levando em consideração as formas contemporâneas de capital, provocando essa diversidade graças ao monopólio da invenção científica e explorando-a em vista de seu lucro privado, cada empresa trata de montar e proteger sua própria composição técnica, de sorte que fica bloqueada sua expressão completa em valor. Os fatores de produção continuam a ser expressos em termos de preços, embora esses preços passem, por exemplo, a conhecer novas variações, provocadas pela interferência de diferentes taxas de câmbio. Mas o relacionamento de cada produto com a totalidade de seus valores de troca fica bloqueado, pois, se no plano da representação essa referência ao todo continua valendo, visto que todos os produtos têm preço, no plano da efetivação desse todo, vale dizer, na constituição da demanda efetiva que confere o caráter social da produção, ele não encontra aquele comum, a equiponderabilidade dos produtos de um trabalho homogêneo, que assegura a identidade fetiche do valor. Não que o valor desapareça, pois blocos de produto de cada setor continuam a ser comparáveis entre si do ponto de vista de sua produtividade, mas o comum é enviesado, mais proposto do que reposto, de sorte que a riqueza social como um todo é arquipélago de ilhas proteiformes lutando entre si pela preferência dos consumidores.

No entanto, as novas formas de associação continuam recolocando em sua base a mesma contradição originária entre meios de produção e trabalho, ambos isolados de suas condições efetivas de existência e somente se acoplando se, primeiramente, forem traduzidos em preços, em seguida, se operarem para fazer crescer o bolo do lucro. Se essa composição técnica ainda procura ser expressa pela composição do valor, o movimento interno de diferenciação das forças produtivas impede que o desdobramento das categorias desenhe a figura do círculo fechando-se em si mesmo.

Se, na verdade, um único capital perde sua capacidade de medir *todos* os processos produtivos que ocorrem no intervalo de sua reposição, na base de um só parâmetro, ainda não conservaria seu sentido de indicar como forças sociais antagônicas são de fato unificadas na reiteração do processo produtivo, mediante a ilusão necessária de que, em última instância, elas continuam sendo mensuráveis na sua totalidade? E as mensurações efetivadas nos vários setores confirmam a ilusão parcial da completude. Se, além do mais, o descompasso entre essas categorias básicas e seus suportes faz com que eles se despersonalizem, isso não consistiria condição para que o sistema funcione sem a perspectiva de um colapso final? Se a contradição entre capital constante e variável permanece exprimindo como o trabalho é comandado de fora, sem todavia pôr em xeque o elo que os une, ela não passa igualmente a traduzir uma forma travada de sociabilidade, uma sociabilidade que não pode nem mesmo encontrar distintamente as expressões numéricas pelas quais pensa repor-se automaticamente? Mas se perde assim seu sentido econômico mais profundo, sua capacidade de medir efetivamente a riqueza social produzida em termos de valor-trabalho, não continua sendo a única forma de sociabilidade pela qual essa riqueza é gerada?

4.14. CATEGORIAS FIBRILADAS

Não há dúvida de que essa travação afeta o comportamento dos agentes. Vimos que personificam categorias conforme suas próprias ações passam a ter sentido diferente daquele originariamente visado, conforme o sentido particular de cada ação é socializado por um processo de conformação de um sentido social que oculta seu fundamento, o capital na sua qualidade de comando do trabalho alheio. Por outro lado, eles se conformam para seguir a regra determinada pela categoria e se reconhecem como indivíduos dotados de direitos sobre a mercadoria que trazem para o mercado. Sem as crises, esse equilíbrio visado, ocultando a exploração do trabalho, não chegaria à consciência dos assalariados estruturada inicialmente pelas formas alienadas da distribuição tríplice dos rendimentos. O mesmo acontece com a organização das classes, que aglutina outros atores. Mas o obstáculo da reificação se torna ainda muito mais intransponível quando se esfuma a diferença específica entre trabalho produtivo e trabalho improdutivo. As relações sociais de produção continuam a se apresentar como combinatória dos fatores de produção, sem que se possa explicar então como essa combinação vem a formar uma totalidade que se coloca como fim em si mesma. Por que todos esses fatores continuam subordinados à substância do capital como esse fim em si mesmo, que somente existe se crescer continuadamente? Todo o processo produtivo fica submetido ao pressuposto de que esses fatores devem ter preço, calculáveis por conseguinte por uma medida que os torne homogêneos entre si enquanto produtos. Somente quando essa medida for traduzida em termos da teoria do valor-trabalho, em suma, quando o preço dos produtos, inclusive da força de trabalho, remeter a seu fundamento comum, fica patente que a circularidade em si do capital é gerada a partir do pressuposto de que todo o processo produtivo se move tendo como princípio um *quantum* de trabalho morto em vista do qual o trabalho vivo se mede socialmente. Marx procura, então, mostrar que a combinatória dos fatores de produção, demarcada pelas três fontes de rendimento, depende do desenvolvimento formal do valor, subsunção dos valores de uso aos valores de troca, os quais surgem como determinações quantitativas de uma massa de valor, posta a crescer por si mesma. Trata então de traçar a gênese das formas mais aparentes da sociabilidade capitalista. Mas a explicação do sentido profundo da relação entre capital-lucro, terra-renda, trabalho-salário, termina por mostrar que, em virtude do desenvolvimento tecnológico, as formas de lucro e aquelas de juro, ligadas profundamente a esse lucro, não logram mais se exprimir em preços do mercado, já que o pressuposto da homogeneidade do trabalho se perde no percurso de sua realização. No entanto, visto que os fatores de produção continuam se combinando para se integrar numa totalidade que há de crescer por si mesma, por conseguinte, sendo remetidos a um fundamento comum, as categorias que configuram as formas trinitárias continuam a ser propostas de medida sem lograr medir do ponto de vista social total. Cada fator de produção é medido por seu preço, sendo que todos eles somente se combinam na esperança de lucro. Sendo cada fator posto como produto, todos eles devem exprimir o tipo de trabalho social que os gera. Já que essa forma de sociabilidade abstrai qualquer outra determinação a não ser aquela que é posta pela troca de produtos, todo trabalho vivo, que o sistema produtivo requer, deve ser medido objetivamente pelo trabalho morto socialmente necessário. No entanto, esse processo de medida social fica impedido conforme exprime diferenças de produtividade que apenas se aglutinam em blocos. O pressuposto da comensurabilidade total é sempre reposto pela intenção do sistema produtivo de gerar continuadamente lucro onde o capital for investido, sem todavia se perfazer num único *quantum* determinado. É posto para medir sem lograr a medida social a que se propõe. Em vista dessa sua qualidade, as categorias não perdem sua determinidade quantitativa, mas deixam de servir de parâmetro quantitativo para a distribuição da riqueza social. Elas fibrilam, vale dizer, deixam de ser quantidades determinadas para conservarem a intenção social de ser quantificáveis. Essa nova irracionalidade implode o sistema produtivo numa totalidade centrífuga. Os atores agem tomando um padrão que não logra unificar socialmente os padrões efetivos confirmados pelo mercado, o que conduz o sistema a uma crise permanente, como se suas categorias demarcassem intervalos sem poder determinar os números que deveriam preenchê-los. Fibriladas, as categorias necessitam, para vir a ser formas sociais de pensamento, de outras instituições que compensem o que elas não podem pensar e medir. Aquela desarrumação constante, acima observada, da proporcionalidade, que assegura o método de projeção das forças produtivas nas relações sociais de produção, termina por institucionalizar intervenções contínuas no mercado, para que o lucro social continue a crescer.

Essa perda de sentido social das relações econômicas é um fato que a Escola de Frankfurt já tinha notado a partir dos anos 30. A dificuldade, porém, é interpretá-lo. Ora, por mais que a crise se torne sistêmica, o capital não coloca em xeque a matriz de sua positividade; por certo a cliva em regiões de produção que vão ser ligadas por correntes diversas, combinando economia e política, mas não é por isso que leis econômicas deixam de ter o sentido profundo que o capital lhes imprime e que as formas trinitárias expressam. É por isso que tento sublinhar as soluções de continuidade dos vetores responsáveis pelo desenho dos elementos idênticos formadores da composição orgânica do capital, mostrando assim que a perda de sentido já nasce no nível do travejamento das forças econômicas. No entanto, essas categorias explicativas e descritivas também modificaram seu sentido estrutural primeiro, de elementos encarregados de marcar os pontos duradouros da linguagem da produção; se continuam sendo postos para medi-la, ficam desprovidos de seus métodos de mensuração. Os agentes agem conectados a uma gramática profunda só percebida quando descrevemos o travejamento que demarca suas condutas, mas o profundo deixou de ser transformador, de tender a um fundo unitário, para contentar-se com a experiência da perda de sentido. Se a mão invisível do mercado de agora em diante necessita dos empurrões da política, esta por sua vez adquire seu sentido contemporâneo conforme orienta as forças econômicas para confirmar o capital como um fim em si mesmo ou para negar essa sua finalidade fetiche. Para Marx o capital vai a fundo quando revela o lado material mais simples do processo produtivo. Ele mesmo salienta que somente o capital substitui o trabalho pela máquina onde o trabalhador pode trabalhar o máximo de tempo para ele. "Por meio desse processo fica de fato reduzido a um mínimo o *quantum* de trabalho necessário para a produção de certos objetos, mas apenas a fim de que um máximo de trabalho seja valorizado no máximo de tais objetos. O primeiro lado é importante, porquanto aqui o capital — inteiramente sem essa intenção — reduz o trabalho humano a um mínimo, o dispêndio de força. Isso favorece o trabalho emancipado e é condição de sua emancipação" (*G*, 589). Essa emancipação, contudo, não ficou comprometida pela viscosidade do capital, que estilhaça sua positividade sem retirar dela o caráter de fetiche? Além do mais, o que pode significar essa redução do trabalho ao desgaste de sua força física, quando a homogeneidade visada do *quantum* de trabalho tomado como pressuposto da reflexão do sistema se põe pela mediação de *quanta* centrífugos? Não é o próprio sentido do projeto emancipatório que há de ser reformulado?

    A alienação do capital se ossifica sem que sua aparência traduza o sentido de sua reificação, como se as crises, catástrofes maiores ou menores, se resumissem a questões de desajuste natural sem pôr em xeque a própria racionalidade do modo de produção capitalista. Por isso o cotidiano se consola com a irracionalidade vivida. Nesse plano, tudo se coloca em termos de uma equidade prometida, que assim poderia ser lograda sem que a questão do trabalho social pudesse ser resolvida pelos elementos que sua reflexão centrifuga.

Com a indiferenciação entre trabalho produtivo e improdutivo, a mais-valia nunca chegará a ser exclusivamente para si, deixa de servir de medida objetiva da exploração do trabalho, de sorte que nunca os trabalhadores poderão se constituir no "trabalhador total" (*Gesamtarbeiter*) a que Marx se refere tantas vezes, ou, em termos sociológicos, nunca o proletariado se constituirá em classe para si, de sorte que a contradição se trava, não se perfaz, conforme se desfibram as individualidades do capital e do trabalho. Para manter seu domínio o capital contemporâneo só logra forçar o trabalho vivo a mover o trabalho morto se ambas as partes assumirem mil faces, lusco-fusco de aparências anárquicas, isto é, sem princípio unívoco, embora continue a sustentar aquela racionalidade perversa, segundo a qual meios de produção somente são movidos pelo trabalho para criar maior riqueza monetária, alimentada como fim em si mesmo.

Para sublinhar as peculiaridades da dialética marxista, convém lembrar que a contradição entre capital constante e capital variável, entre essas duas diferenças da substância valor, não pode escapar da ilusão quantitativa. Se na verdade a *massa pressuposta* não se repõe como um *quantum* inteiramente adequado ao pressuposto, não é por isso que todas as relações sociais de produção capitalista deixam de ser determinadas, em última instância, por sua intenção mensurante. O jogo dos preços, ademais, não repõe a ilusão de que tudo se passaria sem crise? A substância capital continua sendo a pretensão de medir por um mesmo padrão quer o trabalho morto incorporado nos meios de produção, quer o trabalho vivo. Se a crise revela empiricamente seu insucesso, a retomada do crescimento do capital como finalidade em si mesma indica como o equilíbrio proposto pela lei de Say faz parte da ilusão constitutiva do modo capitalista de produção.

Assim sendo, a dialética da contradição visada por Marx não toma distância daquela dialética da qualidade que Hegel opôs a Schelling? Posto o sujeito como identidade reflexionante, por conseguinte, como Eu igual a Não-Eu, surge a dificuldade de traçar, nessa contraposição, o limite do campo de cada um deles. A Schelling, que aí vê uma divisão quantitativa, Hegel, desde os tempos de Iena, objeta que esse limite é a qualidade de ser quantificável, vale dizer, uma determinidade do ser. Somente assim a oposição entre o Eu e o Não-Eu pode vir a ser uma contradição em que o negativo possui a qualidade de ser positivo, portanto, de encontrar em si mesmo o empuxo de sua superação, sua capacidade de formar nova identidade. Somente assim a oposição entre o positivo e o negativo pode se superar (*aufheben*) em positivo em si e negativo em si, abrindo o espaço que permite à oposição transformar-se em contradição determinante e, caminhando então para o fundo, também caminhar para seu fundamento, pois a identidade resultante possui a qualidade da unidade. Se na dialética da quantidade e da qualidade Marx é herdeiro de Hegel, pois, como vimos, é a qualidade do capital ter como pressuposto o processo de homogeneização do trabalho que marca o início da reflexão desse capital, o processo de medir esse homogêneo chega a resultados diferentes. O valor é procedimento de medida realizado socialmente, forma de agir e pensar, mas o comum de que é constituído, alinhavando os inúmeros valores de troca, somente opera graças à ilusão de uma clausura efetiva. A análise de Marx incorpora, pois, um elemento kantiano, uma ilusão necessária pela qual as atividades se aglutinam, se socializam e perdem seus sentidos imediatamente visados, uma espécie de dever ser prático que foge do movimento efetivo. É sintomático que as categorias de superfície, ao serem analisadas por Marx, assumam o caráter de ideias reguladoras, pois esse movimento de expressão nunca pode terminar expressando por completo o expressado, como acontece na lógica especulativa. Obviamente, ao introduzir esses novos elementos no desenvolvimento da dialética, Marx não poderia encontrar uma contradição que respeitasse os cânones hegelianos de superação. Vimos como a qualidade de *quantum* se efetiva em *quanta* centrífugos, de sorte que, se existe contradição em virtude de uma ilusão metafísica que opera no nível das ações, ela só poderia perder seu empuxo de superação. Em vez de se espiritualizar, como pretende Hegel, ela vai ao fundo apelando para o elemento natural, o dispêndio de energia, apenas reduzido à sua expressão mais simples, cuja unicidade, porém, é posta em xeque pelo próprio desenvolvimento categorial.

Chega-se aos limites da dialética que as relações sociais de produção tecem com o desenvolvimento das forças produtivas, configurando nova identidade que deveria ser o positivo no negativo, portanto, unidade qualificando as diferenças. Mas o desdobramento das categorias, se tende a destruir a identidade ilusória do pressuposto, em contrapartida, não consegue instalar aquela unidade qualitativa das diferenças centrífugas. Essa unidade só poderá ser obtida se um novo sistema de forças sociais vier se articular para repor o que o jogo das forças econômicas é incapaz de operar. Não será esse o sentido da política contemporânea?

5. Atalhos para uma conclusão

5.1. Não é na letra dos textos de Marx que vamos encontrar a resposta à pergunta que serviu de norte para as idas e vindas de nossa investigação: se identidade e contradição não mais constituem expressões diferentes de um mesmo princípio, que sentido pode adquirir a contradição quando ela se desloca dos cânones da Lógica hegeliana? Ao incorporá-los a seus escritos, Marx pretende virar de ponta-cabeça uma Lógica que, do ponto de vista da tradição, se resolve numa Metafísica, mas não examina como isso vem a ser possível, quando se afirma materialista e recusa a clausura do Espírito Absoluto. Não creio nem mesmo que Marx tenha visto nesse projeto enormes dificuldades, pois tudo indica que continua a pensar que uma contrariedade naturalmente desemboca numa contradição. Mas não estará sua prática intelectual, a obra que deixou e sua própria atividade política, recheada de ricas sugestões para o bom entendimento de meu problema?

Tentei seguir passo a passo os meandros da crítica a que submete a positividade dos fatos econômicos, explorando tanto quanto possível caminhos apenas indicados. No final desse percurso percebo que uma conclusão obriga a retomar abreviadamente o que foi percorrido. Não se trata obviamente de procurar, da perspectiva de Marx, o Saber Absoluto, mas tão só de salientar que a análise do sentido da contradição inerente ao capital não articula hipóteses a serem verificadas empiricamente, mas se limita a forjar ferramentas intelectuais visando iluminar as prosas das ciências sociais para revelar sentidos subsidiários que lhes dão sustento. Capturando uma dimensão crítica que os fenômenos socioeconômicos já contêm na medida em que eles mesmos são contraditórios, a crítica marxista, penetrando as massas, pretendeu vir a ser nova força produtiva, capaz de emancipar o gênero humano. Refletindo sobre esse caminho, mostrando a possibilidade de práticas capazes de pôr em xeque a positividade desses fenômenos, creio estar indicando apenas a possibilidade de uma política que não se resolva no mero jogo de poder e se coloque questões ligadas a uma moralidade objetiva. Nosso foco foi o conceito de relações sociais de produção, como elas se tecem graças à mediação de objetos-signos que remetem, no caso do modo de produção capitalista, a forças produtivas que são domadas por forças sociais expressas por essas relações, mas cuja gramática termina se abrindo para o novo e sinalizando outras formas de intervenção social.

Para a dialética especulativa, toda atividade é de natureza lógica, por isso o pensamento à procura de sua verdade cobre toda a realidade. Ao tratar brevemente do problema da riqueza social, Hegel, incorporando as contribuições de Adam Smith, parte da divisão do trabalho e daí retira o conceito de trabalho abstrato como aquele que se simplifica por causa dessa divisão e, tornando-se mecânico, passa a ser substituível pela máquina. Graças à dependência e reciprocidade que por esse meio se instalam entre trabalho e satisfação dos carecimentos, evidencia-se a mediação do particular por meio do universal, de tal modo que cada indivíduo produz para si e para todos. A riqueza social configura, pois, o momento de identidade, de estase do qual todos podem participar conforme sua cultura e suas aptidões. O modo pelo qual se participa dessa riqueza, seja ele universal ou particular, fica então na dependência de uma base (*Grundlage*) imediata apropriada, o capital, assim como da aptidão condicionada tanto por essa base como pelas circunstâncias, cuja diversidade diferencia as habilidades corporais e espirituais desenvolvidas (*RPh.*, §§ 198-200). A universalidade conceitual, já que tão só se perfaz inteiramente no nível do Espírito, sempre mediado pelo silogismo objetivado, não requer o fetichismo da mercadoria, a ilusão necessária da completude das trocas e a *aparência* da regra ser capaz de produzir seu caso. A divisão do trabalho e a criação da riqueza social surgem assim como momentos do desdobramento desse Espírito, sem que o processo de externação do trabalho no produto e as alienações do capital se transformem nas últimas determinações para o entendimento das relações capitalistas de produção. Por certo a análise da economia contemporânea é muito mais complexa do que seu delineamento esboçado por Hegel. Mas, para nossos propósitos, importa lembrar como o automatismo do Conceito lhe basta para esvaziar as diversas formas de necessidade com que Marx deve lidar para articular a dialética das relações sociais de produção e das forças produtivas. A tríade hegeliana — universal, particular, singular — apaga um confronto social efetivo que, a despeito de ser mediado por signos, não se consome num discurso racional.

Marx pretende mostrar como a simplificada descrição hegeliana do processo de formação da riqueza social, ao fazer da ilusão necessária uma substancialidade conceitual, ignora seu lado efetivo, os meandros da luta de classes, e termina por minimizar o metabolismo concreto entre o homem e a natureza e dos homens entre si, todo ele se realizando sob as condições da forma--valor. Mas para isso deve, primeiramente, renunciar ao princípio de que a necessidade manifesta o caráter absoluto da reflexão da liberdade, em seguida, substituir uma dialética, em que a diferença é originariamente qualidade, por outra, em que o êmbolo da diferença nasce do processo efetivo de medir o trabalho social, para que a classe dominante possa comandá-lo a seu modo. Na dialética hegeliana, desde a *Jenenser Logik*, o jogo entre a quantidade e a qualidade tem como fio condutor a ideia de um limite, cerceando o campo desse jogo, que põe e repõe seu caráter qualitativo, sua função de medida absoluta que exprime as limitações voluntárias do Absoluto. Desse modo, o negativo de cada limitação determinante se revela puro lógos, discurso mediado que se resume na reflexão de si mesmo.

Essa linha de raciocínio não pode ser mantida por uma dialética que pretende ser materialista, denunciar o movimento formal desse discurso para fazer valer o fundamento da luta de classes, a constituição da sociabilidade na base de identificações, limitações, que se efetivam precisamente porque mobilizam ilusões necessárias relativas a padrões de medida do trabalho. O valor, abstração real, resulta primeiramente de certa quantificação do trabalho para em seguida se pôr enquanto identidade *qualificada* como fetiche. O lugar da autoidentificação necessária da pessoa livre, paradigma da forma lógica especulativa, é substituído pela autopromoção do ser social graças à superação das contingências do trabalho. Em virtude da sacralização do produto, o trabalho se desliga de seus constrangimentos naturais, aparece como se fosse criado por uma segunda natureza em que os seres humanos logram se mover. Superar a rígida determinação dessa natureza postiça seria a tarefa da classe dos trabalhadores em busca de sua liberdade. Mas para escapar da universalidade substantiva do capital e explicitar sua dimensão transformadora é preciso quebrar prática e teoricamente a aparência fetiche e metafísica do valor, reconhecendo que ele provém da forma pela qual trabalhos concretos passam a ser medidos por uma abstração real e necessária. As propriedades qualitativas do valor, sua raridade, por exemplo, apenas manifestam formas específicas de mensuração. Ao dar ênfase, contudo, ao aspecto quantitativo do desenvolvimento das formas, Marx toma distância da dialética hegeliana, que faz de toda diferença originariamente um *quale*, momento estático de um processo *autônomo* de diferenciação. Embora a substancialidade, a autoposição do valor, mantenha sua remissão a seu lado qualitativo, ao se processar como medida, quantificação, de forças produtivas, cujo parâmetro se perde no meio do caminho, a ênfase em que a relação social por meio de signos se faça reportando-se à exterioridade de forças produtivas implica pressupor uma exterioridade alógica, certa matéria, cuja conformação não se esgota no processo de ser conformada por formas de sociabilidade. Não é por isso que a dialética marxista se enreda em dificuldades análogas àquelas com que se defrontam Schelling e Fichte? Problemas relativos, de uma parte, à entidade irredutível ao ser pensado, de outra, aos limites que separam o mesmo e o outro. Além do mais, não fica assim impedida de empregar sem mais a fórmula do universal que se particulariza numa identidade de nível superior? Mas deixemos essas questões em suspenso, pois pretendo retomá-las num texto dedicado especialmente à Lógica hegeliana. Se aponto para esses problemas é com o único intuito de sublinhar a complexidade de uma leitura d'*O capital*.

Desde logo se percebe que, se Marx continua concebendo a identidade como contradição, para se converter em contraditórios os opostos carecem de uma reflexão que os simplifique e os coloque como sendo para si. A identidade reflexionante, deslocada do caminho normal da *Aufhebung*, deverá se constituir na prática que se fecha por uma ilusão necessária, que ao mesmo tempo constrói o bom infinito do capital, sem que esse mesmo capital se resolva numa infinidade absoluta. Não se resolve ele na *expressão* de um modo de as forças produtivas se articularem, remetendo portanto a um fundamento que vai além dele? O jogo da identidade e da contradição deverá ser, pois, apreendido no movimento da identidade e da contradição armada entre as relações sociais de produção capitalista e as forças produtivas que elas promovem, vale dizer, no plano de uma identidade que ilusoriamente põe seu caso, mas haure sua força de uma forma particular de produção e de exploração do trabalho, do modo particular de o homem se relacionar com uma natureza mediada por um fetiche coletivo. Essa contraparte natural, que sempre tenta escapar da atividade redutora do pensamento, acua o movimento reflexionante absoluto junto a uma sociabilidade que apenas se pensa como absoluta. O capital torna efetivo o bom infinito ilusório e assim encobre uma forma específica de dominação. Mas desde logo essa forma de pensá-lo como sistema de pensamentos práticos suscita a pergunta por seu modo de ser. Como lógos prático, dotado de gramática, configura as atividades que asseguram seu sentido, por conseguinte, que delimitam os tipos de objeto que passa a denotar. Nessa gramática se inscreve uma ontologia do social, antes de tudo ontologia da aparência, necessária porém para legitimar a maneira como se cria um excedente econômico.

5.2. Quando se atenta unicamente para a aparência dos fenômenos socioeconômicos, nada mais natural, já o vimos, do que tomar esses fatores produtivos como *partes constitutivas* de uma *unidade* configurada pela *combinação* delas (cf. 4.11). Mas a mera combinatória de elementos aparentes torna-se *irracional* sem a pergunta por seu modo de constituição, sem a análise de cada forma inserida num processo reflexionante, que se repõe a si mesmo e opera no intervalo entre a massa de valores pressupostos e aquela outra acrescida no fim do processo. Não importa se os agentes pensam primeiramente tão só em termos monetários. Desde que os fatores sejam colocados no interior dessa reflexão, a combinação se torna sociologicamente irracional, na medida em que junta elementos de natureza distinta, apagando a necessária mediação entre eles. O juro, por exemplo, se dá como remuneração da compra de dinheiro como se fosse mercadoria qualquer. Mas, enquanto mercadoria, ele só existe combinando valor de uso e valor; ora, se o dinheiro só tem uso na troca equitativa, isso já não aponta para uma diferença cujo sentido há de ser explicado para que dê conta de sua razão de ser? As simples determinações do juro necessitam, pois, ser *derivadas* de uma estrutura mais simples, invisível na superfície do fenômeno. De maneira similar, a renda aparece como dinheiro pago pelo fazendeiro que ocupa terra de outrem; visto que essa mercadoria não incorporou nenhum trabalho morto, é preciso, aceita a teoria do valor-trabalho, explicar como se define seu valor de troca. Outro exemplo: as retiradas do empresário poderiam ser vistas como espécie de salário pago pelo trabalho de reunir os fatores de produção, mas, como os capitalistas não estão no mercado como um assalariado qualquer, cabe então explicar a natureza desse rendimento. Em suma, as categorias descritivas dos movimentos de uma economia devem ser iluminadas por uma gramática profunda, capaz de dar razão aos respectivos modos de ser de seus elementos relativamente simples, por conseguinte, capaz de indicar os princípios de suas individuações. "A figura acabada das relações econômicas, tal como se mostra na superfície, em sua existência real e, portanto, também nas concepções mediante as quais os portadores e os agentes dessas relações procuram se esclarecer sobre as mesmas, difere consideravelmente, sendo de fato o inverso, o oposto, de sua figura medular interna, essencial mas oculta, e do conceito que lhe corresponde" (*K*, III, 235; trad., IV, 160).

É de notar que esse conceito está, comparado com o Conceito especulativo hegeliano, muito mais próximo da Essência do que a Ideia. A despeito de as determinantes da estrutura profunda serem todas reflexionantes, a *oposição* entre o superficial, aparente e fenômeno, de um lado, e o profundo, estrutural, de outro, continua exprimindo a identidade, que se desdobra numa contradição entre as relações sociais de produção e as forças produtivas. No entanto, até mesmo no momento da identidade, quando relações sociais de produção exprimem unitariamente o modo de articulação das formas produtivas, essa identidade mantém a dualidade entre a expressão e o expressado.

Quando uma teoria econômica recusa essa clivagem da positividade do fenômeno, procurando estabelecer equações em que o modo de individuação dos fenômenos, expresso pelas variáveis, não é posto em relevo, simplesmente está procurando desenhar modelos reduzidos do real, em vista de sua compreensão e de sua previsibilidade. Deixa de lado, pois, tanto o caráter de produto desses objetos como a determinação, historicamente datada, de constituírem partes de um sistema produtivo, cujos fatores de produção sempre assumem a forma de mercadoria. Se esse caminho teria a vantagem de reduzir as diversas formas de racionalidade ao esquema geral da racionalidade em vista de um fim, a racionalidade instrumental, não fica ele subordinado ao pressuposto de que esta é a única racionalidade que opera nos fenômenos socioeconômicos?

Bom exemplo desse procedimento nos oferecem as investigações de Amartya Sen. Ele argumenta — isto dito muito brevemente — que os comportamentos econômicos serão mais bem descritos, compreendidos e previstos se, além das variáveis tradicionais, forem incluídas variáveis morais. Aliás, lembra ele, essa preocupação estava na origem da Economia Política, cujos primeiros autores eram cientistas e moralistas (cf. *Sobre Ética e Economia*, São Paulo, Companhia das Letras, 1999). Em vista desse projeto, trata de articular modelos científicos mais abrangentes do que aqueles usualmente empregados pela Economia neoclássica. Nada há a objetar a esse projeto teórico, pelo contrário, sua importância deve ser ressaltada. Mas cabe lembrar que ele não é ontologicamente neutro, pois exclui do fenômeno sua dimensão interna reflexionante, já que reconhece nele apenas aquelas determinações que os objetos passam a ter por estarem sendo referidos pelas variáveis que integram equações, desprezando aquelas outras que os agentes desenvolveriam por estarem participando de relações sociais determinadas. Se agem de acordo com os princípios da escolha racional, suponhamos, nada acumulam pelo fato de reiterarem suas escolhas, nunca se tornam sujeitos que também se constituem por meio do aprendizado de lidar com coisas e terceiros. Limita-se o exercício da razão, para que a razão dos atores nunca ponha em xeque a positividade do próprio fenômeno. Noutras palavras, se a escolha desta ou daquela outra forma de racionalidade parece neutra epistemologicamente, ela assume o compromisso de sempre considerar todos os fenômenos socioeconômicos no mesmo nível de realidade, vale dizer, aquela que o conjunto de equações for capaz de articular. Por certo, se variáveis relativas à moralidade das pessoas são justapostas a variáveis relativas a interesses, interpretam-se esses interesses de maneira diversa daquela pela qual eles sempre se manteriam indiferentes às consequências morais dos atos praticados em nome deles. Mas, quando descarta o caráter reflexionante das variáveis, o pesquisador fica impedido de distinguir determinações essenciais, aquelas que são repostas pelo próprio processo, daquelas que apenas contribuem para sua formação histórica. Isso significa que a interpretação científica passa a atribuir ao fenômeno econômico apenas aquela temporalidade interna à estrutura concebida, deixando de lado as vicissitudes de implantação e de seu vir a ser. Em suma, não é o livre exercício do pensamento que vai paulatinamente descobrindo razões, sua própria racionalidade, mas uma dada concepção de razão ilumina o caminho a ser percorrido. Nunca abandonando o plano da ciência positiva, Amartya Sen deixa na sombra o modo de individuação dos fenômenos, por conseguinte, a dimensão histórico-crítica e normativa que eles próprios contêm, precisamente porque os atores se pautam por critérios contraditórios.

Sabemos, por exemplo, que o capital comercial e o capital a juros são instituições mais antigas do que o capital empresarial. Nada mais normal do que defini-los a partir dessas formas incipientes e examinar como se desenvolvem. Do ponto de vista marxista, porém, essa precedência temporal indica apenas que seu sentido deve se transformar ao ser integrado no processo reflexionante do modo de produção capitalista, quando todos os fatores aparentes se dão sob forma mercantil e mobilizados para a produção de mais-valor. Ao instalar-se esse modo de produção, o capital encontra a forma comercial e a forma a juros "como *pressuposições* prévias que não são todavia pressuposições postas por si próprias, formas de seu próprio processo de vida" (*TMW*, 3, 466; trad., 279). Cumpre portanto examinar o caminho pelo qual se torna possível gerá-las no interior de sua própria reflexão. Em suma, não se deve perder de vista a diferença entre elementos essenciais do sistema, pressupostos e repostos por ele, e as condições históricas que geram a matriz de conteúdo a ser transformada pelo jogo formal. Igualmente cabe considerar as mediações necessárias à passagem da pressuposição ao reposto. Se o ponto de partida do estudo é o jogo das formas trinitárias, a pergunta por seu modo de ser escava elos intermediários, como capital total, taxa de lucro etc., até chegar à taxa de mais-valia, como aquele instrumento pelo qual se descobre a razão de ser de um sistema produtivo, que se coloca como fim em si mesmo. Não se topa com uma razão que é profundamente irracional? Não porque se chega ao fim da regressão ao fundamento, pois sempre haverá um lugar em que a demanda por razões encontra a rocha dura onde a pá entorta, mas porque esse fundamento, que ilumina o desdobramento das categorias posteriores, por conseguinte, o sentido das ações, diz que a dominação da natureza pelo homem mediada pela dominação do homem pelo homem arma-se como fetiche a roubar o sentido das ações de todos os agentes. O fundamento se mostra mera relação ocultada de poder.

Detectada a irracionalidade da equação dos fatores de produção, é possível começar a pensar o que Marx aqui teria entendido por razão. Terra e preço, por exemplo, são grandezas incomensuráveis, porquanto um valor de uso que não é produto do trabalho não pode ser expresso como objetivação de determinado *quantum* de trabalho social (*TMW*, 3, 316; trad., 318). Marx não negaria que a uma parcela de terra poderia se associar um preço mediante o mecanismo das curvas de preferência. Mas o modelo assim composto consideraria o excedente como quantidade de produtos sem levar em conta a natureza *sui generis* das relações sociais necessárias para sua obtenção, abstrairia as mediações sociais responsáveis pela individuação de cada fator, como se todos os atores agissem racionalmente em vista de um fim já dado. Se o proprietário fundiário e o empresário atuam racionalmente em busca de seus rendimentos, não se diferenciam suas respectivas atividades, visto que o último oferece, no mercado, um produto futuro e o primeiro apenas um monopólio? Por que abstrair esse modo de ser do objeto oferecido? Posto o problema em termos de *produção* de mercadorias por meio de mercadorias tendo em vista seu crescimento, cabe então examinar como se reproduzem na qualidade de *produtos para a troca*, determinados assim como valor de uso e valor. Se há várias medidas entre eles, dessa perspectiva interessa apenas aquela que advém do fato de serem *produtos* de uso para a troca, necessitando, dessa forma,

5.3.

ser expressos como objetivação de um trabalho social particular. Em primeiro lugar, os fatores devem ser combinados como mercadorias, mas sempre considerando suas duas determinações iniciais; em segundo, como grandezas comensuráveis; finalmente, como expressão de algo comum entre eles na sua qualidade de mercadorias. Pedir razões de um processo produtivo é negar a irracionalidade de ligações superficiais de suas partes, que somente se tornam comensuráveis conforme a mera justaposição é quebrada para que se revele o fundo comum, a razão comum. Por sua vez esse fundo regulador está presente em cada produto como aquilo que faz dele representante da identidade da riqueza social total. Não opera aqui a representação de algo por algo, mas a algoidade dessa riqueza se determina como um *quantum* de tempo de trabalho socialmente necessário, algo que está perdendo esse caráter de algo para manifestar-se em cada produto particular como algo posto exclusivamente pela relação da identidade como sua contraparte, ambos idênticos e diferentes. Por conseguinte a algoidade de cada produto difere de sua algoidade de ser apenas coisa, não se dá como coisa produzida por este ou aquele processo de trabalho particular, mas *como se* estivesse sendo posta pela operosidade da sociedade como um todo. Daí o caráter contraditório dessa riqueza como medida ponente, valor manifestando-se, pondo-se em cada valor de uso como parte do todo. No caso do modo de produção capitalista essa identidade é o valor posto ademais em função de produzir excedente econômico, o que distingue, de um lado, a massa de valores realizados, de outro, a massa pressuposta de valores a serem efetivados como processo de trabalho para o capital. O processo de objetivação dos trabalhos particulares como trabalho social implica repor a objetidade de cada produto num processo que retira de cada um deles seu caráter de ente a fim de fazer deles resultados de uma forma de sociabilidade epocal.

No entanto, considerada nesse contexto em que o sentido visado pelo ato de trabalho é subvertido pelo sentido coletivo que lhe empresta o processo de produção global, a razão que cimenta os fatores e os juízos, que os mantém como parcelas de valor, está muito longe do que em geral se entende por racionalidade instrumental. Como já lembramos (cf. 3.3), é muito diferente agir em relação a um fim representado e a um fim representante. Neste último caso, a ação se faz para que se obtenha uma coisa na sua qualidade de símbolo que configura novas ações possíveis, abstraindo todavia seus respectivos conteúdos. Quando se age por dinheiro, todo o esforço se concentra na obtenção de algo que instrumentaliza e regula ações futuras, como se todas elas estivessem congeladas virtualmente nele. Além do mais, porque o valor é ele mesmo configurado por meio da ilusão necessária de que a norma teria a virtude de ser realizada sem obstáculos, de pôr seu caso, todas as atividades (trabalho e troca) responsáveis por essa estase reflexionante se *apresentam como se* fossem derivadas das tensões formais, lógicas, que a travam. Se as trocas reiteradas de produtos se fazem criando o equivalente geral, fundamento do dinheiro, sendo medidas tão só por aquilo que se faz idêntico nas trocas, as operações efetivas de trabalhar e trocar se determinam formalmente *como se* derivassem do próprio equivalente, isto é, do dinheiro, ocultando o processo de abstração e homogeneização do trabalho que funda a aparência do *como se*. O movimento do capital dá a pauta da racionalidade, embora ela se mostre para o operário que realiza o trabalho morto como trabalho vivo, produtor de mais-valia, como fundamento irracional, negando a equidade das trocas. Como o analista descobre essa perspectiva universalizante? Segundo Marx porque se associa ao movimento prático da classe operária de libertar-se de seus grilhões. A universalidade visada pela crítica vem a ser preparada pela universalização dos pontos de vista operada objetivamente pela trama do valor, que se torna dramática ao particularizar-se na efetivação do trabalho morto como trabalho vivo sob o comando do capital. Essa óptica contraditória, ao mesmo tempo universal e particular, é a matriz da crise revolucionária. Mas para que esta se efetive seria necessário que a reflexão do sistema entrasse internamente em colapso. No entanto, como nela nada há que a leve necessariamente ao fim, como estou tentando mostrar, compreende-se por que os sucessores de Marx precisaram apostar na espontaneidade das massas ou no partido centralizado. Mas essa aposta não salienta ainda mais o caráter de jogo, isto é, ato sem resultado previamente configurado, que se tentava retirar da política? Se também ela é processo de racionalização, como deve lidar com o fundo irracional da exploração e da revolta?

Nesse movimento de desvendar o modo de individuação das figuras aparentes combinadas entre si, descobrem-se as mediações esquecidas e desenha-se o sentido contraditório de relações sociais de produção, que se efetivam graças à projeção, numa identidade, na estase de um valor autoponente, do conflito irredutível que, em última instância, tende a conformar a base técnica do sistema produtivo. Por conseguinte, uma relação social que, já no nível mais simples da relação mercantil, se torna coletiva conforme exclui dela todas aquelas atividades particulares incapazes de se manter num sistema de produção, cuja medida se coloca como fim em si mesmo. Desse modo, a procura das mediações que dão a razão de ser das categorias aparentes termina quando se desenha a reflexão mais simples da troca de mercadorias, mostrando como sua circularidade *exprime* a articulação de forças produtivas, suas proporcionalidades técnicas e organizacionais. Na estrutura profunda, baseada na distinção entre trabalho abstrato e concreto, fica evidente como uma relação posta como equitativa guarda no seu seio a fonte da desigualdade, que, se abre a perspectiva da revolução regeneradora, se ilumina novas formas de sociabilidade criadas além da contradição fundamental, deixa na sombra a indicação precisa do caminho a ser percorrido.

Configurada a forma elementar da mercadoria e a primeira reflexão do capital (D — M — D'), Marx percorre o caminho inverso, examina o desdobramento das categorias à medida que se explicitam, no pensamento dos agentes e do analista, as determinidades que uma forma adquire ao ser projetada na outra, e assim prepara o terreno de onde vão surgir novas identidades, cada vez mais aparentes e alienadas. Como se sabe, esse processo de constituição e ocultamento se completa no desenho da figura do lucro:

> Nessa forma completamente alienada do lucro, e no mesmo grau em que a figura do lucro esconde seu núcleo íntimo, o capital adquire cada vez mais uma figura de coisa, cada vez mais passando de relação a coisa, que todavia traz em seu corpo a relação social, devorada, coisa que, com vida e autonomia fictícia, se relaciona consigo mesma, [um] ser sensível-suprassensível. É nessa forma de *capital* e *lucro* que aparece na superfície como pressuposição já pronta. É a forma de sua efetividade ou, antes, a forma de sua existência efetiva. É a forma em que vive na consciência de seus portadores, dos capitalistas, em que se retrata em suas representações. [*TMW*, III, 480-1; trad., 290]

Uma relação social aparece como se fosse relação entre coisas, capital e lucro, por conseguinte, passagem de uma lógica da constituição para uma lógica da mera relação, graças à constituição de uma entidade mística, o capital, razão de si mesmo, que absorve determinações relacionais como se fossem seus predicados. Como romper essa alienação de que também participa o proletariado?

Num primeiro momento o analista acompanha a articulação dessas formas desenhando o mapa de suas determinações formais, indicando como as categorias mais complexas se constituem a partir das formas elementares. Mas logo se vê obrigado a corrigir essa escrita idealista mostrando que a posição formal, por exemplo, do capital nas formas de rendimento, configura aquela aparência em que se projetam atividades efetivas mediadas por signos e produtos-signos. As estases, as figuras estabilizadas em signos sociais, funcionam como ideias reguladoras dos comportamentos socioeconômicos, servem de parâmetros para que as ações sejam objetivamente julgadas adequadas ou inadequadas à reposição do sistema como um todo, vale dizer, passam a ser socialmente levadas em conta ou não. Cria-se assim uma espécie de espaço lógico das combinações adequadas e inadequadas dos atos legitimados pelo sistema no seu movimento de totalização. No entanto, esses padrões de medida estão sendo afetados pelos processos efetivos de mensuração. Caso se imagine, por exemplo, que o lucro de um capital inicial se dará conforme determinada taxa válida no mercado, essa expectativa se modifica se o lucro for muitas vezes diferente do esperado. Mas não é apenas a determinação quantitativa do padrão que se ajusta ao processo. Na impossibilidade, suponhamos, de reunir a quantia necessária para iniciar a fabricação de determinado produto, o capitalista toma dinheiro emprestado e se obriga assim a dividir a totalidade do lucro estimado com o capitalista financeiro, numa taxa pré-estipulada. Mas para este último agente, visto que pode emprestar seu dinheiro para diversos clientes, para fins de consumo produtivo ou não, sublinha-se ainda mais a ilusão de que o dinheiro tem, como sua propriedade natural, a qualidade de fabricar mais dinheiro. Nesse jogo da quantidade e da qualidade, os diferentes capitais aparecem ao mesmo tempo iguais e diferentes, tanto como capitais como na qualidade de diversas formas de apropriação do mais-valor, de sorte que cada passo que reconstitui a posição formal da identidade, ao se escavarem as atividades que lhe deram origem, também se mostra como atividade que vem a ser absorvida pelo objeto misterioso, como se o padrão, a regra, fosse responsável pela posição de seu caso. Cada etapa na constituição de uma figura mais complexa, de uma estase da aparência, indica assim a maneira como a figura devora seu método de projeção. É bem verdade que a invenção de nova figura, de nova forma, também determina nova forma de crise. Existe, porém, um abismo entre a forma e sua efetividade social, que a política deveria saber cobrir se pudesse vir a ser efetivamente científica. Mas a "ciência", proposta e alinhavada por Marx, também é suscetível de ser julgada de um ponto de vista político. Não é o que fizeram P. J. Proudhon e Mikhail Bakunin?

5.4. Compreende-se por que Marx pode tomar uma categoria como forma de pensamento. Se na aparência é apenas ideia reguladora misteriosamente capaz de vir a ser real, tão logo se atente para as ações que sustentam essa travação formal, ela se revela processo de medida capaz de informar os resultados obtidos e de se conformar a eles, de sorte que o ato efetivo de pensar ocorre no círculo do pressuposto que se repõe por meio de seus resultados. Graças a essa circularidade, as atividades individuais se socializam num todo que, perfazendo-se sob a condição de que o trabalho vivo haja de ser medido pelo trabalho morto, cria a ilusão de que o capital é o único responsável pela socialização dos indivíduos.

Como, porém, entender essa circularidade sem cair nos enganos da lógica especulativa? Para Hegel o juízo é circular porque constitui partilha originária (*Ur-teil*) do Conceito universal, que assim se faz, graças a essa mediação, nova singularidade. No fundo, é momento do silogismo (Universal-Particular-Singular) que se converte em matriz da objetividade. Marx, entretanto, desde sua juventude, rejeita esse logicismo místico, como se toda mediação entre as atividades singulares devesse assumir, em última instância, a forma do silogismo. Que sentido pode adquirir o movimento de posição do juízo quando se desliga da síntese efetivada pelo movimento totalizante do Espírito Absoluto ou até mesmo de um princípio dado pelo Eu transcendental, a exemplo de Kant? Sempre me pareceu que a maneira como Marx descreve a posição do valor contém preciosas sugestões para compreender esse problema de lógica social, e foi com esse objetivo que tentei explorar, no primeiro capítulo de meu livro *Trabalho e reflexão*, o funcionamento reflexionante de esquemas de ações que encontram seus próprios padrões de medida, o que só pude entender a partir de outro trabalho, *Apresentação do mundo*, precisamente o estudo de como Wittgenstein reinterpreta a relação da linguagem com o real. Somente assim me é agora possível acentuar o lado expressivo da reflexão do capital. Se cada categoria se configura por sua outra, isso se faz para que o movimento categorial esteja exprimindo o movimento de forças produtivas. As formas de expressão se referem às atividades pelas quais os homens medem e conformam objetos e as próprias relações coletivas que mantêm entre si, sem entretanto representá-las como elas são, mas, desse modo, desenvolvendo meios de produção cada vez mais potentes, sempre incluindo novas formas de organização do trabalho. Para salientar essa dimensão expressiva, convém tomar os conceitos de mercadoria, dinheiro, e assim por diante, como termos de um jogo de linguagem, servindo de parâmetro aos pensamentos e às ações concretas que se pautam por eles em seu processo de socialização. Em resumo, a tarefa é descobrir nessas expressões os processos pelos quais as atividades produtivas se tornam adequadas ou não; descobrir a razão da sociabilidade que as anima. Mas a passagem é sempre jogo, isso porque, de um lado, se criam parâmetros a determinar como atividades se tornam sociais ou não; de outro, a nova articulação de elementos simples não brota do modo de produção anterior como se fosse efeito da causa, ou motivo, razão, de um comportamento determinado. Embora os elementos simples necessários para a formação do capital já existissem anteriormente, embora um modo de produção não seja em geral substituído por outro enquanto não esgotar as possibilidades de seu espaço lógico, o salto para o novo é sempre salto no escuro, jogo, incapaz de indicar de antemão o vencedor. O evolucionismo que marca inúmeros textos de Marx apenas embaralha as soluções lógicas que o próprio autor sugere.

Adotada uma teoria reflexionante do juízo, torna-se possível indicar como, nessa demarcação dos comportamentos que se socializam e aqueles que não o fazem, o parâmetro passa a se ajustar aos resultados do mesmo processo — tudo passa a depender da práxis que acompanha os parâmetros judicativos. Se um juízo não se resolve na síntese de partes representadas, se implica transformação de sinais em regras segundo as quais as ações são consideradas adequadas ou não, se todo o seu sentido está configurado pelo uso desses sinais, o resultado do processo se reflete na identidade do padrão. O que chamamos de "medir", explica Wittgenstein, é também determinado por certa constância dos resultados da medição (*Philosophische Untersuchungen*, Suhrkamp, § 242). No entanto, Wittgenstein, salvo engano meu, nunca considerou a possibilidade de que a unidade pressuposta da regra contivesse uma contradição, perceptível apenas depois que se examinam seus meios de apresentação, vale dizer, suas condições de existência como signo perdurável. Não é o que acontece com o valor, que se dá como a identidade daquilo que é comum a todas as mercadorias, mas que para vir a ser esse signo consiste na negação de todas as ópticas pelas quais os trabalhos concretos se efetuam, aqueles trabalhos produtores de valores de uso? Não é o que acontece com o capital, que se dá como a identidade do valor que, para se valorizar a si mesmo, necessita diferenciar-se em capital constante e capital variável, exprimindo a diferença entre trabalho morto e trabalho vivo computado como se fosse morto? Na qualidade de morto, o trabalho fica dotado da universalidade característica do valor, mas, ao se exercer, se por, como vivo, essa universalidade vem a ser esta ou aquela particularidade do trabalho individual. Sendo o padrão de medida contraditório, por conseguinte, a medida da racionalidade ocultando seu lado irracional, o exercício da mensuração tanto estabiliza a repetição do processo de socialização, feita pelo sistema produtivo, como vai criando as fissuras pelas quais se infiltra tudo aquilo que ele cria e deixa de lado. Qual é, porém, a práxis ligada a ele?

Quando se mede tendo como unidade o metro, descartam-se aqueles erros que não afetam o propósito da medida. Se há necessidade de maior precisão e rigor, toma-se como parâmetro, por exemplo, o mícron, a milésima parte do milímetro, e assim por diante. Mas se torna assim impossível fazer do pedaço minúsculo de uma barra de platina iridiada o objeto perdurável a serviço do processo efetivo de medir. Outro deve ser o meio de apresentação desse jogo de linguagem. Desse modo, o exercício do juízo cria condições para que novos processos de medida sejam inventados para sanar as deficiências evidenciadas pela prática simbólica, de tal modo que avança, passo a passo, o processo de apropriação pelo pensamento de determinado setor da realidade. Arma-se aquele racionalismo aproximado descrito por Gaston Bachelard e Gilles-Gaston Granger.

Muito diferente, porém, é medir com a unidade que contém em si mesma uma contradição. Quando os trabalhos efetivos são medidos da perspectiva do produto que se torna homogêneo a *todos* os produtos trocáveis, sejam eles quais forem, reais ou representados, retira-se de cada ato efetivo sua finalidade determinada, obter este ou aquele valor de uso, para que nova finalidade social lhe seja imposta. Por isso, como já vimos, o valor assume aquela óptica que nega todas as ópticas particulares. Quando esses mesmos trabalhos são medidos da perspectiva do capital, os valores, a saber, todo o processo de socialização implícito nele, somente são socializados se produzirem mais-valor, de sorte que nova finalidade é imposta ao processo social de medida. Agora tão só se socializa aquele ato produtivo que estiver sob o comando do capital. Mas então o erro adquire novas dimensões. A cada invenção que se segue ao desenvolvimento formal, por exemplo, o dinheiro ou o capital comercial, cria-se um espaço que, além de desenhar novas formas de adequação, ainda abre a possibilidade de bloquear todo o processo reflexionante, novas possibilidades de crise. Isso porque o desdobramento das categorias, se, de um lado, vai esgotando suas capacidades de expressão, de outro, demanda nova forma de individuação dos agentes, que se conformam para fazer com que essas mesmas categorias sejam efetivadas. Em vez do racionalismo aproximado, operam, de um lado, a razão da ilusão e do conflito, da aceitação da medida tal como era posta anteriormente, e, de outro, a reivindicação de novas formas de medida do que vem a ser social. Não é nossa tarefa explicitar esse novo conceito de razão?

Todas as categorias se apresentam como soluções racionais para os obstáculos que o capital enfrenta para sua expansão. É de notar que o desdobramento de cada categoria apenas prepara o advento de outra. O capital comercial, por exemplo, resolve um gargalo que se estava formando com a expansão da produção industrial, mas sua forma não está contida na forma anterior. E como não existe um Saber Absoluto, que no seu recolhimento resolve essas soluções de continuidade, existe sempre salto no escuro, espécie de decisão social criadora do novo. O homem está na história mas também inventa essa história. O capital em geral, por sua vez, se funda na contradição entre capital constante e capital variável, fundamento racional-irracional do sistema, massa de meios de produção sob forma de valor, de trabalho morto a ser mantido graças à atividade de uma massa de trabalho vivo, que só pode operar sob condições previamente determinadas. O contrato de compra e venda da força de trabalho promete uma equidade lastrada na identidade dos valores trocados, a ser ademais confirmada no valor realizado do produto. Cada valor realizado depende da ilusão necessária de completude de todos os atos feitos em vista dele, que fecha seu circuito particular, mas no todo a diversidade dos trabalhos *in fieri* é estimada, posta socialmente como aquele *quantum* instalado pela comensurabilidade de seus produtos, como se estes resultassem de um trabalho abstrato, simples e capaz de produzir seus casos. O capital variável se defronta com o capital constante como se ambos constituíssem partes de uma identidade, cuja reflexão nunca seria rompida, como se o fundamento da identificação não fosse a partilha entre trabalho necessário e trabalho excedente, como se todos os processos de trabalho convergissem para um foco sem precisar vencer nenhum obstáculo. A razão do capital se funda, desse modo, na irrazão que acoberta a luta dos agentes na determinação quantitativa do valor desse capital variável, o único capaz de criar mais-valor. O caráter alienado do capital oculta a contradição de seus termos elementares, e, sendo a operação do empresário assim como aquela do trabalhador subsumidas aparentemente sob a categoria de trabalho sem outra determinação, o trabalho de exploração se identifica com o trabalho explorado. A racionalidade instrumental da ação é duplamente aparente, de um lado, porque seu sentido imediato é roubado pelo movimento autônomo do desdobramento categorial, de outro, porque se pauta por regras que ocultam sua dependência da contradição fundante.

Sabemos que nada interromperia o andamento circular dessa boa infinitude aparente se não fosse a crise. Formalmente ela tem sua primeira possibilidade assegurada quando a mera troca de mercadorias passa a ser feita graças à mediação do dinheiro, pois um agente pode retirá-lo da circulação, entesourá-lo e assim interromper a reflexão, impondo-lhe nova racionalidade. Se essa estrutura não fosse elementar e abstrata, seria possível dizer que esse indivíduo tende a dar preferência à liquidez. Num plano estritamente formal, a crise significa a intervenção da particularidade na universalidade das ópticas do valor, o predomínio de um ponto de vista, o interesse e a cegueira do entesourador, que deixa de ver a necessária universalização do processo. Nas etapas seguintes, convém sempre lembrar que a gênese de nova figura cria igualmente nova possibilidade de interrupção do movimento reflexionante, porquanto estão sendo gerados concomitantemente a forma expressiva assim como nova forma de agir e novo personagem, cujos interesse e cegueira estão além da repetição automática de seu papel. No plano categorial, uma crise configura desajuste de formas, mas ela só se realiza se os atores trouxerem as experiências que estão acumulando na mera repetição de suas funções, a abstração progressiva da particularidade. Em geral, a crise põe em xeque o lado ilusório do processo social reflexionante e universalizante, expõe a maneira como as formas se medem entre si, tornam-se comensuráveis, assim como ameaça a contradição originária, ao deixar restos que se avolumam até pôr em xeque a circularidade do todo. O desenvolvimento das forças produtivas, enquadrado no travejamento pacificador dos mercados, mas dependente de sua expressão no contexto de apropriação da mais-valia relativa, encontra seus limites na maneira como ele se exprime nas categorias do próprio sistema. Em suma, a crise é, no fundo, sempre crise de comensurabilidade, recusa dos parâmetros quantitativos que asseguram a continuidade do movimento autovalorizador do capital. E, para que o sistema se mantenha segundo suas formas mais elementares, é mister que forças produtivas que o ameaçam sejam restringidas até voltarem a se encaixar em suas matrizes elementares.

Obviamente seria necessário adequar esse desenho formal a situações históricas específicas, tarefa, porém, longe de nossos propósitos. Mas, se as crises mais diversas apresentam no fundo um desajuste no processo social da medida, fica patente a especificidade da crise mais geral do capital provocada pelo confronto com o trabalho. O entesourador faz prevalecer seu ponto de vista particular sobre a universalização das diversas ópticas que a totalização reflexionante do sistema assegura, justamente aquela perspectiva que garante sua existência. Isso ocorre, *mutatis mutandis*, com todas as outras formas de crise. O exercício, porém, do trabalho morto como trabalho vivo, a *razão* de ser do capital variável, implica negação da óptica universalizante do capital por intermédio de uma óptica particular, que é ao mesmo tempo universal (capital) e particular (variável). Em termos sociológicos, o confronto do proletariado com o capital se faz da óptica particular dessa classe, que possui em si a universalidade de ser classe universal, porquanto também assume o ponto de vista do trabalho abstrato. Se a razão de ser do sistema é criar mais-valia conforme mede todos os trabalhos efetivos como se fossem mortos, essa razão é posta em xeque quando a mensuração do capital variável como morto requer o *reconhecimento* de sua particularidade. Mas desde logo fica patente que a luta de classes, embora na sua forma mais primitiva se desenvolva por meio de conflitos de interesse, somente se coloca como contradição quando passa a visar ao próprio modo como se medem a riqueza social, sua produção e distribuição, vale dizer, quando se coloca como uma questão do sentido do social, do coletivo, por isso mesmo ocultando seu caráter de luta. Mais do que por interesses a luta se faz por critérios diferentes, questão de justiça social. Em poucas palavras, empresas e movimentos sociais já são políticos na raiz, e se a política partidária não exprime essa dimensão não é porque se estrutura para negá-la precisamente quando a exprime?

Se a identidade do capital constante com o capital variável se tece na base de suas respectivas comensurabilidades, a diferença, a oposição, fazendo-se por meio da luta engajada em vista do valor relativo do salário e da taxa de lucro; se essa identidade de forças opostas se constitui como uma contradição, é porque, ainda em termos hegelianos, cada força oposta há de ser capaz de se pôr, de se reconhecer, como força em si. Só assim a contradição iria ao fundo, encontraria seu fundamento, e se projetaria em nova identidade. Nessa linha, Marx imagina que os portadores do capital variável, educados por crises parciais, poderiam se constituir como classe para si, tecer uma forma de sociabilidade que escaparia daquelas demarcadas pelas relações sociais de produção capitalistas, descobrir desse modo o fundo da exploração do capital e colocar em xeque o sistema, contestando a subsunção de seu trabalho sob a forma de mercadoria. Assim sendo, instalar-se-ia nova forma de regular o metabolismo entre o homem e a natureza, na base do reconhecimento de que cada ser humano tem em si mesmo a potência do universal. Todas essas potencialidades, contudo, só explodiriam no momento de colapso geral do sistema, quando a greve geral, expondo nova forma de associação, livre dos impedimentos da divisão social do trabalho, cortaria a continuidade do fluxo de capitais levado por sua finalidade perversa. O advento do socialismo implicaria, pois, transformação da quantidade, inscrita na comensurabilidade das categorias básicas do capital, na qualidade da nova identidade social a ser construída. A classe trabalhadora negaria a maneira de quantificar seu valor e proporia novo modo de quantificar o metabolismo entre o homem e a natureza, na base de nova forma de sociabilidade. Daí a importância que Marx atribui à problemática do valor no socialismo. A lei do valor seria superada, por conseguinte, conservada, desde que ficasse resolvido o desafio de regulamentar o "tempo de serviço e a distribuição do trabalho social entre os diferentes grupos de produção". No novo sistema, essas tarefas de regulamentar e contabilizar "se tornarão mais essenciais do que nunca" (*K*, 25, 859; trad., v, 293). Por certo cada modo de produção soluciona à sua maneira essa questão, mas o capitalismo, porque retira o trabalho de seu contexto natural e cria uma segunda natureza na qual os homens passam a habitar, tem a possibilidade de resolver esse desafio de forma inédita, ao criar, pela primeira vez na história, condições para liberar os seres humanos da servidão inerente a qualquer dependência do indivíduo em face das particularidades de seu trabalho.

5.5. No entanto, vimos que Marx percebe — sem, a meu ver, levar às últimas consequências sua descoberta — que a transformação da Ciência em força produtiva, inaugurando o estágio pós-industrial do capitalismo, passa a corroer os limites entre trabalho produtivo e improdutivo, medido por sua capacidade de gerar mais-valia. E assim se borra a fronteira entre capital fixo e capital circulante. É condição essencial do modo de produção capitalista que forças produtivas só logrem exercitar-se se os meios de produção e a força de trabalho forem traduzidos em termos de valor, daí o valor do capital acumulado determinar a grandeza do salário, os movimentos absolutos na acumulação do capital *refletindo-se* na totalidade dos movimentos relativos dos preços da força de trabalho. O que acontece com a produção feita na base de alta tecnologia? Convém reler um texto célebre:

> Na medida em que a grande indústria se desenvolve, a criação de riqueza efetiva torna-se menos dependente do tempo de trabalho e do *quantum* de trabalho utilizado do que do poder [Macht] dos agentes postos em movimentos durante o tempo de trabalho, poder que, em sua *powerful effectiveness*, não mantém relação com o

tempo de trabalho imediato demandado por sua produção, mas [essa criação] depende muito mais do estado geral da ciência e do progresso da tecnologia, ou seja, da utilização dessa ciência na produção. [*G*, 592; trad., 81]

Se o capital acumulado continua determinando em conjunto os movimentos relativos do preço da força de trabalho, agora isso não mais se faz exclusivamente por meio das determinações numéricas desse capital, mas também graças ao *poder* de cada agente social produzir e monopolizar conhecimento, dotar-se assim de força quase autônoma capaz de intensificar sobremaneira o ato de trabalho e produzir modos de associação regulados pelo autoconhecimento social, o que impede que a totalidade dos preços da força de trabalho possa ser tomada como múltiplo de unidades de valor. Nos setores produtivos dominados por alta tecnologia, as forças produtivas não mais precisam se traduzir em termos de valor. É o próprio Marx quem aponta uma desproporção (*Missverhältnis*) entre tempo de trabalho e valor. Embora os produtos se exprimam em preços, livram-se daquela necessidade de projetar as proporções que articulam a base técnica do capital, em proporções determinadas por um mesmo padrão de medida social. Para esses setores tecnologicamente avançados o que importa é o poder estratégico de comandar o processo produtivo, centrado sobretudo na planta automatizada, e, por esse meio, assumir posição estratégica e vantajosa no mercado. No capitalismo concorrencial, os comportamentos estratégicos servem para socializar uma média única da produtividade do trabalho; no capitalismo tecnologicamente avançado, esses comportamentos visam manter a diversidade dessas médias. Assim sendo, ao obter parâmetros *ad hoc*, os agentes, as empresas, se apropriam da capacidade tecnológica que lhes permite desviar-se da média. Mas do ponto de vista do metabolismo com a natureza, são eles que continuam a controlar o volume da força de trabalho incorporada, criando empregos e negociando o valor dos salários. Sob esse aspecto, o capital continua ele mesmo a distinguir sua parte constante de sua parte variável, nesta última, a parte produtiva e a improdutiva, sem que essas partes possam ser determinadas em *quanta* de trabalho social abstrato incorporado nelas. Como poder o capital permanece distinguindo o produtivo e o improdutivo de seu ponto de vista, mas, se o faz remetendo essas partes às diferenças de seus preços, impõe a elas determinações muito diferentes daquelas que advêm do método de projeção da base técnica na articulação feita pelo valor. Os vários trabalhos assalariados igualmente se tornam incomensuráveis segundo um único padrão de valor, no máximo constituem *quanta* de valores, diferenciados, conforme se aplicam a capitais fixos de produtividade alta e variada, porquanto, à medida que seus agentes recebem qualificação diferenciada e complexa, torna-se impossível determinar o valor de suas respectivas forças de trabalho na base de unidades simples. Se no plano mais geral o trabalho continua abstrato, visto que seu comprador ainda pode adquirir no mercado esta ou aquela força de trabalho segundo suas conveniências, fica impedida aquela linha de continuidade que permitia, no capitalismo concorrencial, subsumir a diversidade dos processos de trabalho sob uma única medida social. No entanto, já que o trabalho morto continua comandando em bloco o trabalho vivo, mantêm-se as formas mais abstratas de apropriação e de sociabilidade capitalistas, em que pese o esgarçamento das figuras do empresário empreendedor e do trabalhador social total. Em suma, essa crise de expressão não destrói o mapa geral das relações sociais da produção baseada no capital, embora faça com que se assemelhe a um espelho partido; assim como não impede o desenvolvimento das forças produtivas, que continuam se expandindo conforme se tornam comensuráveis por outros padrões de medida, diferentes daquele pressuposto pelo valor-trabalho. Mas, se o capital se mantém como comando sobre o trabalho alheio, até que ponto não se altera o próprio funcionamento desse comando? Por certo, do ponto de vista do metabolismo entre o homem e a natureza, permanece como pressuposto de apresentação de todo o sistema, ou ainda de seus sistemas regionais, a necessidade de se regular o tempo de trabalho de todo o sistema produtivo, mas nada implica que isso se faça efetiva e exclusivamente na base da medida do trabalho vivo pelo trabalho morto. Por que não se faria na base de novas relações de poder operando com as produtividades diferenciadas dos setores, enfim, aprofundando a própria irracionalidade do capital, mas de tal modo que novas estratégias de maximização do lucro passem a operar?

Não se segue daí, entretanto, a perda de sentido da contradição quantitativa. Se os fatores com que os novos poderes operam continuam a ser expressos numericamente, permanece, contudo, a oposição entre capital constante e capital variável, entre trabalho morto inscrito nos meios de produção e trabalho morto pressuposto no valor da força de trabalho — ambos, porém, incorporando a Ciência objetivada —, porquanto as partes somente se unem se o trabalho vivo posto em ação criar mais-valor, se a atividade de cada trabalhador continuar se submetendo ao comando anônimo do capital, processo produtivo se pondo como fim em si mesmo. Antes de ser para os indivíduos e os grupos sociais, a riqueza deve crescer indefinidamente. Essa finalidade sem fim orienta a regulação do sistema produtivo, sempre se repondo mediante a ilusão necessária de que tanto o capital criado como a riqueza excedente se mediriam apenas pela combinação dos diversos fatores de produção ligados a seus preços, embora soldados pelo exercício de um poder exterior. Por trás dessa combinatória, permanece o jogo da aparência das relações sociais de produção capitalistas, regulando os meios de produção *apropriados* de tal forma que continuam escapando do controle dos trabalhadores, configurando as sístoles e as diástoles pelas quais os processos de trabalho se socializam e adquirem efetividade coletiva. Se o desperdício e a combinação entre fazer e fazer de conta se tornam necessários para que o postulado da mensuração quantitativa seja reposto, se, enfim, a medida se perfaz pela aparência dela mesma, pois só assim esse processo de criar a riqueza social se totaliza *ad hoc*, não é por isso que se extingue a forma elementar da apropriação capitalista, mantida como capacidade anônima de comandar o processo de socialização do trabalho. Os atores agem em vista desse padrão antes de pensá-lo, mas o pensam na forma de agir. Um espelho partido ainda não serve como ponto de referência de comportamentos? Tanto é assim que recorrem aos diversos mercados, reportando-se em última instância à produção presente ou futura, sempre para fazer valer o que possuem e, desse modo, distribuir o produto do trabalho social entre os diferentes grupos de produção. Por meio dessa submissão reafirmam o valor--trabalho como parâmetro significativo de suas ações, submetem-se ao desdobramento das categorias mais simples que repõem o capital, fazendo valer essas regras nas entranhas da prática que os leva a operar nos diversos mercados. Neles estão presentes conhecimentos objetivados, sob a forma das ciências como forças produtivas — nos instrumentos eletrônicos, nas plantas automatizadas, nos órgãos de planejamento e de assessoria, e assim por diante —, mas todos eles, a despeito de seu caráter coletivo, continuam a ser tratados como fatores de uma produção que se exerce unicamente se cada empresa, cada setor estiver visando à maximização de seu lucro. Tudo o que a Ciência promete de coletivo é privatizado por essa intenção atuante, a qual, imprimindo sua marca a todo o sistema produtivo, faz com que seu uso fique na dependência das estratégias empresariais, vale dizer, de uma óptica privada. Se assim as relações sociais da produção capitalista continuam a ostentar aquela objetidade, aquela positividade, que assumiam quando estavam operando sob a mão invisível, o custo dessa manutenção é muito diferente.

O atores agem de tal modo que a forma, a substância capital, existe como condição de possibilidade de seus atos. No entanto, por mais que a criação da riqueza social apareça comandada por si mesma, permanece dependendo do metabolismo entre o homem e a natureza, mediado pelo processo de trabalho abstrato, isolado de suas condições de efetivação, o que está sempre recriando, de um lado, a massa de trabalho morto, dotada agora de "poderosa efetividade", inscrita nos meios de produção, de outro, a massa de trabalho vivo incumbida de operá-los. Se, na verdade, uma enorme quantidade de força de trabalho se desperdiça no desemprego ou circula nos poros do sistema como trabalho informal, isso só torna mais urgente a necessidade de que a sociedade como um todo enfrente o problema de distribuir entre seus membros o trabalho necessário e o trabalho excedente, que faça cumprir a promessa de coletivo que as estratégias empresariais privatizam. Mas nessas novas condições aquela contradição entre o capital e o trabalho ainda obedece aos cânones pelos quais pode ser superada? Também ela não fibrila? Se o complexo não se resolve inteiramente em unidades simples mensurantes, se tudo o que é sólido enfim se esfuma no ar, permanece o desafio de rearticular seus membros em fuga. Mas isso ainda se faria na dependência exclusiva da dialética das forças produtivas e relações de produção?

Se isso não acontecer, cairia por terra aquela razão social que, emergindo do próprio modo de produção capitalista, seria capaz de nortear a prática de sua própria superação; o inverso, pois, do movimento hegeliano da *Aufhebung*, segundo o qual o antagonismo simplifica seus polos. Pelo contrário, as categorias mais complexas fibrilam e as categorias mais simples guardam seu aspecto quantitativo esperado e representado, embora sem os procedimentos efetivos de sua mensuração. Reforça-se a ilusão da clausura da substância capital graças a uma regulação *ad hoc*, bárbara, no sentido clássico da palavra *barbárie*: aplicação incidente de uma lei.

5.6. Marx, entretanto, continua explorando os meandros pelos quais se tece a identidade contraditória das forças produtivas e das relações de produção. O que entende por forças produtivas? A base constituída da ação, "uma potência adquirida, o produto da atividade anterior. As forças produtivas são, pois, o resultado da energia humana em ação, mas essa mesma energia é condicionada pelas relações nas quais os homens se encontram, pelas forças produtivas já adquiridas, pela forma social preexistente que eles criam para si, que é o produto da geração precedente" (*Carta a Annenfof*, 28, 12, 1846). Por conseguinte, base ao mesmo tempo material e estrutural, aquilo que dá continuidade às gerações e que ninguém está disposto a renunciar. No entanto, a reiteração do processo vai depositando novas forças, assim como desdobra a estrutura formal que, se de um lado se multiplica, de outro, haveria de simplificar seus elementos simples. A base energética em constante crescimento romperia assim seu envelope estrutural, forçando a abandonar a forma, o envelope, para não abandonar o conteúdo.

Por isso a análise não pode se contentar com o mero desdobramento categorial, precisa retroceder às suas condições de existência, à sua história propriamente dita. O que nos ensina a história da acumulação capitalista? Convém reler o final do célebre capítulo "A assim chamada acumulação primitiva", um dos mais belos textos históricos escritos por Marx. Do ponto de vista formal, o modo de produção capitalista parte da contradição entre capital e trabalho. Mas para que esse trabalho seja posto apenas como capital variável, para que no trabalhador tão só se abstraia e se considere sua atividade computada como trabalho morto, foi necessário um longo processo de destruição da propriedade privada do trabalhador sobre seus meios de produção. É de notar que a oposição entre propriedade privada e propriedade social, coletiva, somente existe onde os meios e suas condições extremas pertencem a agentes privados. Conforme eles sejam ou não trabalhadores, redefine-se o próprio conceito de propriedade privada, cujos casos cobrem então o largo espectro entre esses dois polos.

A destruição dessa forma de propriedade do trabalhador sobre seus meios de produção, baseada no parcelamento da produção e da terra, constitui a pré-história do capital. Este começa dividindo esses meios para poder concentrá-los a seu modo, convertendo então a propriedade minúscula de muitos em propriedade gigantesca de alguns. Aos poucos a antiga sociedade pré--capitalista vai se decompondo, os trabalhadores se transformam em proletários e suas condições de trabalho, em capital. Todo o sistema capitalista firma-se sobre seus próprios pés, isto é, adquire sua própria identidade reflexionante e assim, conforme o trabalho se socializa sob nova forma e os meios de produção passam a ser explorados segundo novos padrões, a antiga exploração dos proprietários privados deve ser substituída pela expropriação dos novos donos dos meios de produção, meios coletivamente aglutinados mas ainda privadamente apropriados: chega a vez do ajuste de contas com o capitalista. É de notar que essa expropriação já se exerce por meio do jogo das leis imanentes à própria produção capitalista; um capitalista suprime o outro à medida que se torna agente do processo de centralização dos capitais. Paralela a essa concentração desenvolve-se a forma cooperativa do processo de trabalho em escala sempre crescente, a aplicação técnica consciente das ciências, a exploração planejada da terra, a transformação dos meios de trabalho em meios utilizáveis apenas coletivamente; em suma, tece-se uma organização coletiva do trabalho no âmbito mundial. Mas se diminui o número dos magnatas do capital, controladores desse processo de coletivização, cresce a miséria, a opressão dos operários; mas com ela também cresce a revolta da classe trabalhadora, sempre *numerosa, educada, unida, organizada* pelo próprio mecanismo do processo de produção capitalista, até chegar a hora da revolução. Cabe notar finalmente que a propriedade capitalista é a primeira negação da propriedade individual. Mas a produção capitalista produz, com a inexorabilidade de um processo natural, sua própria negação. É a negação da negação. Esta não restabelece a propriedade privada, mas a propriedade individual sobre o fundamento do conquistado na era capitalista: a cooperação e a propriedade comum da terra e dos meios de produção produzidos pelo próprio trabalho (*K*, I, 23; trad., I, 2, 292-4).

Até agora contentei-me em resumir essas páginas famosas, procurando até mesmo me ater às expressões do próprio Marx; isso com o intuito de mostrar como está funcionando *historicamente* a categoria de contradição. Ao contrário dos *Manuscritos de 1844*, a análise não parte da propriedade coletiva primitiva como o universal que será particularizado pela divisão social do trabalho. No meio da análise do desdobramento das categorias do capital é preciso se perguntar pelas condições de seu vir a ser. Como, de um lado, o capital se acumula e, de outro, o trabalho se isola de seus meios de execução? O capital encontra o trabalhador se apropriando sob diversas e variadas formas de meios de produção dispersos e precisa romper esse elo. É a potência do capital, ela mesma força produtiva, que dá sentido unívoco aos antigos antagonismos de classe, fazendo com que caminhem na direção de constituir a identidade do capital constante e do capital variável. A contradição dada mostra os caminhos de seu vir a ser e para isso nega o caráter privado, particular, da forma anterior dessas forças produtivas. E assim coletiviza as forças produtivas particulares a fim de que possa exercer sobre elas controle privado. Aqui reside o núcleo da futura negação da negação, inscrita por conseguinte no movimento de constituição da identidade do capital. Esta se constitui *historicamente* impondo caráter social, coletivo, aos meios de produção, o que contradiz sua apropriação privada. Por isso a revolução política deve seguir a trilha já aberta pela transformação social.

No entanto, como vimos, conforme essa estrutura social se complica, conforme o capital vai desdobrando seu caleidoscópio, mais e mais começa a emperrar a tradução das forças produtivas em termos de valor. A incorporação da "força objetivada do saber" (*vergegenständlichte Wissenskraft*) (G, 594) nesse processo como força produtiva desloca o sentido de "propriedade". Se este é determinado, na sua dimensão social, pela apropriação efetiva de meios de produção traduzidos em termos de valor, por certo se redefine quando esses meios ficam "menos dependentes do tempo de trabalho e do *quantum* de trabalho utilizado do que do poder dos agentes postos em movimento durante o tempo de trabalho". No que o sentido de "propriedade" se altera quando se torna apropriação de um poder? De um lado, nas esferas de capital concorrencial, os comportamentos estratégicos continuam visando constituir uma medida social do valor baseada no tempo do trabalho socialmente necessário; de outro, porém, toda a estratégia se orienta no sentido de explorar essas diversas medidas. Cada uma opera numa determinada região, na base da produtividade de seus trabalhos diferenciados, mas a empresa tecnologicamente avançada e transnacional explora essa diversidade, compõe seu produto com peças originárias de sistemas operando cada um sob produtividade diferente, e nele incorpora componentes que possuem preço sem possuir valor na qualidade de parcela de um valor total. A substância do capital sempre foi mais do que a luta pelo estabelecimento de uma única taxa de lucro, sempre integrou o combate cotidiano de apresentar novas forças produtivas que possibilitam a uma empresa operar além dela. Nas condições contemporâneas, entretanto, esse desenvolvimento incessante das forças produtivas confere àquelas que dispõem do monopólio da invenção tecnológica a vantagem de disparar na frente, sempre superando o patamar em que as outras operam. Disso há melhor exemplo do que Bill Gates periodicamente lançar no mercado nova versão do Windows? A reflexão do capital, a continuidade de seu movimento circular, fica, pois, na dependência de atividades exógenas, que vêm soldar o circuito precisamente quando retiram dele sua medida pressuposta. Isso, obviamente, para assegurar que esse movimento circular tenha como pano de fundo a oposição entre capital e trabalho, aqueles que comandam as operações e aqueles que as cumprem, ambos tendo por referência o fetiche do dinheiro. Aparece nessa oposição, na qual tudo continua sendo orientado para a obtenção do lucro, uma série de decisões pontilhadas tentando ir além da norma prevista, decisões estratégicas de cunho político-empresarial. Um elemento necessário para a constituição histórica do sistema, a intervenção do estado, reaparece inteiramente reformulado para inteirar o movimento reflexionante de sua essência. O que se fazia em nome da felicidade geral da nação se exerce agora em nome do progresso da humanidade. O que antes deveria desaparecer, quando a identidade do capital encontrasse sua figura de equilíbrio, marca agora sua presença nessa mesma identidade operando como contradição em processo. Mas cabe notar que essa nova forma de estruturação das forças produtivas, apropriadas como meio de produção, não perde seu caráter privado. Por certo as novas forças produtivas possuem marcante caráter coletivo, dizem respeito a milhões de pessoas e prometem superar as vicissitudes do processo de trabalho, os males do corpo e da alma. Visto que esse caráter é determinado pela forma pela qual se exerce o comando sobre o trabalho alheio, e não por seu estatuto meramente jurídico ou por suas promessas de progresso, a empresa tecnologicamente avançada é privada, a despeito de sua fantástica presença social. Tão privada quanto qualquer empresa que dispersa suas ações entre milhares de acionistas, ou aquela empresa estatal que visa ao lucro e pode falir como qualquer outra. Está presente, entretanto, no modo como Marx considera essa circularidade, um pressuposto profundamente hegeliano: seja no processo histórico, seja no desdobramento categorial, ambos os movimentos devem *simplificar* os termos por eles mobilizados. No plano lógico, porém, vimos que as categorias fibrilam, isto é, perdem seu nítido perfil numérico, para se colocarem como quantidade visada. É o custo que Marx deve pagar por ter introduzido no valor uma dimensão ilusória, que impede a contradição de seguir seu curso como se fosse apenas processo objetivo de medida, indo ao fundo, encontrar o máximo de potência real, conforme se põe como espírito objetivo. Se o desdobramento das categorias resume o movimento histórico de seu vir a ser, se a essência (*Wesen*) é o que passou (*Gewesen*), uma categoria não salta para outra, na explicação marxista, sem que linhas históricas venham desenhar o espaço das novas possibilidades. Por certo essas linhas convergem para a forma *presente*, pois elas são desenhadas como condições de existência dela. Mas não há razão para admitir que na forma atual, por certo contraditória, o mesmo tipo de clausura lógica continue operando. Quando o espaço lógico de uma categoria se fecha por uma ilusão de completude, como no caso do valor, por conseguinte, do capital, não há segurança alguma de que o movimento histórico de sua superação também venha a ser fechado pela mesma forma.

    Como manter esse mesmo tipo de clausura depois da fibrilação das categorias e depois de aceito o postulado de que o pensamento não captura toda a realidade? Por que atribuir ao proletariado uma identidade futura que venha substituir, em novo plano, aquela do capital? Este, nos diz Marx, se apropria da força de trabalho como se fosse sua força produtiva, mas na grande indústria o trabalhador, em vez de vir a ser de fato o principal agente do processo produtivo, apenas comparece ao lado dele. "Nesta transformação não é nem o trabalho imediato, executado pelo próprio homem, nem o tempo que ele trabalha, mas a apropriação de sua própria força produtiva geral, seu entendimento e dominação da natureza por meio de sua existência como corpo social — numa palavra, o desenvolvimento do indivíduo social — que aparece como o pilar fundador da produção e da riqueza" (G, 593).

Em vista dessa nova posição do indivíduo trabalhador no contexto da reflexão do capital, o que nele se torna pertinente do ponto de vista social é a abstração que o põe como indivíduo social em desenvolvimento. Note-se o salto lógico. No capitalismo as forças produtivas se socializam, isto é, ampliam cada vez mais o âmbito de sua eficácia coletiva, em total contraposição ao modo privado pelo qual são apropriadas. Mas nesse desenvolvimento o trabalhador paulatinamente vai sendo constituído como agente social individual, polo negador, único e fundamental, de todo o processo. No fundo, a linha da revolução deveria desembocar nessa identidade, porque obedece ao percurso hegeliano da contradição. Posta essa identidade formal do proletariado também está posto o sentido de sua evolução histórica: a classe trabalhadora será "sempre *numerosa*, *educada* e *organizada* pelo próprio mecanismo do processo de produção capitalista". Mas na medida em que o próprio desdobramento categorial está fazendo intervir pontos de decisão estratégicos operando sobre as taxas de lucro, na medida em que a ação opera com a própria regra em vez de simplesmente segui-la, não é a própria ideia reguladora do proletariado, contraparte da identidade formal, que perde sua univocidade econômica?

Marx continua pensando a abstração elaborada pelo jogo dos processos sociais como se devesse chegar a um limite formal, que resume o movimento anterior e simplifica os termos da oposição. O proletariado completamente desenvolvido perfaz-se na abstração de toda a humanidade, quando todas as condições de vida são "resumidas no seu cume mais desumanizado" (*in ihrer unmenschlichsten Spitze zusammengefasst*) (*HF*, 2, 38). Essa contradição não é uma estrutura lógica, que se apresenta pelo fato de os agentes pensarem contraditoriamente por meio do fetiche, como acontece com o capital, mas vem a ser o movimento da própria história (do Espírito), como pretendia Hegel, o movimento do Conceito. No valor, o bom infinito fecha o processo numa ilusão de completude; na constituição do proletariado, porém, o bom infinito se fecha num processo efetivo, quando, assim nos indica o *Manifesto*, o desenvolvimento de cada um é a condição do desenvolvimento de todos. A análise regressiva do vir a ser histórico tem como ponto de referência uma estrutura social, na qual opera a ilusão de que as relações sociais estariam sendo exercidas como o movimento das coisas, mas a previsão do futuro da revolução toma o travejamento dos movimentos operários como se ele já contivesse em si mesmo, por certo reflexo da identificação do capital, o movimento do complexo reduzir-se a seus elementos simples. Retirada a unicidade da concentração capitalista, efeito da barbárie do capital contemporâneo, o que resta do processo de constituição do proletariado em classe para si mesma?

5.7. Esse misticismo lógico, herdeiro do misticismo do Conceito denunciado pelo próprio Marx, não teria consequências maiores, se não estivesse no cerne da concepção marxista da política. O estado é pensado como "Zusammenfassung der bürgerlichen Gesellschaft". A sociedade civil burguesa encontra-se travada pelas relações sociais capitalistas, mas a efetivação dessas regras projetadas em coisas sensíveis/suprassensíveis requer instâncias de regulação dos desvios que o curso do hieróglifo provoca entre o que representa e o que de fato é. A moeda cunhada se desgasta e seu valor de fato é menor do que seu valor de face; não há mercado que não monte um tribunal para decidir casos litigantes; o mercado de títulos depende de sólidas instituições bancárias que honrem seus compromissos, e assim por diante. Em suma, a sociedade burguesa é travejada por regras contraditórias que, projetadas em símbolos identitários, necessitam de instituições que demarquem os intervalos dentro dos quais devem ser seguidas. O estado vem emprestar unidade a essas instituições de um único ponto de vista, recolhe essas instâncias reguladoras criadas pela própria sociedade burguesa numa instituição que ao mesmo tempo desenha o mapa da regulação — os ordenamentos jurídicos — e monta os dispositivos para assegurar seu bom cumprimento.

A palavra *Zusammenfassung* traduz *comprehensio*, a compreensão de elementos variados numa mesma totalidade que resume uma situação de fato, assim como regula seu curso adequado. A despeito da procedência hegeliana, esse conceito adquire em Marx uma conotação muito peculiar. Para Hegel, o estado como *Zusammenfassung* engloba em suas estruturas normativas e institucionais o movimento da vontade objetiva e a razão que ela instaura como liberdade, como Ideia a enfeixar todo o percurso anterior no movimento de sua razão; por isso uma formação histórica é avaliada em vista de sua *racionalidade efetiva*: em nossos dias não se considera mais válido aquilo que repousa somente na autoridade. As leis devem ser legitimadas mediante o Conceito. Para Marx, ao contrário, a sociedade burguesa, vale dizer, a estruturação das relações sociais de produção em que se projetam as forças produtivas postas em movimento por elas, se fecha numa totalidade graças ao predomínio de uma única categoria fundante, o capital, mas cuja identidade depende da ilusão necessária do fetiche, originariamente instalado pelo valor. Por certo, vontade coletiva, mas alienada na estruturação de coisas cuja razão encobre a irrazão da exploração. Desse modo, em vez da racionalidade da Ideia, ela apresenta a racionalidade aparente das relações contratuais contraídas em vista da transformação da natureza, abstraídas de modo a ocultar o ponto nevrálgico do capital na sua qualidade de comando sobre o trabalho alheio. Também Hegel reconhece que o mero funcionamento da sociedade civil burguesa, no nível do mercado, acarreta tanto o excesso do luxo como a miséria dos excluídos do sistema. Mas essa desigualdade intrínseca que opera entre os "burgueses" há de ser equilibrada pelo império da lei e pelas instituições estatais, enfim, graças à operosidade dos "cidadãos". Marx, em contrapartida, espera que o estado seja abolido, pois a lei e suas instituições, compreendendo apenas a aparência feita real das relações sociais de produção capitalistas, estão legitimadas na medida em que encobrem a desigualdade radical do poder exercido pelo capital. Se a metáfora é brutal — o que não é estranhável num texto de Marx —, ela não deixa de ser apropriada: o estado é o comitê dos interesses da burguesia, a unificação da luta de classes do ponto de vista daquele que já predomina no nível das relações de produção. Note-se, porém, que a análise desse estado não se resolve apenas no jogo de interesses, pois estes já estão legitimados pela mediação do fetiche, pelo jogo formal das categorias identificando-se umas pelas outras e por suas condições de apresentação, que também comportam instituições guardiãs do bom funcionamento das regras. Importa que tudo se passa no nível do social. A política apenas ilumina, de sua perspectiva, uma sociedade que se fecha contraditoriamente em si mesma.

É de notar a estratégia teórica de Marx. Ao mesmo tempo que examina o desdobramento das categorias, trata de remetê-las às suas condições efetivas, em nosso vocabulário, às suas condições de apresentação, para encontrar os fundamentos que estão sendo projetados nelas. Visto que a própria forma de organização do trabalho e da produção em geral constitui a força produtiva principal, importa-lhe descobrir nesse nível material, no próprio solo da sociedade burguesa, as formas de associação que a fecham e aquelas outras que escapam à carapaça do capital. Por isso a análise deve se ater primeiramente ao movimento contraditório desse capital, ao desdobramento categorial e histórico da sociedade burguesa, ao desdobrar das formas de sociabilidade e da luta de classes que lhe dá sentido. Somente em referência a essa estruturação ganham inteligibilidade os lances do jogo político. Sem a análise "científica" do real, sem a descoberta das travações profundas que iluminam os movimentos aparentemente erráticos dos fenômenos socioeconômicos — o que por sua vez leva a apontar os mecanismos da exploração do capital —, a análise política assume a perspectiva aparente a partir da qual se arma a sociedade burguesa, reproduzindo no plano da ideologia as visões parciais que nutrem o comportamento dos grandes agentes sociais. Daí a necessidade de quebrar tanto a sociedade burguesa como sua instância compreensiva e reguladora, denunciar prática e teoricamente sua unilateralidade, substituindo o cidadão, formalmente igual a outro unicamente da óptica dessa lei, pelo indivíduo concretamente livre, regulador de si. Mas se o caminho dessa revolução, se já está inscrito na formidável socialização dos meios de produção operada pelo capital, se desdobra uma contradição real, está ainda pressupondo que essa contradição, com força de processo natural, simplificaria seus termos, iria ao fundo e criaria nova identidade, a humanidade na plenitude de suas forças produtivas. O fetiche, responsável pela clausura do bom infinito do valor e do capital, desapareceria por um passe de mágica logicamente interpretado.

Sob esse aspecto, não há, salvo engano meu, discrepância ao longo de seus escritos. Como entende o poder político? Na tradição aristotélica e hegeliana, como a forma da *polis*, reformulada como forma da sociedade burguesa atual. O estado, organização da sociedade, é visto contudo da perspectiva da identidade que tende a acomodar os conflitos, já que assume a óptica da classe dominante para a qual os antagonismos constituem apenas momentos do desdobramento do capital. Por isso a forma do estado burguês deve, como Hegel já assinalara, suportar a contradição, recusar o autoritarismo monárquico que considera o estado como se fosse identidade sem fissuras: "A melhor forma do estado é aquela em que os antagonismos sociais não são emperrados, não são oprimidos pela força, isto é, superficial e artificialmente. A melhor forma do estado é aquela em que tais antagonismos chegam à luta aberta e aí encontram sua solução", escreve Marx num artigo da *Nova Gazeta Renana*, de 28 de junho de 1848, no calor da Revolução.

É por meio desses conflitos que se desenvolvem tanto a burguesia como seu oposto, o poder de sua negação: "O desenvolvimento das condições de existência de um proletariado numeroso, sólido, concentrado, inteligente, está ligado ao desenvolvimento das condições de existência de uma burguesia numerosa, rica, concentrada e potente", lembra Marx no artigo "Revolução e Contrarrevolução na Alemanha", publicado no *New Yorker Tribune*, em 1851-2. Em resumo, não sendo autônomo, o desenvolvimento do proletariado reflete os passos de seu inimigo de classe. Cabe à política revolucionária contribuir para que o proletariado se constitua em classe para si e consiga então destruir o poder burguês, conquistar para si mesmo o poder político e, por esse meio, apropriar-se do capital, centralizar todos os meios de produção nas mãos do estado, mas sob o domínio do proletariado organizado em classe dominante, com a missão de, o mais depressa possível, fazer crescer a massa das forças produtivas e instaurar o reino dos fins da liberdade. Depois desse período de transição, quando o estado vier a ser a própria ditadura revolucionária do proletariado (*Kritik des Gothaer Programms*, 19, 28), o poder político será abolido e substituído pela organização racional da produção e da sociedade como um todo.

Sobre esse assunto bibliotecas já foram escritas. Cabe-me apenas salientar que o argumento é puramente formal, pois retira da contradição um movimento futuro que ela não prevê. Por certo Marx tem o cuidado de evitar qualquer previsão do que seria uma sociedade comunista, mas interpreta a crise do capital como se o antagonismo de classes devesse vir a ser contradição que se resolve criando nova identidade espiritual. No entanto, como tentei mostrar, a interpretação do valor e, posteriormente, do capital como contradição real está na dependência de pensar o antagonismo das forças em choque sendo enclausurado pela ilusão necessária que retira dessa contradição precisamente o poder de simplificar e espiritualizar seus termos. Mas, se a contradição não segue mais os cânones da lógica especulativa, por certo deixa de dotar-se daquele poder de superação, como se a história fosse o desdobramento do Espírito Absoluto. Ao cair nesse deslize, Marx impregna todo o seu projeto político daquele misticismo lógico que denunciara na teoria hegeliana do estado.

5.8. Examinar como a política pode ser entendida como compreensão da sociedade burguesa, como ela lida com a racionalização irracional do capital, quer para reafirmá-la, quer para negá-la, é tarefa de suma importância, que todavia foge aos limites deste livro. Resta-me apenas sublinhar que ela não deve impor de fora formas de racionalidade que escapam daqueles processos de racionalização pelos quais a própria sociedade capitalista se articula. De outro modo, qualquer ponto de vista reivindicaria o estatuto de racional, perdendo esse processo sua adequação histórica.

Cabe sublinhar que, se tais questões não podem ser respondidas por uma ciência estritamente positiva, é preciso saber como ir além desta. A teoria econômica trata de construir modelos matemáticos dos fenômenos tais como aparecem; se não se furta a analisar crises e desequilíbrios macroeconômicos, se hoje em dia emprega instrumentos formais extremamente maleáveis, recorrendo às teorias dos jogos, das catástrofes e assim por diante, vale ainda perguntar se os modelos montados na qualidade de ideias reguladoras dos comportamentos ou parâmetros de cálculo de seus desvios não deixam margem para a indagação lógica de como tais regras são seguidas. Em particular, quais as condições transcendentais que lhes dão sentido. Assim como a prosa em que se apresenta um sistema axiomático da Lógica Formal não pode ser entendida apenas nos termos desse sistema, assim como o discurso sobre o discurso não se fecha num discurso circular, o sentido da prosa da teoria econômica não será capturado por ela mesma. Não é sintoma dessa insuficiência a maneira como mistura discurso sobre o ser e discurso sobre o dever ser? Daí a validade da pergunta pelo significado das instituições que sustentam os comportamentos econômicos, pelo significado das formas de sociabilidade em cujo intervalo eles se instalam. E basta indagar pela racionalidade do sistema capitalista como um todo, obviamente deixando de lado o preconceito de que a racionalidade só se define no seu interior fechado em si mesmo, para que avulte a questão do fetichismo do capital, desse extraordinário fenômeno de inversão dos sentidos das ações individuais.

Qual é, porém, o alcance dessa questão básica relativa ao estatuto ontológico dos fenômenos socioeconômicos contemporâneos? Se continuam a ser pensados como segunda natureza, como leis objetivas a serem captadas por modelos elaborados por ciências positivas, permanece latente a pergunta pelo sentido dessa naturalização. Convém lembrar que a descoberta da autonomia dos procedimentos do mercado, evidenciada na metáfora da mão invisível, surpreendeu os clássicos da Economia Política, formados na tradição de um pensamento moral articulado em vista da liberdade humana. E assim tiveram que enfrentar o desafio de descobrir, nos nervos de comportamentos naturalizados, traços dessa liberdade responsáveis por sua realização noutros planos da sociedade. Mas o desenvolvimento do sistema capitalista reforçou ainda mais o caráter natural das atividades que os sustentam. O reforço do fetiche do capital e a impossibilidade de transformar valor-trabalho em preços não estão na raiz das torções radicais por que passam os conceitos da teoria econômica a partir do final do século XIX? Não me sendo possível examinar essa intrincada questão, contento-me em sugerir alguns tópicos para reflexão futura.

Granger, em sua *Méthodologie économique* (397), nos lembra que se o primeiro livro d'*O capital* aparece em 1867, *Theory of Political Economy*, de Jevons, já é publicado em 1871. Embora Marx tenha percebido que a "economia vulgar" deslocava inteiramente os conceitos da nova ciência para que pudessem focalizar tão só os fenômenos no nível de sua aparência, sem indagar pelos processos de sua constituição, não é por isso que esses conceitos, criados em vista de uma terapêutica e de uma planificação, não se mostraram eficazes como instrumentos de política econômica. E lograram esse feito tocando onde Marx percebia a matriz formal da crise. A igualação da taxa de investimento e da taxa de poupança, uma das bases da teoria keynesiana, não se faz precisamente na medida em que o ato individual de poupança se soma a todas as outras poupanças, positivas e negativas, de tal modo que o incremento total de riqueza de uma comunidade venha a ser o investimento ocorrido num certo período? Somente assim o que vale para o conjunto não vale para o ato individual, de sorte que a antítese entre a compra e a venda de bens de capital desaparece na identidade coletiva.

Quanto mais as teorias se "vulgarizam", no sentido marxista dessa palavra, tanto mais se transformam em ciência aplicada. Se a existência dos mercados é tomada como coisa, isso é logo contrabalançado por políticas públicas que tratam de regular seus procedimentos. A onda neoliberal, que chega agora ao fim, tentou negar esse movimento dissociando mercado livre e intervenção do estado, mas está se mostrando antes de tudo momento do processo de repor os problemas de planificação noutro estágio. Em contrapartida, o ideal socialista de planificação social, que esperava solucionar a contradição entre capital e trabalho abolindo-a de vez, não só foi derrotado pelos fatos, mas ainda comprova que não há como evitar o fato do mercado. Até mesmo os planificadores soviéticos o tomavam como ponto de referência. A respeito dessa conversão do mercado em conceito estratégico, Granger já escrevia há quase meio século:

> O mercado é então um dos instrumentos naturais de informação, cujas indicações servirão de ponto de apoio para a racionalização da economia. O jogo da concorrência não é admitido como o regulador essencial das forças econômicas, mas como fonte de informação: os fenômenos do mercado exprimem as necessidades solvíveis dos consumidores. Nessas condições, todos os conhecimentos positivos já estabelecidos pela ciência tradicional conservam evidentemente seu valor, mas, longe de esgotar o sentido da teoria econômica, eles constituem apenas um de seus aspectos. As condições concretas, sociais e técnicas, do funcionamento do mercado passam a ser uma parte essencial do saber econômico eficaz. O

progresso da ciência tradicional já induzia de resto a relativizar a noção de mercado, trazendo à luz a influência determinante das estruturas sociais em que se estabelece. [Granger, 1955, 387-8]

Hoje em dia há apenas vestígios de uma economia centralmente planificada e por todas as partes se celebraram as glórias do mercado vencedor. Mas de que mercado? Quais são os sentidos que encobrem essa ambígua palavra? O ideal da centralidade foi substituído pelo fato de sua generalidade, pois não existe hoje economia regional que não seja planificada. O que se indaga é como combinar plano e mercado. Se, de um lado, a prática de modelagem dos fenômenos tende a descartar as influências das estruturas sociais que determinam o próprio mercado, de outro, os conceitos se tornam cada vez mais estratégicos, cada modelo desenhando uma prática abstrata a serviço do conhecimento e da manipulação de desvios inesperados. Desse modo, incorpora-se no seio do próprio fenômeno econômico o pensamento que o manipula. Bancos centrais e internacionais, acordos regionais e outras tantas instituições passaram a fazer parte da vida econômica, da sua segunda natureza, incorporando instituições encarregadas de pensar a economia mundial. Assim como numa placa de computador está inscrita toda uma teoria da natureza, certas instituições reguladoras das economias contemporâneas inscrevem pensamentos econômicos na realidade dos mercados. A teoria econômica "vulgar" também se converteu em força produtiva. Mas se percebe assim que o pensar do pensamento não se resume no ato da alma ou do espírito subjetivo, mas se faz graças à mediação de instituições pensantes.

Não há dúvida de que esse panorama sofre abalos profundos com a crise fiscal dos *Welfare States*, mas não vejo como deixar de perceber que o problema continua sendo posto: como planificar, com os instrumentos científicos positivos de que dispomos hoje, as economias de mercado de que dependemos atualmente para produzir nossa riqueza material, já que essas economias, a despeito da anarquia recorrente, incorporaram processos de regulação? No entanto, posta nesses termos, a questão reinstala a pergunta pelo estatuto ontológico do próprio fenômeno econômico. Não é apenas aquilo que nos aparece, pois a aparência é algo que também aparece para os atores do processo objetivo. Como se relaciona *o que* o pesquisador vê com *o que* o agente vê? Este, além de ver, também julga; sofre necessidades, é dado a preferências e *pondera* sua situação a fim de alcançar certo resultado. Acontece que essa reflexão depende tanto da ação e da ponderação de outros que atuam no mesmo plano onde o sujeito se situa como de juízos teóricos de terceiros que conformam o campo de ação dos atores. Certos mercados estão, por exemplo, na dependência de taxas de juros e de câmbio determinadas por um Banco Central, e até mesmo quando alguém investe seu dinheiro num fundo de ações o resultado desse seu investimento depende de como os operadores do fundo avaliam as chances do mercado. Se na verdade esses juízos se fazem dentro de certos limites, as taxas de acerto ou de engano afetam a economia como um todo. Ora, esses efeitos atingem profundamente os parâmetros de ponderação dos próprios agentes. Assim como o resultado de um processo de mensuração recorta o padrão de medida (não se mede em metros a distância entre as estrelas, embora abstrata e teoricamente isso seja possível), também a ação teórica dos responsáveis pela conformação das instituições econômicas rebate nos parâmetros de juízo dos agentes, por conseguinte, em suas ações respectivas. Se nesse nível não existe saber absoluto, ao menos opera um saber de um saber, o que põe em xeque a própria identidade do fenômeno. Mas também não ameaça a identidade dos agentes?

Nessas condições, convém salientar dois desafios. Em primeiro lugar, os atritos desse saber de um saber colocam a questão de acordos do tipo daquele que já se fez em Bretton Woods, estabelecendo parâmetros para economias regionais, criando sistemas de controle da liquidez dos fluxos internacionais. Dessa forma, a ação dos atores no nível macroeconômico fica na dependência de normas, cuja constituição se faz em vista de processos intersubjetivos mediados por produtos-signos, projeções de juízos correspondentes, mas agora essa ação deve ser integrada numa estratégia de manutenção e desenvolvimento do sistema. Em segundo lugar, essa reflexão, se não totaliza uma economia, coloca em pauta o problema de sua totalização, de sua identidade, dependendo assim de uma coordenação das atividades produtivas e estratégicas. No que respeita ao primeiro aspecto, permanece o desafio de regulamentar o tempo de serviço e distribuir o trabalho social entre os diferentes grupos de produção. Em suma, a questão levantada pela teoria do valor-trabalho continua em pauta, tecendo a base explicativa do sentido dos comportamentos mais elementares que acionam o sistema produtivo. Mas o que dizer dessas ações estratégicas, sem as quais esse sistema não se fecha? A que tipo de racionalidade elas se submetem, já que se exercem em vista da racionalidade do capital?

5.9.   Conceber o modo de produção capitalista como uma gramática das relações sociais de trabalho, lógos sem Espírito Absoluto, implica examinar a questão de sua racionalidade no nível do funcionamento dessa mesma gramática. Na tradição hegeliana e marxista creio ser possível indagar pela racionalidade do capital a partir de suas contradições internas, explorando o espaço aberto entre o que sua intenção promete como forma de sociabilidade contratual e o que resulta das ações consideradas corretas e incorretas, vale dizer, crescente anarquia e desigualdade na distribuição de rendimentos. Estudamos até agora como essa contradição, conforme opera tendo como chave da abóbada o fetiche em vez do Conceito especulativo, se fecha numa crise permanente. Como se legitimam, vale dizer, se racionalizam, as estratégias postas a serviço dessa crise?

Na aparência os fatores que compõem as equações que descrevem um setor produtivo se relacionam entre si como fenômenos dados. A mensuração de cada um implica atores que agem de modo racional em vista de seus fins. Mas essa produção, seja qual for o modelo científico que dela se faz, também se dá como metabolismo entre o homem e a natureza e, desse ponto de vista, solda trabalho vivo com trabalho morto. Daí a necessidade de indagar pela racionalidade dessa relação, seja qual for a explicação oferecida para esse metabolismo. Abstraída qualquer explicação, inclusive a gramática do capital que tentamos desenvolver, convém nos atermos exclusivamente à relação do trabalho morto com o trabalho vivo, mediada pelo dinheiro e segundo os avanços da tecnologia contemporânea. Que racionalidade está operando nela?

Nas condições tecnológicas atuais, o processo de trabalho sofre modificações profundas, radicalizando aquelas alterações já percebidas por Marx. Não há dúvida de que seus três momentos, na sua abstração razoável, continuam a estar presentes, mas ao serem repostos pelo modo de produção informatizado recebem novas determinações. De um lado, o instrumento ganha tal autonomia que, de certo modo, anula a presença do objeto de trabalho. Na produção artesanal, como já notava Hegel na sua *Realphilosophie*, o instrumento se converte na força mediadora entre a atividade orientada e o objeto, de tal forma que o trabalho anterior que ele absorveu, trabalho morto ante o trabalho vivo da atividade orientada, demarca a proporção em que se integram tanto essa atividade como o objeto trabalhado. Mas o objeto permanece ali, resistência a ser vencida e conformada, de sorte que a força instrumental da ferramenta, potencializada a fim de que opere graças às suas propriedades purificadas, abstraídas em vista das funções que deve cumprir, se debruce sobre este ou aquele objeto a ser preparado para o uso e para o mercado.

Muito diferente é o processo de trabalho quando o instrumento consiste numa máquina informatizada. O trabalhador se posta diante dela para movimentar suas pequenas peças ligadas entre si por um código. Ele dá ordens para que a máquina, graças a seus circuitos internos, produza um dos efeitos desejados no quadro dos efeitos possíveis. Mesmo quando se estão produzindo objetos em série, embora de modo muito flexível para adaptar-se aos desejos do consumidor, esses produtos são tomados como casos de uma regra, exemplares de um padrão, pertencentes a uma série ou personalizados. O trabalhador opera para a máquina, seu prestígio como profissional reside na sua capacidade de bem orientá-la, já que a perfeição do objeto já foi prevista desde o início. Dessa óptica, ele presta serviços ao instrumento informatizado, de forma mais ou menos automática, mais ou menos refletida, conforme a própria natureza da máquina, mas sempre abdicando de toda socialização que possa ser feita através do produto, como acontecia no modo de produção simples de mercadoria. Pouco lhe importa o produto, o que restou do processo de individuação profissional permanece na capacidade de operar essa máquina, capacidade que se amplia ao treinar-se para operar aparelhos parecidos. Cada um se orgulha do poder de vigilância que exerce sobre seu setor, reivindica uma espécie de autoria, embora o todo se engrene em vista da estratégia de um capital que há de crescer anonimamente. Além do mais, essa diferenciação pelo bem operar, se começa a ser avaliada pelo chefe imediato, termina pela valorização social de seu salário, o objeto final de sua atividade. Numa sociedade de massas assalariadas, os indivíduos trabalham por dinheiro, de sorte que este último vem a ser o principal fator de socialização, relegando para o segundo plano a individualização profissional. Ao trabalhar com códigos socialmente definidos, o agente está demarcando sua individualidade numa interação social cujo controle lhe escapa. Acresce que o trabalho na fábrica ou na prestação de serviços requer formas de sociabilidade que quebram aquele isolamento característico da produção fordista. Do trabalhador se requerem entendimento do processo e colaboração com os outros no sentido de formar uma rede, toda ela encarregada de vigiar o bom funcionamento de um aparato que funciona sozinho. Dessa perspectiva, o trabalho é sobretudo a vigilância inteligente e interativa, o outro lhe trazendo blocos de informação que ele não tem tempo de pôr em xeque. Por conseguinte, inteligência misturada com crença e confiança, que assim escapa do rígido esquema da mera racionalidade instrumental.

Seria ridículo generalizar esse novo processo de trabalho e tomá-lo como paradigma de todas as outras formas de atividade produtiva. Uma enorme massa de trabalhadores continua vinculada a procedimentos mais antigos e menos complexos. Mas as novas formas quebram a univocidade do processo social de trabalho, de sorte que o atual modo de produção capitalista parece aquele museu do trabalho onde coabitam as formas mais variadas dos processos produtivos. Em vez de tão só separar o trabalhador produtivo do trabalhador disponível, como pensava Marx ao refletir sobre o início da automação da maquinaria, diversificaram--se os processos de trabalhos mais ou menos produtivos, clivando-se os mercados de trabalho, mas inserindo cada processo em zonas cinzentas onde não se pode decidir se a atividade é ou não propriamente produtiva. A enorme produtividade das formas de trabalho contemporâneas está associada à impossibilidade de se distinguir claramente o trabalho que de fato se socializa e aqueles outros necessários ao seu exercício, de sorte que desaparece o critério social a distinguir o fazer do fazer de conta. Os indivíduos se dispõem para isso na escola, na fábrica, na disputa da vida cotidiana, obviamente quando não é relegado à periferia desse caleidoscópio porque desprovido das condições de participar dessa correria infernal.

A extraordinária transformação do processo de trabalho contemporâneo traz à luz uma razão prática que escapa dos moldes tradicionais. Desde logo isso mostra como são limitadas as análises que se contentam em contrapor trabalho, atividade orientada a um fim, a uma razão comunicativa, tendo como parâmetro as transparências pressupostas pelo discurso. A primeira forma de racionalidade está associada ao trabalho artesanal, a segunda, a um discurso que desconsidera seu lado reflexivo, vale dizer, como as asserções também são conformadas pelo resultado do processo de asserir, enfim, toda mediação opaca pela qual passa o discurso para lograr refazer sua normatividade. Mais do que nunca as formas atuais de trabalho são interativas, de sorte que a ponderação dos meios não se faz diretamente em vista de um fim a ser alcançado, mas se entrelaça com interações em que o outro traz tanto sua inteligência como os resultados de seu trabalho, medidos por parâmetros tidos como críveis e razoáveis. E tal processo se aprofunda quando o trabalho se faz por dinheiro em função de mais dinheiro, quando ele se coloca como representante de atividades virtuais. Não há dúvida de que, posto um fim, ponderam-se os meios para obtê-lo. É como se uma perna do compasso fosse fixada para liberar a outra para ser capaz de pontuar os lugares de escolha. Mas agir por dinheiro supõe um fim variável, negando ópticas particulares pelas quais os produtos são visados, criando-se assim novo tipo de atividade, que se efetiva para acumular o poder de agir futuramente. O compasso fica suspenso acima do papel, ele mesmo se torna objeto-signo a ser obtido, para aumentar, dar mais poder, ao círculo da ação estratégica. Por conseguinte, se a perna fixa permite a reflexão da outra perna, agora o próprio compasso é o signo da reflexão, o suspender da ação individual para que ela mesma contenha em si ações sobre outros e com outros.

Essa razão não opera como se fosse uma faculdade, tomando proposições na qualidade de ponto de partida e recuando até seus primeiros princípios, ou, estando de posse deles, seguindo pela via dedutiva até as proposições bipolares a serem demonstradas. Desde logo a bipolaridade das proposições ou das regras de conduta que ela arma está entrelaçada por atividades ligadas a um modo particular de agir por meio de signos em que as ações se projetam. E quando essas atividades, prenhes de uma forma de vida, são traduzidas em sistemas discursivos que descrevem essa maneira de atuar, passam a ser ditas por proposições monopolares referindo-se a certezas tácitas, quer construídas na base de conhecimentos elaborados por outrem, quer conformadas numa ação de que não se argui a razão de ser. Daí a enorme importância da distinção, feita por Marx, entre a essência e o modo de vir a ser do fenômeno, que interpretamos à luz da distinção wittgensteiniana entre os modos de representação, as formas de dizer um estado de coisa ou de seguir uma regra, e os meios de apresentação que reconhecem as certezas necessárias para o bom funcionamento do jogo de linguagem como um todo. Mas é preciso examinar o modo efetivo dessa diferenciação em cada tipo de jogo de linguagem. O plano da linguagem ou do juízo prático que se quer transparente está desde logo associado a pressupostos obscuros enraizados na ação, sem o que qualquer regra não passa de representação desligada do mundo cotidiano. No entanto, não convém pensar esse mundo como matéria informe ansiosamente à espera da cunhagem da ideia. Se o mundo também não é o caos, se está travejado por caminhos, não se dá para nós como sistema simbólico prático apenas no horizonte. Lembra uma instrutiva imagem de Schelling: no vértice do cone de luz da expressão as linhas se prolongam formando um cone de trevas. Do mesmo modo como a luz trabalha os objetos focados, as trevas matizadas se reafirmam como condições de existência do sistema como um todo, um complementa o outro. Desse modo, quando o sistema em crise se pergunta por sua razão de ser, são essas trevas elaboradas que oferecem o material para que um novo sistema mais amplo e mais refinado se edifique. Daí a importância do juízo ou, na sua expressão mais ampla, de um jogo de linguagem, pois só ele demarca os parâmetros do correto e do incorreto, ao mesmo tempo que projeta o cone das trevas do que está sendo tacitamente admitido.

Se assim se perde o ideal de uma luz natural inscrita por Deus na alma humana ou nas condições pragmáticas do discurso, não é por isso que se deve confinar o pensamento em racionalidades regionais, conhecimentos científicos objetivos particulares, posição que leva naturalmente à indiferença do culturalismo. Embora a razão mais pareça foco luminoso a esclarecer certas zonas do real, por isso mesmo deixando de lado zonas indubitáveis na sua obscuridade, ela está sempre se movendo, transformando o que agora é obscuro no foco da luz mais clara. Essas mudanças, porém, não resultam sobretudo de alterações de tema, de diferenças do enfoque da consciência, mas da própria prática cotidiana que age e ao mesmo tempo pensa.

Essa razão *ponderada pelo outro*, por certezas comuns, por signos e instituições mediadores, abre espaço para seu avesso. Um jogo de linguagem é todo ele armado por certa intencionalidade. É possível chamar de racional aquele jogo em que passa a ter sentido a pergunta por seus fundamentos. Essa procura do fundamento pode chegar às regras ou às certezas necessárias ao exercício dele, é vetor para se investigar sobretudo as certezas requeridas para o exercício de um sistema expressivo. Não há dúvida de que essa pergunta traz para a sombra outras certezas. Mas porque tais certezas não se resumem a estados subjetivos, mas se apoiam em técnicas de transformar sinais em símbolos, assim como de criar indivíduos capazes de jogar o jogo assim formado, instala-se um mundo muito mais rico do que a totalidade dos fatos, porquanto inscreve em si mesmo a trama virtual de instituições e indivíduos *in fieri*, comunicando-se entre si por meio de sistemas expressivos feitos, cujas sombras trabalhadas apontam para novas formas de comunicação e novas formas de individualidade. Sob esse aspecto o mundo é o século, no sentido agostiniano do termo, cuja transcendência está na aposta de que suas virtualidades sejam cumpridas, para o bem ou para o mal. Se assim a razão perde sua linearidade, se vai por água abaixo o ideal de uma longa cadeia de razões apoiada em certezas indubitáveis, ela ressurge como o jogo de criar sistemas expressivos armando expressões bipolares, dependendo de um terreno trabalhado por ações que se apresentem como seguras; a razão se constitui assim como a corda cuja resistência advém do atrito de suas fibras. Em crise, atingindo seu limite expressivo, cada sistema se abre à pergunta por seu fundamento de ser. Nada há nos elementos em jogo que defina todo o perfil da nova estase, da nova identidade simbólica. Mas se o cone de luz está combinado a um lavrado cone de trevas, se as atividades subjacentes não são quaisquer, mas tão só aquelas queridas e requeridas para o funcionamento do sistema, tudo se prepara para o salto. Nem sempre um exército em debandada se reconstrói com a reviravolta do soldado valente, mas a dispersão é condição para que ele apareça e reponha os companheiros em nova formação. A despeito dessas zonas de incerteza, de idas e vindas, a razão pode caminhar, porquanto o seu porquê está sendo sempre preparado. No começo tudo é ação, ato que se lança no escuro, mas também transgressão que, se rompe com a norma previamente aceita, é porque se faz em vista da norma antiga e assim prepara a norma futura. Mas nesse começo há um jogo incapaz de predizer seu resultado.

5.10. Parece-me que o estudo das estruturas categoriais do modo de produção capitalista, tal como foi feito por Marx, nos oferece exemplo extraordinário de jogo de linguagem não verbal, que, se pretende ser racional, termina se perfazendo por meio de uma irracionalidade profunda, pelo cone de trevas desenhado pelo cone de luz. Os atores precisam atuar *como se* estivessem mantendo entre si relações igualitárias, contratuais e livres, medidas por eles mesmos, quando no fundo essa racionalidade aparente, porque os agentes atuam de tal forma que suas ações parecem derivadas de objetos-signos, está subordinada à lógica de instituições que se põem como a razão em si mesma. Ao invés da equidade prometida todo esse processo resulta no comando sobre o trabalho alheio e no aprofundamento das desigualdades sociais. Desde já, porém, fica patente que qualquer análise formulada exclusivamente em termos de uma racionalidade da ponderação dos meios em relação aos fins se enclausura na superfície dos fenômenos, deixando de lado seu avesso. Somente a consideração dos dois lados do processo, o fim representado e o sentido roubado pela totalização enviesada desse movimento, será capaz de elucidar os momentos de sua reflexão. Se outros tipos de análise por certo criam instrumentos importantes para atuar no curso da economia, passam ao largo da pergunta por sua racionalidade da óptica da produtividade do trabalho social, da racionalização das relações do homem com a natureza medida por objetos-signos. No entanto, a escolha deste ou daquele ponto de vista é tão somente assunto de uma teoria que se quer mais ampla e racional, ou se enraíza num empuxo prático que contesta a própria *positividade* dos fenômenos usualmente tratados pelas teorias econômicas? Depois que se perdeu a ilusão de que o proletariado seria o motor da história, ainda seria possível encontrar apoio prático que dê sentido à multiplicidade dessas teorias?

Para que se coloque essa velha questão em novos termos, convém desde logo quebrar a continuidade que se costuma estabelecer entre conhecimento e interesse. A determinação recíproca deles não é capaz de capturar a subversão dos sentidos por que passam as ações, quando são enfeixadas por uma abstração dotada do poder ilusório de pôr seus casos. Esse processo só se torna inteligível ao mostrar-se como os sentidos dos atos passam a ser determinados pela *projeção* de processos de trabalho nos próprios produtos. Somente assim se compreende como a ação *parece* emanar no próprio produto conforme sua dinâmica *parece* passar a medir sem atritos tanto os limites da riqueza social como os limites internos de sua distribuição entre classes sociais. Entre interesse e conhecimento cumpre introduzir a mediação dos signos, das instituições, do fetiche. Por isso o conceito de ideologia se torna inoperante para explicar esse processo, porquanto a relação de interesses e representações fica mediada pela autonomia do fetichismo do capital. Sem uma análise desse fetiche a questão da racionalidade das ações cotidianas não pode ser levada a fundo.

O que significa, porém, seguir uma regra quando esta é um fetiche? Se seguir uma regra é uma instituição, o que esta vem a ser quando é mediada por esses objetos-signos? Lembremos que para uma regra poder ser seguida é preciso que obtenha validade intersubjetiva. Eu mesmo ou algum outro nunca poderemos afirmar definitivamente que a regra está sendo seguida, pois nada impede que, sendo seu entendimento sempre parcial, o seguidor, a partir de uma etapa já vencida, envirede por caminho desviante. Somente os efeitos do ato vão revelar se a ação é ou não adequada, até quando os erros cometidos se encerram no intervalo do esperado e do plausível. Isso implica que a regra, além de representar uma situação possível, também requer, como condição de sua existência, a coordenação tácita de atos, uma forma de vida, como diz Wittgenstein. Neste livro tentei explorar os meandros dessa forma, no nível em que ela se tece, para dar conta do metabolismo entre o homem e a natureza, quando este se faz sob a égide do fetiche do capital.

Não se deve perder de vista que uma teoria da instituição está intimamente ligada à maneira como se considera o juízo. Nada mais insuficiente do que pensar uma instituição se constituindo pela sedimentação da regra, de seus ordenamentos nos próprios comportamentos humanos, como se tudo ocorresse no nível dos reflexos condicionados. Mostramos, num ensaio antigo (cf. "O que é fazer", em *Filosofia miúda e outros ensaios*, São Paulo, Brasiliense, 1985), que mesmo o behaviorismo radical recorre ao conceito de estímulo generalizado, cujo exemplo mais claro é, sintomaticamente, o dinheiro. Mas uma explicação desse tipo cai numa petição de princípio, porquanto o ponto nevrálgico a ser explicado é precisamente o processo pelo qual um estímulo opera em situações diversas, não tendo pois cabimento afirmar meramente que ele se generaliza por seu emprego em condições diferenciadas. Muito menos convém imaginar que a regra se fixe intersubjetivamente porque vem a ser *interiorizada* pelos atores. Essa metáfora não explica nada, como se pelo simples fato de se pensarem como relicário de normas as pessoas por isso mesmo estivessem em condições de praticá-las. Daí a importância de acompanhar passo a passo o processo pelo qual um sinal, objeto do mundo cotidiano, se converte em símbolo, elemento de um sistema de regras, as quais tanto se reportam a situações possíveis como requerem tacitamente a aceitação de certos fatos em que os atos de julgar se estribam. Além disso, não é preciso sempre estar atento à maneira como os agentes vão se formando para praticar a norma? Todo o meu esforço se concentrou na tarefa de mostrar como as regras pelas quais os seres humanos transformam as coisas em produtos do trabalho passam, nas condições dadas pela situação histórica do capitalismo, a ser reguladas por símbolos fetiches, por isso mesmo incapazes de funcionar simplesmente como símbolos representativos, algo no lugar de algo. Por assim dizer, a "simbologia" do dinheiro mediando produtos feitos para a troca mercantil, e somente nessas condições, implica uma estruturação representativa, em que as intenções de cada ato individual de trabalho são roubadas pela aceitação desse objeto-regra que visa a atos futuros sem se ajustar a uma intenção individual. É como se a ponderação em vista de determinados fins fosse suspensa pela finalidade em si mesma do objeto, negação de toda finalidade particular. Retomando uma imagem já empregada, se a ponderação em vista do valor de uso precisa apoiar a perna de seu compasso num fim determinado, a ponderação pelo dinheiro retira o compasso do papel e se arma como finalidade em si mesma. Assim como, para os gregos, o Sol não representava Apolo, como se algo estivesse no lugar de algo, mas era o próprio Sol visto como deus, também o dinheiro para nós não representa algo em vista do qual as pessoas agem para ter acesso a outros bens, mas é uma quantia em reais, em ouro etc. vindo a ser a própria riqueza social.

Desse modo, uma contradição, uma autêntica *Widerspruch*, um contradizer, mais do que uma *Widerstreit*, uma contradisputa, como pretendia Kant, passa a operar no nível da própria realidade social, porquanto ela mesma se tece pelo entrelaçamento de juízos práticos regido por coisas sensíveis/suprassensíveis, particularmente pelo valor, no qual um valor de uso posto de uma óptica particular se põe como parte do valor posto da óptica abstrata e universal. Desse modo, toda essa parte da doutrina de Marx, que os cientistas rejeitam como ranços de antiga Metafísica, apresenta-se-me, pelo contrário, como núcleo de sua crítica, pois empresta aos fenômenos socioeconômicos estatuto ontológico muito distante da mera positividade postulada pelas ciências. Aliás, esse postulado é muito curioso, pois se resume a pedir que se considerem os comportamentos socioeconômicos sendo ponderados em vista de um fim determinado. Isso quando não se generaliza essa forma estreita de racionalidade para todas as outras esferas do social.

Vimos, além do mais, que o emprego do dinheiro para obter mais dinheiro, vale dizer, o capital, refaz o circuito dessa reflexão da finalidade em si mesma, imprimindo às regras, ou melhor, às relações sociais de produção, nova forma de finalidade em si, o crescimento por si da produção da riqueza social. Mas, tentando ir além de Marx, procurei mostrar que fibrila o postulado da medição dessa riqueza pelo parâmetro do trabalho morto, projetado no produto, porquanto, se as categorias elementares pelas quais se tecem as relações de produção capitalista continuam a indicar intervalos em que esse tipo de mensuração deve operar, não há como medir, pelo mesmo padrão, os efeitos conseguidos. O fetichismo da substância capital, no mundo contemporâneo, adquire novas e inauditas dimensões.

Voltemos a considerar o ato elementar de seguir uma regra. Se sua validade se confirma intersubjetivamente por seus efeitos, ela também implica duas dimensões: de um lado, aquela representativa das situações possíveis, demarcando o terreno dos comportamentos que são ou não adequados do ponto de vista dessa forma *sui generis* de sociabilidade; de outro, aquela que apresenta as forças produtivas que estão sendo transformadas. Dentre essas forças se inclui o próprio modo dos seres humanos se organizarem para efetuar as tarefas da produção. Esse modo de organização é posto como adequado ou inadequado para a consecução das regras representativas, as relações sociais de produção. Em outras palavras, essas relações, embora opacas, desenham um cone de luz a representar os movimentos pelos quais a riqueza social se desdobra, mas, para que essas relações possam ser seguidas, um cone de sombra se constitui no prolongamento delas, as forças produtivas que se articulam por seus meios, enfim, o mundo articulado para a produção capitalista. Mas essa articulação comporta tanto instituições, formas de comportamento para que as regras sejam seguidas — a estrutura da fábrica, da loja, da oficina de reparação, e assim por diante —, como instituições reguladoras do bom seguimento dessas regras. Se já o mercado primitivo instala seu tribunal, a fábrica e outras instituições por onde percolam a riqueza social possuem seus órgãos de controle. Em suma, o mundo da vida está articulado por instituições do fazer e por instituições de controle desse fazer, a despeito destas últimas se porem como um dado para os sistemas expressivos.

Desse ponto de vista, o capital aparece como o sistema expressivo das relações de produção, a gramática pela qual as categorias se explicitam, e também como a dupla articulação de forças produtivas, ao mesmo tempo metabolismo entre o homem e a natureza e instituições guardiãs dessa articulação. Cabe não perder de vista que a forma pela qual os processos de trabalho se articulam também constitui força produtiva.

É o que já nos ensina o exame dos atos de seguir uma regra exercido pela intermediação da moeda. Tão logo essa instituição vem resolver dificuldades que emperram o processo direto de troca de mercadorias, também cria a necessidade de impedir a falsificação do padrão. Se a unidade da moeda é definida por um grama de ouro, o simples fato de ela circular provoca a perda de seu peso, de sorte que o valor de face, a unidade cunhada, não corresponde a seu valor efetivo aquilatado na balança. Novas formas de falsificação vão aparecer quando essa moeda é substituída pelo papel-moeda com lastro ouro, quando esse papel perde esse lastro — o que sistematiza a inflação —, e assim por diante. Em resumo, posta a regra, o ato de segui-la circunscreve a zona negra do ajustamento dos atos, assim como separa o padrão representado e o padrão efetivo.

Mas o falseamento pode, ademais, ser a base duma relação social. É precisamente o que acontece com a medida dos atos de trabalho pelo equivalente geral tomado como o tempo socialmente necessário para a reprodução do produto. As diferentes produtividades são igualadas pelo padrão que resulta da demanda efetiva, premiando os trabalhos mais produtivos e penalizando os menos produtivos. No entanto, só assim os diversos trabalhos se socializam. O capital vai além e provoca a subversão do funcionamento do parâmetro. No nível mais elementar do processo produtivo só se tornam efetivamente mensuráveis aqueles atos de trabalho que se encaixam direta ou indiretamente na produção do excedente econômico. Se o capital, no seu início, controla trabalho alheio porque possui o monopólio dos meios de produção, ele somente se amplia porque passa a controlar o padrão da medida social da produtividade, puxando-o continuadamente para cima. Nisso reside o mistério de sua dominação social na base da exploração da mais-valia relativa, que não opera por meio deste ou daquele ator mas por meio de um mecanismo objetivo, que se reproduz, a despeito de todas as suas vicissitudes, como se fosse sujeito automático.

Para entender como o seguimento da norma é subvertido por sua guarda é preciso deixar de lado a distinção entre regras constitutivas e aquelas meramente reguladoras, distinção proposta por John Searle e de ampla aceitação hoje em dia. Exemplificando, quando se raciocina sem que se siga uma regra de inferência, no fundo não se raciocina, pois a regra faz parte desse processo, mas, quando não se seguem regras da boa cozinha, cozinha-se mal sem que se deixe de cozinhar. Mas essa distinção tende a aparar a distância entre a regra-padrão e o ato de segui-la. Seguir meticulosamente uma boa receita pode resultar num prato tão insípido que mal pode ser comido; a ação de cozinhar requer que se atente para as reações diferenciadas dos produtos, de sorte que o bom cozinheiro está sempre inventando e interferindo no ato de cocção. Do mesmo modo, a regra de inferência se liga a pequenas decisões que escapam de sua formulação abstrata. Não há dúvida de que se pode ver o teorema de Pitágoras quando se desenha um modelo adequado, mas a regra vista no caso está na dependência de um treinamento do olhar que permanece na sombra. Entre a regra pressuposta e o resultado sempre existe, pois, uma diferença a ser trabalhada e que dá vida ao processo.

Sem essa aventura de cair no abismo por que passa o movimento de seguir uma regra, não há linguagem possível, muito menos relações sociais de produção enquanto momento expressivo de manipulação de forças produtivas. Porquanto só essa indefinição permite o roubo de sentido que dá o fundamento da dominação do capital, o controle socializador do processo de trabalho se fazendo então graças ao controle do exercício do padrão, vale dizer, das medidas das produtividades dos setores produtivos. E mesmo quando as categorias fibrilam, isto é, quando a quantidade pressuposta deixa de repor-se por meio de quantidades numericamente determinadas, a norma importa, de um lado, porque elas fibrilam como resultado do controle privado da produtividade social, de outro, porque esse governo da norma se exerce no nível da própria sociedade burguesa, num movimento de reflexão sobre si mesma.

Percebe-se quanto o projeto revolucionário de Marx paga tributo à herança hegeliana. Marx pensa essa reflexão da sociedade burguesa sendo dominada pela passagem da oposição à contradição, esta contudo tendo a virtude de simplificar os termos opostos, mas de tal modo que um deles se assegure de todo o movimento de resumir o percurso já feito e de lançar a base do futuro. Desse modo, estreita a zona de indefinição entre a regra e o ato de segui-la, como se tudo pudesse derivar do fetiche ou do aprendizado de se opor a ele, segundo a mesma linearidade que opera simplificando os termos da oposição. Se a contradição entre capital e trabalho, a socialização privada dos meios de produção, resultasse na constituição das ideias reguladoras do capitalista em si e do trabalhador em si, que para serem seguidas necessitassem formar a classe para si dos capitalistas e a classe para si dos trabalhadores, então esta última traria em si mesma sua própria negatividade, a apropriação coletiva dos meios de produção coordenada pelo grupo que, por estar fora dos benefícios da produção capitalista, pode se assenhorar do governo da norma contraditória. Já que a exploração e a alienação se fazem pela forma, só pelo controle total da forma poderão ser abolidas. A proposta de substituir o modo de produção de mercadorias por meio de mercadorias pela apropriação coletiva dos meios de produção — vale dizer, a apropriação coletiva das matrizes do roubo de sentido —, assim possibilitando uma administração racional do metabolismo entre o homem e a natureza, pressupõe a possibilidade de acompanhar passo a passo as aventuras dos processos coletivos de produção, a utopia de expurgá-los de toda e qualquer zona cinzenta, onde de fato se movem. Como atribuir a esse coletivo uma forma estável, aquela do partido ou aquela de burocracia, já que não é forma duma relação social, mas de controle dela? Se o fetiche advém da necessidade de o produto assumir a forma mercadoria, ele tão só poderia ser abolido se essa forma fosse suprimida, em resumo, substituindo o mercado pela administração racional do metabolismo entre o homem e a natureza, do ponto de vista do proletariado, que se negaria como classe e se dissolveria na sociedade comunista. Essa radicalização do projeto iluminista só se tornou possível na medida em que negou seu lado de sombra, como se o Século das Luzes não fosse também o século das sociedades secretas, como se Jean-Jacques não entrasse em conflito com Rousseau, como se Sade, autor de *Justine*, também não escrevesse peças de teatro moralizantes. Embora essa dualidade seja expressamente reconhecida por Marx, pois na história, diz ele, o lado mau prevalece sobre o bom, pois o primeiro se responsabiliza pelo início da luta (*Misère de la philosophie*, 97); se o proletariado empreende a dissolução do mundo porque já é o mundo dissolvido, toda essa negatividade haveria por fim de ser superada quando a pré-história deixasse livre o espaço para a aparição da história do homem livre.

Façamos, porém, o exercício de aceitar a contradição travada do capital sem o empuxo interno da superação e da revelação. Sua finalidade em si mesma coloca, de um lado, o desafio de avaliar os vários caminhos pelos quais essa autofinalidade é seguida. Uma quantia de dinheiro apropriada, e cuja posse é reconhecida, não conserva a marca de como foi obtida, seja por herança, por exploração do trabalho operário ou por roubo. Esses diferentes modos de apropriação em conflito, já que se trata de bens escassos, desenham a primeira questão da moralidade objetiva. Se essa instância reguladora da norma da produção necessita separar-se dela, cabe convir que seus conteúdos básicos são por ela oferecidos. Para que se possa avaliar a falsidade da moeda é preciso que moedas tenham curso corrente. Ocorre ainda que os procedimentos de controle desenvolvidos pela própria sociedade capitalista reclamam instituições que a considerem da óptica de seu funcionamento geral. Até mesmo o tribunal que se instala ao lado de um mercado necessita considerá-lo como um todo. São as instituições sociais que compreendem aqueles procedimentos. Essa *Zusammenfassung* da sociedade burguesa, que se apresenta como governo integrador de normas já operantes, em nome da identidade da sociedade como um todo, não é demarcada pelo exercício do sistema político? Não é nessa luta que se instala o controle da norma e da distribuição dos recursos que permite esse mesmo controle? Mais do que a identidade do estado não é o sistema na sua diversidade o elemento em que esses conflitos se apresentam e se resolvem? Mas desse ponto de vista se entende por que esse sistema deve contrapor amigos a inimigos, pois, a despeito de se apresentarem como representantes do bem comum, cada um o faz, no limite, assumindo um dos polos da contradição pela qual a sociedade burguesa se instaura. Se a luta de classes se tece em torno da apropriação dos critérios da produção e da distribuição da riqueza social, o sistema político a reafirma quando uma parte dele denuncia a contradição por meio da qual essa riqueza se performa, ou a nega quando converte o exercício da política na negociação contínua do *status quo*, no jogo positivo pelo poder em si mesmo, sem que a questão da justiça social, da ponderação de quem está se efetivando por meio dele e de quem está sendo excluído dele, acompanhe passo a passo seu movimento. Não é então desse ponto de vista, do alcance da visão e da prática política, que se avaliam as análises de sentido que tentam acompanhar o desdobramento das categorias do modo de produção capitalista? Qual é, porém, o sentido da luta de classes, a luta pelo controle da norma, numa sociedade em que a norma fibrilou, em que serve para marcar intervalos cujo espaço intermediário é preenchido por decisões *ad hoc*?

ESTA OBRA FOI COMPOSTA PELA PÁGINA VIVA EM MINION PRO
E IMPRESSA PELA GRÁFICA BARTIRA EM OFSETE
SOBRE PAPEL PÓLEN SOFT DA SUZANO PAPEL E CELULOSE PARA A
EDITORA SCHWARCZ EM ABRIL DE 2014

A marca FSC® é a garantia de que a madeira utilizada na fabricação do papel deste livro provém de florestas que foram gerenciadas de maneira ambientalmente correta, socialmente justa e economicamente viável, além de outras fontes de origem controlada.